KB270314

화법의 이론과 실제

화법의 이론과 실제

구현정 · 전정미

도서출판 박이정

저자약력 및 주요 저서

구현정
- 상명대학교 한국어문학과 교수
- 캐나다 University of Alberta 초빙 교수 역임
- 국어심의회 위원, 방송언어 특별위원회 위원
- 저 서 : 대화의 기법 (1997), 대화 (2003) 등
- 공저서 : 화법 교육의 이해 (2004), 의사소통의 기법 (2005) 등
- 공역저 : 언어와 언어학 : 인지적 탐색 (1999), 문법의 인지적 기초 (2004) 등

전정미
- 상명대학교 한국어문학과 교수
- 상명대학교, 동양공업대학 강사 역임
- 연세대학교 언어정보 연구원 연구교수 역임
- 공저서 : 대화와 인간관계의 기초 (2005), 인간과 언어 (2005) 등

화법의 이론과 실제

초판 1쇄 발행   2007년 4월 23일
초판 4쇄 발행   2012년 3월 2일

지은이   구현정 · 전정미
펴낸이   박찬익
편 집   김민영 · 공혜정

펴낸곳 도서출판 **박이정**
130-070 서울시 동대문구 용두동 129 － 162
Tel 922 － 1192~3, Fax 928 － 4683
Http://www.pjbook.com, E-mail pijbook@naver.com
등록 1991년 3월 12일 제1-1182호
ISBN 978 － 89 － 7878 － 920 － 2 (93710)

값 15,000원

※ 저자와 협의하에 인지를 생략합니다.

이 책은 지금까지 이루어진 화법에 관한 이론을 바탕으로 하여, 화법을 이루고 있는 구조와 방법에 접근한 이론서이며, 그 이론을 바탕으로 실제적인 연습을 해볼 수 있도록 구체적이고 다양한 실습 내용을 함께 구성한 실습서이다. 이 책에서 다루고 있는 화법의 이론과 내용은 학술적인 가치만을 가지지는 않는다. 우리의 삶에 있어서 화법이란 단지 상대방과 이야기를 주고받는 차원이 아니다. 우리는 화법의 과정 속에서 자신을 표현하고 상대방을 이해할 수 있으며 서로의 삶을 공유하게 된다. 초고속 인터넷 망이 설치되어 메신저를 통해 수많은 메시지를 주고받고, 아주 작은 크기의 휴대 전화를 수시로 사용하는 이 시간에도 우리는 서로의 얼굴을 보며 대화를 하기 원한다. 아무리 정보 통신이 발달하더라도 서로의 얼굴을 맞대며 이루어지는 의사소통을 대체할 수는 없다. 기계는 결코 사람의 얼굴과 목소리를 대신할 수 없기 때문이다. 효과적인 화법은 우리의 생활을 바꾸어 주며, 사람들과의 상호작용을 통해서 바람직한 인간관계를 실현시켜 준다.

이러한 취지를 바탕으로 이 책에서는 화법의 이론과 실제가 함께 이루어질 수 있도록 내용을 구성하고자 하였다. 이 책은 전체를 3부로 나누어 다음과 같은 내용을 다루었다. 제1부 화법의 이해 부분에서는 화법에 대한 기본적인 이해를 돕는 내용을 다루었다. 제1장에서는 화법의 기본 개념, 화법을 이루는 요소와 화법에서 듣기의 중요성에 대해 살펴보았고,

제2장에서는 화법을 이어나가는 원리를 다루면서, 상호성과, 의미공유 그리고 그라이스가 제시한 대화의 격률들을 살펴보았으며, 제3장에서는 비언어적인 요소를 효과적으로 활용하는 방법에 관해 살펴보았다. 제4장에서는 간접대화행위를 다루면서 간접대화행위의 양상과 특징, 구성요소들을 살펴보았으며, 제5장에서는 언어 예절을 다루면서 호칭과 높임법, 정중어법을 살펴보았다.

제2부에서는 구체적인 대화목적을 가지고 이루어지는 화법의 유형에 관해 다루었는데, 제6장에서는 설명하기를 다루면서 설명의 원리, 방법, 이해하기 쉬운 설명의 방법을 살펴보았고, 제7장에서는 설득하기를 다루면서 설득의 구성요소와 원리, 방법을 살펴보았으며, 제8장에서는 감정 표현하기를 다루면서 감정의 지각과 표현, 나-전달법이라는 표현방법에 대해 살펴보았다. 제9장에서는 내용에 따른 말하기를 다루면서 칭찬하기, 꾸중하기, 거절하기, 사과하기로 나누어 살펴보았으며, 제10장에서는 유머 화법을 다루면서 유머의 정의, 구조, 유형, 종류를 살펴보았다.

제3부에서는 특정한 상황에서 문제를 해결할 수 있는 실용적인 화법에 대해 다루었는데, 제11장에서는 토론에 대해 다루면서 토론에 필요한 여러 요소와 토론 참여자의 역할과 태도, 토론 리더의 유형과 역할, 토론의 형식에 대해 살펴보았고, 제12장에서는 연설에 대해 다루면서 연설의 요소, 연설의 이해, 연설 내용의 구성에 관해 살펴보았으며, 제13장에서는 면접에 대해 다루면서 면접을 위한 기초 준비, 첫인상, 면접에서의 자기소개, 면접의 유형과 대응책, 면접에서 주의해야 할 사항에 대해 살펴보았고 제14장에서는 프레젠테이션에 대해 다루면서 프레젠테이션을 위한 준비 과정과 프레젠테이션의 방법, 발표자의 요건, 프레젠테이션의 주의사항에 관해 살펴보았다.

　이 책에서 전하고자 하는 내용은 단지 말하고, 듣고 행동하는 데 있어서 필요한 기교적인 내용이 아니다. 어떻게 하면 상대방과 유지하고 있는 관계를 손상시키지 않으면서 화법의 목적을 달성할 수 있는가? 상대방의 이야기를 들으면서 어떤 태도를 취하는 것이 인간관계에 도움이 되는 것일까? 권위적이거나 강압적이라는 인상을 주지 않으면서 상대방을 설득할 수 있는 방법은 무엇일까? 이런 질문에 대해 이 책에서 대답으로 제시하고자 하는 내용은 상대방을 배려하는 화법이 되어야 한다는 것이다. 상대방을 이해하고 배려하는 마음이 바탕이 될 때 바람직한 화법의 모습이 만들어지며, 이와 같은 화법은 곧 원만한 인간관계가 이루어질 수 있도록 하는 원천이 된다는 것이다.

　이 책이 나오기까지 도와주신 여러분들께 감사를 드린다. 이 책이 출판되도록 도움을 주신 도서출판 박이정의 사장님과 꼼꼼하게 교정을 봐주신 편집부 선생님께도 감사를 드린다. 이 책을 통해 인간관계에서 화법이 얼마나 중요한 것인지 알게 되었다는 독자가 점점 많아진다면 더 없는 기쁨이 될 것 같다. 늘 우리의 앞길을 예비하시고 모든 것이 협력하여 선을 이루게 하신 하나님께 감사드린다.

Ⅲ. 실용 화법

I

화법의 이해

1. 화법의 기초

세계일보 2004.2.24

　우리는 하루도 말을 하지 않고 살 수가 없다. 언어를 통해 서로 의사소통을 하고, 의사소통을 함으로써 인간관계를 유지해 나간다. 언어가 없다면 정보를 전달하는 일이나, 자신의 생각과 느낌을 표현하는 감정의 교류가 이루어질 수 없고, 따라서 사고력을 향상시키거나 원만한 인간관계로 발전하는 것이 어려워진다. 인간적인 삶을 실현하기 위한 욕구의 표출은 대부분 말을 통해 이루어진다.

　Maslow(1954)에서는 인간의 욕구를 (1)과 같이 제시하였다.

(1) Maslow(1954)의 욕구

    a. 생리적 욕구 (Physiological Needs)

    b. 안정의 욕구 (Safety Needs)

    c. 소속과 사랑의 욕구 (Belonging and Love Needs)

    d. 존중의 욕구 (Esteem Needs)

    e. 자아실현의 욕구 (Self-actualization Needs)

이러한 욕구는 낮은 단계에서 높은 단계로 올라갈수록 더 인간다운 삶을 성취하는 것이며, 자아실현의 욕구를 넘어선 최상의 단계에 신앙의 욕구가 있다고 하였다. 인간의 언어가 발달하는 단계도 이와 유사한 경로를 밟는다. 각각의 단계에서 우리는 언어를 사용한다. 첫 언어인 울음이 생리적 욕구를 표출하는 것이라면 높은 단계로 올라갈수록 언어의 수준도 더 높아져 간다.

인간은 언어능력을 가지고 있어서, 말하는 방법을 의도적으로 가르치지 않아도 성장하는 동안에 자연스럽게 말을 배울 수 있다. 그러나 교육수준이나 생활수준이 높아지고 욕구의 수준이 높아질수록 우리의 말하기 능력도 점차 높은 수준을 유지해야 한다. 실제적으로 기업의 인사 담당자들에게 설문조사를 한 결과, 대학을 졸업한 신입사원들에게 가장 부족한 업무능력이 국어 관련 능력이고, 그 가운데서도 '표현능력'이 가장 부족하다고 지적되었다.[1] 따라서 말하기 능력은 자연스럽게 배운 절차를 따라 나오는 대로 사용하는 것만으로는 부족하다는 것을 알 수 있다.

그런데 우리는 누구나 남들 앞에서 말하는 것을 두려워한다. 사회생활을 하는 인간에게 있어서 가장 필요한 말하기가 누구에게나 두려운 요소

---

[1] 2005년 7월 6일자 조선일보에 게재된 기사의 내용으로 '잡 코리아'라는 업체가 인사 담당자 728명을 대상으로 설문 조사한 결과이다. 국어 능력 가운데 가장 부족하다고 생각하는 부문으로는 표현능력이 39.7%, 창의적 언어능력이 20.6%, 논리력이 17.7% 어휘력 등 문법능력이 13%, 듣기 읽기 등 이해능력이 6.6%의 순으로 나타났다.

라는 것은 화법에 대한 교육과 훈련이 필요함을 확인시켜 주는 것이다.

똑같은 내용을 전달한다고 하더라도 우리가 메시지를 구성하는 방법에 따라 상대방의 기분이 좋아질 수도 있고 나빠질 수도 있다. 또한, 상대방에게 정확한 정보를 제공할 수도 있고, 오해를 하게 할 수도 있다. 이와 같은 차이는 모두 메시지를 전달하는 화자가 자신의 의도를 어떤 방식으로 표현하느냐에 따라 달라진다. 음성언어뿐만 아니라 비언어적으로 이루어지는 눈빛, 손짓, 목소리, 자세 등과 같은 요소들도 메시지를 구성하는 중요한 요소가 된다. 따라서 내가 신호를 구성하는 방식과 다른 사람이 신호를 구성하는 방식이 어떻게 다른지를 이해하고, 서로 다른 신호의 방식을 어떻게 이해하고 수용할 것인가를 연구하는 것이 화법의 기초가 된다. 이 장에서는 화법의 개념과 요소, 그리고 화법과 듣기와의 관련성에 대해 살펴보기로 한다.

1.1. 화법의 개념

우리가 흔히 '화법'이라고 칭하는 말은 영어의 'speech', 'speaking' 또는 'the art of speech'에 대응하는 개념으로 사용되고 있다. 이것을 화술이라고 칭하기도 하지만 화술이라는 용어는 기교적인 측면을 강조하는 표현이어서 사람 사이의 의사소통을 가리키는 표현으로는 적절하지 못하다.

중등교육에서 이루어지는 화법 교육에서는 화법을 '말하는 이와 듣는 이가 협력하여 의미를 창조하는 상호작용행위'라고 규정하고 있다[2]. 이러한 정의는 Brown(1994)에서 "말하기란 정보의 생산과 수용에서 의미를 지시하는 상호적 절차이다"라고 정의한 것과 유사한 것이다. 지금까지 수행된 연구에서는 다음과 같이 다양한 내용으로 화법을 정의하고 있다.

---

2) 이 정의는 제7차 교육과정에서 제시한 내용이다.

(2) 화법의 정의
   a. 화법이란 ① 인간의 여러 가지 커뮤니케이션 방법들 중, 특히 음성언어를 통한 구두 커뮤니케이션 방법을 ② 깊이 있게 연구해서 그에 대한 보편타당한 원리와 효과적인 방법들을 발견, ③ 이들을 실제의 커뮤니케이션에 올바르게 응용함으로써 인류의 발전에 이바지하는 학문 분야이다(차배근, 1994).
   b. 논리적이면서도 설득적으로 조리 있게 말하는 방법을 화법이라고 일컫게 되었다. 또한, '화법'이라는 말을 넓은 의미로 사용하면 잘못된 말하기, 듣기를 상담, 치료해주는 방법이나 기술까지를 모두 포함하게 된다(박갑수 외, 1996).
   c. 화법이란, 말하는 이가 일정한 목적에 도달하기 위하여 일정한 상황에서 자신의 생각이나 느낌을 듣는 이에게 음성언어나 몸짓, 표정 등으로 표현하는 기법이다. 이것을 '화술(話術)' 혹은 '스피치(speech)'라고 일컫기도 한다(이주행 외, 1995).
   d. 화법이란 참여자들이 자아성, 관계성, 문화성을 배경으로 구두 언어를 통해 교섭적으로 의미를 창조해 가는 통합적인 과정이다. 화법이란 구두 의사소통의 원리와 방법을 일컫는 것이고, 화법 행위나 화법 활동이란 그러한 원리와 방법을 통해 실제적으로 구두 의사소통이 구현되는 역동적인 과정을 일컫는 것이다(임칠성, 1999).
   e. 화법이란 의사소통의 과정에서 말하는 사람이 듣는 사람에 대해 가지는 일정한 의사소통상의 목적을 달성하기 위하여 사용하는 효과적인 방법 또는 기술을 뜻한다(정승혜·문금현, 2000).

이러한 정의들을 바탕으로 화법의 정의와 영역을 생각하면 다음과 같이 정리할 수 있다.

첫째, 화법은 의사소통의 방법이다. 의사소통은 말하는 사람과 듣는 사람이 협력해서 의미를 창조하는 것이다. 의사소통 능력(communicative competence)

이란 언어 사용자간의 의미공유 현상을 말한다. 이것은 상호작용이기 때문에 단순한 정보의 전달이 아니고, 서로 동의된 의미나 해석에 의해 정보 전달이나 대화행위가 이루어지는 협력적인 과정인 것이다.

둘째, 화법은 음성언어를 수단으로 하는 의사소통의 방법이다. 이것은 인간의 의사소통에서 가장 기본이 되는 것으로, 인간의 언어능력이나 사고능력을 바탕으로 하여, 음성언어의 이해인 듣기와 음성언어의 표현인 말하기를 포함하는 내용이다. 조문제(1996: 7)에서는 콜롬비아 방송 연구원의 연구 결과를 인용하여 미국인의 의사소통은 9%의 쓰기, 16%의 읽기, 30%의 말하기, 45%의 듣기로 이루어진다고 하였다. 따라서 화법에 해당하는 영역은 언어생활의 75%를 차지하고 있는 영역이다.

셋째, 화법에는 음성언어인 말뿐만 아니라 몸짓이나 표정과 같은 비언어적인 요소도 포함이 된다. 비언어적인 의사소통에서 사용되는 동작언어는 주로 말의 내용과 일치하며 부수적으로 따라오는 경우가 많다. 그러나 의사소통의 효과는 7%가 말, 38%가 목소리, 55%가 몸동작에 의해 결정된다는 Mehrabian(1972)의 연구를 통해 보더라도 화법에서 동작언어가 차지하는 비중을 생각할 수 있다. 말 자체가 전달하는 것이 7%라면 비언어적 요소가 전달하는 것이 93%를 차지하는 것이어서 화법은 무엇을 말하느냐보다 어떻게 말하느냐에 초점을 두어야 하는 학문임을 알 수 있다.

넷째, 화법이란 법칙이나 규칙이 아니라 방법이다. 글로 쓰이기 위해서는 문법성이 있어야 하고, 이를 위해서는 규칙이 필요하지만, 말로 전달되기 위해서는 용인성(acceptability)이 중요한 척도가 된다. 용인성을 척도로 하는 화법에서는 꼭 이렇게 말하지 않으면 안 된다는 것이 아니라, 이렇게 말하는 것이 효율적이라는 것을 제안하는 방법이나 절차의 문제를 내용으로 삼는다.

따라서 화법은 "의사소통 능력을 바탕으로 음성언어의 이해인 듣기와 음성언어의 산출인 말하기, 그리고, 이에 부가되는 동작언어를 사용하는 효율적인 방법이나 절차"라고 정의할 수 있다.

화법이란 화자와 청자가 말을 주고받는 의사소통의 과정이다. 의사소통은 인간의 다양한 삶을 표현하는 가장 핵심적인 행위이다. 따라서 화법이란 궁극적으로 삶을 함께 나누는 과정이다. 의사소통 행위로 인해서 인간은 다른 이들과 더불어 사회를 이루고 그 안에서 정보를 교환하고 축적해 오면서 오늘날과 같은 인류문화의 바탕을 마련할 수 있었다. 화법은 사람과 사람 사이의 관계를 나타내며 더욱이 현대 사회는 다양한 인간관계로 인하여 화법이 차지하는 비중이 더욱 강조되고 있다.

1.2. 화법의 요소

우리가 하루에 사용하는 말의 형태는 매우 다양하다, 예를 들면, 인사하기, 전화하기, 협상하기, 면접하기, 설득하기, 약속하기, 부탁하기, 정보제공하기 등등이다. 이러한 말하기는 모두 상대방에게 일정한 신호를 보내는 일인데, 목적에 따라 신호를 표출하는 방법도 달라진다.

화법의 요소들을 살펴보기 위해 화자와 청자가 말을 주고받는 과정을 생각해 보자. 화자는 청자에게 전하고자 하는 내용을 언어기호라는 일종의 코드로 바꾸는데, 이것을 코드화(encode)라고 한다. 한편 청자는 코드를 해독함으로 전달된 내용을 이해한다. 이것을 코드해독(decode)이라 한다. 그러므로 코드화는 개념을 말소리로 바꾸는 것이고 코드해독은 말소리를 개념으로 바꾸는 것이다. 이때 전달되는 언어기호의 연속체를 메시지(message)라고 하고, 화자가 코드화한 메시지가 전달되어 청자가 코드 해독하는 과정을 의사소통이라고 한다. 이때 화자는 다양한 경로 가운데 하나를 선택해서 메시지를 전달하게 되고, 이러한 활동이 이루어지는 상황은 맥락을 이루는 요소가 된다. 의사소통을 하면서 화자가 보내는 메시지에 대해서 청자가 보이는 반응이 피드백이다. 따라서 화법이 이루어지는 과정은 <그림 1>과 같이 정리될 수 있다.

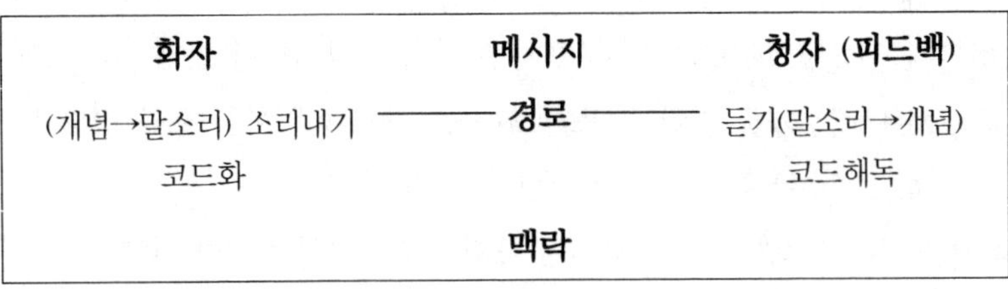

그림 1. 화법의 과정

1.2.1. 화자와 청자

화법은 화자와 청자가 언어를 중심으로 서로 정보와 의미를 함께 나누는 과정이다. 따라서 화자와 청자는 대화를 수행하는 주체이다. 화자는 대화의 필요를 느끼고 대화를 위한 경로를 선택하고 자신의 기억이나 과거의 경험을 이용해서 메시지를 구성한다. 청자는 전달된 기호를 해독하기 위해 자신의 기억이나 과거의 경험을 이용하고, 정보를 저장하며 적절한 피드백을 보낸다.

기본적으로 화자는 메시지를 보내는 사람이고, 청자는 메시지를 받는 사람이지만, 이 역할은 고정적으로 결정된 역할이 아니고, 상황에 따라서 유동적이다. 대화에서 지금 이야기되는 화제를 계속 이어감과 동시에 상대방의 이야기를 잘 경청하고 응대어를 구사하여 그와 관련된 이야기를 진행시켜 나가는 것을 토대로 하여, 화자와 청자의 역할은 항상 순환되고 있다. 따라서 대화에서 말하며 듣고, 들으며 말하는 역할이 계속 바뀐다. 그러나 사람은 누구나 자기중심적이어서 화자의 관점에서 생각할 때와 청자의 관점에서 생각할 때 요구하는 것이 달라진다.

말을 하는 화자는 가능한 한 쉽고, 편하고, 간단하게 말하는 경제성의 원리를 추구하며, 어떻게 말하든지 상대방이 잘 이해할 것이라고 생각한다. 거기에 비해서 청자가 되면 뜻을 식별해야 하고, 의도를 파악해야 하기 때문에 구별성의 원리를 추구하며 어떻게든 상대방이 분명하고 이해하기 쉽게 말해주기를 바란다. 또한 화자는 자기가 말하고 싶은 것만 말하려고 하고, 청자는 듣고 싶은 것만 들으려 한다.

이러한 화자와 청자 사이의 대립은 대화의 기본적인 배경이 된다. 따라서 어떻게 자기중심적이 되려고 하는 욕구를 조절해서 상대방의 욕구를 충족시킬 수 있는 방향으로 전환하느냐 하는 것은 바람직한 화법에 필수적인 전제가 된다. 가장 이상적인 화자는 청자의 관점을 가장 잘 고려하는 화자이고, 가장 이상적인 청자는 화자의 관점을 가장 잘 고려하는 청자이다.

1.2.2. 메시지

메시지는 말에 의해 전달되는 정보 내용을 말한다. 위의 <그림 1>에서 메시지는 화자에게서 청자에게로 어떤 경로를 통해 전달되는 대상체로 표현되었지만, 실제로 사람들이 메시지를 통해 파악하는 의미는 과거의 경험과 그 정보를 어떻게 통합시키느냐에 달려 있다. 정보는 벽돌처럼 단단한 모습으로 고정되어서 청자에게도 그 모습대로 전달되는 요소가 아니고 청자의 필요나 욕구에 따라 모양이 쉽게 바뀔 수 있는 것이다. 따라서 같은 메시지라도 화자와 청자 사이의 관계나 과거의 경험 등에 따라 달리 전달된다.

대화를 하면서 실패하는 원인 가운데 하나는 대화를 주사처럼 생각하는 것이다. 다시 말해, 어떤 증상에 대해서 처방을 하고, 그것을 그대로 상대방에게 투여하기만 하면 효력이 발생할 것이라고 생각하는 것이다. 그러나 메시지는 주사약과는 달라서 말의 효과는 화자가 무엇을 말했느냐에 따라 결정되는 것이 아니다. 따라서 화자는 청자가 자신의 의도대로 메시지를 받아들일 수 있도록 지속적인 노력을 하여야 한다.

메시지의 내용에 따라 화법은 다음과 같이 구분할 수 있다.

    (3) 메시지의 내용에 따른 화법의 유형
      a. 인지적 화법: 인지적 정보나 지식이 중심이 되는 화법
      b. 실행적 화법: 특정 상황이나 구체적 문제 앞에서 어떻게 대응할 것인가가 중심이 되는 화법
      c. 정서적 화법: 상대방을 격려하고, 위로하고, 질책하는 등의 감정적 내용이 중심이 되는 화법

메시지의 내용을 구성하기 위해서는 문법적 지식과 청자에 대한 지식, 상황에 대한 지식이 필요하다(Reardon, 1987). **문법적 지식**이란 문법에 관해 아는 것, 즉 언어 사용 규칙에 관해 아는 것이다. 문법적 지식은 배열된 음성적 기호에 의미를 부여하는 것이다. 문법에 어긋난 말이나 언어 규범을 무시한 말은 의미를 정확하게 전달할 수 없다. **청자에 대한 지식**이란 상대방에 대해 아는 것을 말한다. 같은 메시지라도 상대방의 나이나 지식의 정도에 따라 다르게 구성하여야 한다. **상황에 대한 지식**은 주어진 상황을 정확하게 판단하는 것이다. 장례식장에서 호탕하게 웃는 것이나, 결혼식장에서 신부의 옛 애인이야기를 늘어놓는 것은 상황에 대한 지식의 관점에서 적당하지 않다.

1.2.3. 경로

의사소통의 경로는 메시지가 청자에게 전달되는 통로나 수단과 같은 매개체를 말한다. 메시지 전달을 위해 하나의 매개체를 이용하기도 하고, 여러 매개체를 이용하기도 하는데, 인간이 지닌 오관을 기초로 한다.

말소리를 이용하여 의사소통을 하는 것은 인간의 감각 가운데 청각에 의존하는 것이다. 따라서 이것을 청각 의존적인 의사소통이라고 할 수 있다. 의사소통에 청각만 이용되는 것이 아니다. 우리는 의사소통을 위해 시각, 청각, 촉각 따위의 감각을 다 이용한다.

청각 의존적인 의사소통에도 말소리를 이용한 음성언어만 있는 것이 아니다. 소리로서 자신의 심리적인 상태를 나타내는 것도 청각 의존적인 방법에 속한다. 예를 들자면 옛 어른들이 남의 방문을 열기 전에 '어험' 하는 큰기침소리를 내어 자기의 존재를 알리거나 상대방의 존재를 확인하는 것, 또는 바가지를 긁는 아내에게 코고는 소리를 내어 그 일에 관심이 없음을 나타내는 것과 같은 심리적 반향음이 여기에 속한다. 또한 문을 두드리는 소리, 발로 걷어차는 소리 등의 음향효과를 통해 메시지를 전달하는 것이나, 굵은 목소리, 쉰 목소리, 속삭이는 목소리 등 목소리 조절을 통해 메시지를 전달하는 것도 모두 청각 의존적인 의사소통이다.

대화를 하면서 상대방의 눈이나 얼굴 표정, 태도에 나타나는 비언어적인 의미를 받아들이는 것은 시각 의존적인 의사소통이고, 악수나 포옹 등을 통해 어떤 메시지를 전달하는 것은 촉각 의존적인 의사소통이다. 또한 텔레파시에 의한 의사소통처럼 초감각을 사용하는 의사소통도 있지만, 일반적인 대화에서는 소리를 내고 들을 뿐 아니라 몸짓도 사용하고, 말하는 사람과 신체 접촉도 하여서 종합적인 의사소통이 이루어진다.

이러한 의사소통은 언어적 의사소통과 비언어적 의사소통으로 나눌 수 있다. 말소리를 통하여 의미내용을 전달하는 것이 언어적 의사소통이고, 음성언어 이외의 다른 수단을 통하여 의미내용을 전달하는 것이 비언어적 의사소통이다. 언어적 의사소통은 청각 의존적이고, 비언어적 의사소통은 청각, 시각, 촉각 등의 감각에 모두 의존하고 있다. 또한 전화나 TV처럼 전기적 매체를 경로로 사용하기도 한다.

1.2.4. 맥락

실제로 말을 주고받는 과정을 자세히 살펴보면 어떤 시간에, 어떤 장소에서 누구와 함께 했는가와 같은 맥락이 말하기에 있어서 중요한 요소가 된다. 그뿐 아니라 이런 것들과 관련된 전반적인 태도도 맥락과 관련되어 있다.

맥락에는 다음과 같은 유형들이 있다. 첫째는 **장소적 맥락**으로 말을 주고받는 공간과 관련된 것이다. 조용한 방에서 말을 할 수도 있지만, 강당이나 운동장에서 말을 할 수도 있다. 둘째는 말을 주고받는 사람들이 속한 세대에서 함께 공유하고 있는 말하기에 대한 규범이나 상식 등과 같은 **문화적 맥락**이다. 문화적 맥락은 문화권에 따라 달라지며, 메시지의 전달에 영향을 준다. 우리나라에서는 어른의 눈을 바로 쳐다보며 말하는 것은 도전적인 행동으로 받아들이지만, 서양에서는 진실 되고 솔직한 태도로 받아들여진다. 셋째는 **시간적 맥락**으로 어떤 시기나 어떤 시간에 하는 말인가와 관련된 것이다. 시간적 맥락도 메시지의 전달에 영향을 주어서 빚을 갚으라는 말을 하는 경우라도 아침 일찍 하는 것과 여유 있는 오후에 하는 것은 차이가 있다. 이른 아침에 큰소리로 그 이웃을 축복하면 도리어 저주같이 여기게 되리라(잠언 27: 14)는 성경 구절도 시간적 맥락에 따라 메시지의 내용이 달리 해석된다는 것을 말하고 있다. 넷째는 **사회심리적인 맥락**으로 어떤 관계에 있는 사람과 말을 하느냐와 관련된 것이다. 여자 친구와 이야기를 하더라도 단 둘이 있을 때 하는 말과, 부모님과 함께 식사를 하는 자리에서 하는 말이 다른 것은 사회심리적인 맥락이 다르기 때문이다.

맥락적 요소는 의미를 해석하는 방식과 의사소통하는 방법, 그리고 우리를 의사소통에 참여하게 하는 방식에 영향을 미칠 수 있다. 어떤 장소에서는 적절한 화제가 다른 장소에서는 부적절할 수도 있고, 어떤 문화권에서는 적절한 화제가 다른 문화권에서는 부적절할 수 있다. 어떤 관계에서는 적절한 대화가 다른 관계에서는 부적절할 수 있고, 어떤 시간에는 적절한 대화가 다른 시간에는 부적절할 수 있다. 또한 맥락은 고정되어 있는 것이 아니고, 의사소통이 진행됨에 따라 함께 변해 가는 요소이기도 하다. 이것을 맥락 효과(contextual effects)라고 하는데, 한 사람이 가지고 있던 기존의 관념에 새로운 정보가 더해지면서 나타나는 현상을 말한다. 보통의 경우 맥락 효과는 다음과 같은 유형으로 나타난다.

(4) 맥락 효과의 유형

    a. 기존 정보가 새로운 정보를 통해 폐기되는 경우: 예를 들자면 어떤 사람에 관해 나쁜 인상을 가지고 있던 사람이 그 사람의 훌륭한 인간성과 생활 모습에 관한 이야기를 들으며 그 사람에 대한 부정적인 생각을 없애 버리는 것과 같다.

    b. 기존 정보가 새로운 정보를 통해 더욱 강화되는 경우: 예를 들자면 어떤 사람에 관해 나쁜 인상을 가지고 있던 사람이 그 사람의 비인격적인 모습과 생활상들에 관한 이야기를 들으면서 그 사람에 대한 부정적인 생각을 더 강화하는 것과 같다.

    c. 기존 정보와 새로운 정보가 합해져서 새로운 맥락적 함축 의미가 생성되는 경우: 예를 들자면 어떤 사람에 대해 나쁜 인상을 가지고 있던 사람이, 그 사람의 훌륭한 인간성과 생활 모습에 관한 이야기를 들으며, 그 사람이 이중인격자이거나 위선자일 것이라고 생각하는 경우와 같다.

따라서 대화의 진행 과정에서 다른 사람의 이야기를 들으며 맥락을 수정하는 작업도 진행해야 하지만, 대화에 참여하고 있는 자신의 말이나 태도가 새로운 맥락 효과를 만들어 간다는 점도 유의하지 않으면 안 된다.

1.2.5. 피드백

화자가 보내는 신호가 메시지라면, 이 신호에 대해 반응을 보이는 것이 피드백이다. 다시 말해 화자의 말에 대해 청자가 어떤 영향을 받았는지를 말하는 것이다. 이와 같은 피드백에 따라 화자는 메시지의 내용을 더 강조하거나, 바꾸거나, 약화시키는 쪽으로 조정해 간다.

> (5) A: 저 여자 누구야?
> B: 그건 왜 물어?
> A: 물으면 안 돼?
> B: 누가 안 된대?
> A: 그런데 말이 왜 그래?
> B: 내 말이 어때서?
> A: 몰라서 묻는 거니?
> B: 그럼 몰라서 묻지, 알면서 묻는 사람도 있어?

화자와 청자 사이의 상호협력은 지속적인 피드백에 의해 이루어진다. 화자가 코드화한 메시지에 대한 청자의 반응은 피드백 되어 다시 화자에게 영향을 끼치게 된다. 화자와 청자 사이의 지속적인 피드백은 화법의 과정을 의미 있게 만드는 요소이다. 또한, 이러한 피드백의 과정 속에서 이루어지는 의미의 공유는 단순히 언어의 사전적인 의미 공유를 말하는 것이 아니라 삶의 공유를 말하는 것이다.

청자의 반응인 피드백은 언어적으로 나타날 수도 있고, 비언어적으로 나타날 수도 있다. 내용을 이해했을 때 고개를 끄덕이는 것이나, 이해하지 못 했을 때 고개를 갸웃거리는 것, 그리고 계속 말하라고 부추길 때 몸을 앞으로 기울이며 언어적으로 '예'라고 말하는 것, 동의하지 않을 때 뒤로 몸을 빼며, 언어적으로 '설마'라고 말하는 것과 같은 반응들은 모두 화자에게 피드백으로 전달된다. 이와 같이 청자에 의한 피드백도 있지만, 화자 스스로가 자신의 메시지에 대해 피드백하기도 한다. 말하면서 자신의 이야기를 듣고, 스스로가 움직이는 방식을 느낄 수 있으며, 이것이 다음 말을 하는데 영향을 주기도 한다.

피드백에는 다음 (6)과 같은 유형이 있다.

    (6) 피드백의 유형
       a. 즉각적인 것과 지연되는 것
       b. 자연스러운 것과 의도적인 것
       c. 비평적인 것과 지지적인 것

일반적으로 피드백은 즉각적일 때 효과적이다. 대인관계 상황에서 피드백은 대체로 발화 장면에 즉각적으로 나타나지만, 취업 면접과 같은 상황에서 피드백은 지연되어서, 몇 주 후에 통보되기도 한다. 대인관계 의사소통에서는 대체로 의도적이지 않고 자연스럽게 피드백을 하지만, 취업 면접을 하면서 요구하는 질문에 대한 피드백은 주의 깊게 생각해서 더 의도적인 반응을 보여야 한다. 비평적인 피드백은 다른 사람을 평가하고 교육하는 기능을 수행하지만, 지지하는 피드백은 상대방을 격려하고 생각을 더 확고하게 만들어 준다.

1.3. 화법과 듣기

일반적으로 사람들은 이야기를 한다고 할 때, 말하는 것이 중심이 될 것이라고 생각한다. 그래서 사람을 만나면 늘 무슨 말을 해야 하는가에 신경을 쓰게 되고, 항상 무슨 말인가를 해야 의사소통이 이루어질 것이라고 여긴다. 그러나 말을 하는 사람이 있으려면 그 말을 들어주는 사람도 반드시 있어야 한다. 우리가 의사소통을 하고 의사소통을 통해 다른 사람과 일정한 사회관계를 유지하는 데에는 자신이 말을 하는 것만으로는 충분하지 않다. 오히려 말을 들어주는 사람이 있어야만 의사소통은 이루어져 나갈 수 있으며, 의사소통에서는 말하는 것보다 말을 듣는 것이 더 중요하게 작용한다.

화법에서 고려해야 할 중요한 요소 중 하나는 듣기이다. 특히 대화는 화자와 청자의 역할이 수시로 바뀌어가며 이루어지는 상호적인 언어활동이다. 화자가 말한 내용을 이해하는 것은 다음의 말하기에 중요한 바탕이 된다. Rogers(1972)에서는 화법에 장벽이 생기는 가장 결정적인 이유는 화자가 표현을 잘못해서 생기는 것보다 청자가 본능적으로 상대의 말을 평가하고 인정하거나 부정하면서 듣기 때문이라고 하였다.

듣기는 자연적으로 학습되는 것으로 알고 있으나, 교육을 통해 듣기 기능을 신장시킬 수 있으며, 실제로 연습을 통해 듣기 기능을 신장시킬 수 있어야 한다. 듣기에서는 내용을 이해하는 것과 더불어 상대방과 감정적으로 공감하며 듣는 것이 필요하다. 음성 언어를 통하여 청자에게 전달된 정보를 정리하고 평가하며, 동시에 상대방을 이해하는 마음이 필요하다. 이와 같은 이해의 과정이 듣기에서 가장 중요한 부분이라고 할 수 있다. 대화가 성공적으로 이루어지는가, 그렇지 않은가는 대화에 참여하는 사람들이 대화의 특성을 제대로 이해하고 그 특성에 맞추어 수행을 하는가 여부에 달려있다. 그러므로 말하는 사람에게만 비중을 두는 화법이 아니라 말을 듣는 사람도 자신의 역할을 성실히 수행할 수 있도록 하는 화법이 되어야 한다.

우리가 하루에 수행하는 여러 가지 언어활동은 말하기, 듣기, 읽기, 쓰기 등으로 이루어져 있다. 이 네 가지 언어활동 중에서, 우리의 생활은 특히 말하기와 듣기에 크게 의존하고 있다. 앞서 살펴본 바와 같이 하루 동안 언어생활에서 말하기가 30%, 듣기가 45%, 읽기가 16%, 쓰기가 9%를 차지하며(조문제, 1996: 7) 말하기보다 듣기가 더 언어활동의 중심이 된다.

또한, 정보를 받아들이는 데에 있어서도 읽기보다는 듣기가 중요하다. 사람들은 듣기가 늘 반복되는 일상의 일이기 때문에 특별한 방법이 있다거나 노력해야 하는 요소라고 생각하지 않는다. 그냥 귀에 들리는 대로 듣고 대답을 하거나 자신의 생각을 말하기만 하면 된다고 생각한다. 그러나 탈무드에서 입이 하나이고 귀가 두 개인 것은 한 번 말하고 두 번 들으라는 뜻이라고 이야기한 것은 듣기의 중요성에 비추어 매우 적절한 격언이다.

말하기와 듣기는 의사소통에 참여하는 사람들이 같은 시간과 같은 장소 안에 있을 때 더 구체적으로 이루어진다. 말하기는 화자가 청자에게 말소리를 통해서 자신의 생각이나 느낌을 표현하는 행위이다. 이에 반하여, 듣기는 청자가 화자의 말소리를 통해서 그 사람의 생각과 느낌을 이해하는 것이다. 이렇게 말하기와 듣기는 표현과 이해라는 측면에서 문자를 사용하는 읽기와 쓰기와는 큰 차이를 보인다.

남녀 대학생 289명을 대상으로 하여 평소에 언어생활을 하면서 청자의 듣기 태도 중에서 싫다고 느꼈던 점을 조사한 결과를 보면, 일상 대화에서는 상대방이 자신의 말을 중간에 끊어버리는 것이 불쾌하다는 응답이 가장 높은 빈도로 나타났다. 또한 공적인 발표에서 싫은 태도는 청자가 발표자에게 집중하지 않고 옆 사람과 떠들거나 웃는 것이 가장 높은 빈도로 나타났다(정승혜·문금현, 2000). 이밖에도 일상대화에서는 시선을 마주치지 않고 적절한 반응을 보이지 않는 경우를 불쾌한 태도로 꼽았고, 졸거나 강의실을 들락날락하는 행동, 지루해하는 표정 등이 발표를 방해하는 요소로 제시되었다.

Myers & Myers(1985)에서는 우리가 듣기에 대해 다음과 같이 잘못 생각하고 있는 것 때문에 듣기에 오류가 생긴다는 것을 지적한다.

첫째, 듣기가 자연적인 과정이라고 믿는 것이다. 숨 쉬는 것은 자연적인 과정이라 따로 배울 필요가 없다. 듣기도 이와 같이 자연적인 과정이어서 따로 배울 필요가 없다고 생각해 온 것이다. 그러나 말하기, 쓰기,

읽기를 더 잘 하기 위해서는 연습이 필요한 것처럼 듣기도 말하기, 쓰기, 읽기처럼 기술이 필요하고, 학습해야 한다.

둘째, 소리를 듣는 것과 의미를 듣는 것을 같은 것으로 생각한다. 이 둘은 구분 짓기는 어렵지만, 별개의 과정이다. 소리를 듣는 것은 본질적으로 에너지의 전달 과정이지만, 의미를 듣는 것은 고도의 인지적 과정이다. 사람들은 언제든지 마음만 먹으면 의미를 듣지 않을 수 있다. 이것은 말하는 것보다 생각하는 것이 훨씬 빠르다는 것에서 기인한다. 미국 사람은 평균 1분당 125단어를 말하는데, 두뇌는 1분당 800개의 단어를 처리한다. 듣기에 있어 말하는 속도와 생각하는 속도의 차이는 두뇌가 실제 소리를 들은 것에다 수백 개의 단어를 더하여 작동한다는 뜻이다. 말이 느린 속도로 도착하는 동안에도 두뇌는 아주 빠른 속도로 생각을 계속하고 있다는 것을 의미한다. 사람들은 들으면서 스스로 생각하는 여분의 시간을 가질 수 있다. 이 시간에 사람들은 다른 사람의 말을 들으면서 자기 생각에 빠질 수 있다. 앞에서 강의하는 교수의 말을 놓치지 않으면서 수업 끝나면 무엇을 할까를 생각한다. 이런 생각을 할 수 있을 만큼 시간이 충분하고, 실제로 사람들은 오랫동안 익혀온 습관이기 때문에 딴생각을 하지 않을 수 없다. 상대방의 말을 듣는 것과 자신의 개인적인 세계를 왔다 갔다 하는 사이에 자신의 생각에 집중하면 상대방의 말을 놓치게 되는 것이다. 실제로 상대방의 말을 절반만 듣는다는 것은 놀랄 만한 일이다.

셋째, 듣는 사람들이 가진 관심과 욕구와 동기가 다르다는 데에 문제가 있다. 듣는 사람들 가운데 화자에게 호의를 가진 사람도 있겠지만, 싫어하는 사람도 있을 수 있고, 주제에 관심이 있는 사람도 있겠지만 마지못해 앉아 있는 사람도 있을 수 있다. 이러한 차이는 듣는 사람들이 자기만의 생각에 빠져 있는 시간의 차이를 가져온다. 따라서 자기만의 생각에 빠져 있는 시간이 적은 사람은 화자의 말을 거의 다 이해했지만, 자기만의 생각에 빠져 있는 시간이 많았던 사람은 절반도 이해하지 못하는 결과를 가져온다.

따라서 효과적인 의사소통을 위해서는 다른 사람의 이야기에 관심을 기울이고 이해하면서 들으려는 연습이 매우 중요하다. 듣기 연습에 투자한 시간만큼 더 훌륭한 태도를 가진 청자가 될 수 있다.

한 젊은이가 대중 연설과 웅변술을 배우려고 소크라테스를 찾아갔다. 그 젊은이는 이 위대한 철학자에게 자신이 소개되는 순간부터 유창하게 계속 이야기를 쏟아 내놓았다. 그 젊은이가 너무 오래 이야기하는 바람에 소크라테스는 지혜의 핵심부는 고사하고 그 가장자리에서 흘러나온 말 한마디도 제대로 할 기회를 갖지 못했다. 마침내 소크라테스는 그 젊은이의 손을 입으로 가져가 거침없이 쏟아지던 젊은이의 입을 막았다.

소크라테스는 "여보게 젊은이! 자네에게는 수업료를 두 배로 받아야 할 것 같네."라고 말했다. 그러자 그 사람은 불평을 했다.

"수업료가 두 배라구요? 대체 왜 그런 거죠?"

소크라테스는 그 이유를 이렇게 답했다.

"왜냐하면 말일세, 자네를 훌륭한 지도자로 만들려면 자네에게 두 가지 원리를 가르쳐야 하기 때문이네. 첫째는 혀를 자제하는 법을 배워야만 하네. 그리고 나서야 혀를 올바르게 사용하는 법을 배울 수 있을 걸세."

말을 많이 하는 것이 말을 잘하는 것이 아니라 말을 잘 듣는 것에서부터 말하는 방법을 배울 수 있음을 알아야 한다. 이상적인 화자와 청자는 자기중심적이 되려고 하는 욕구를 어떻게 조절하여 상대방의 욕구를 충족시킬 수 있는 방향으로 전환할 수 있는가에 대해 고민해야 한다.

    (7) 삼순: 알았어요. 다시 할게.

           모모는 집도 없고 할머니도 없고 삼촌도 없는 좀 불쌍한 아이야. 그렇지만 마을사람들은 다 모모를 사랑해. 왜냐하면, 모모는 귀 기울여 들을 줄 알거든. 모모는 아무 말도 안 해. 말을 못해서가 아니라 듣는 걸 아주 좋아하거

든. 마을사람들한테 고민거리가 있으면 그냥 들어주는
　　　거야, 귀 기울여서.
진헌: (안 듣는 척하면서 솔깃해한다)
삼순: 그게 중요해, 귀 기울이는 거. 그럼 마을사람들은 아무리
　　　복잡하고 어려운 문제도 다 풀린 것처럼 기분 좋게 돌아
　　　가. 아줌마도 그런 사람이 되고 싶었는데 내 말만 하는
　　　어른이 되어버렸어. (씩 웃으며) 지금처럼.
진헌: 가끔은 모모 같아요.
삼순: 정말요?

(TV 드라마 「내 이름은 김삼순」 중에서)

(7)의 예를 통해 알 수 있는 것처럼 귀 기울여 듣는 것은 의사소통뿐
아니라 인간관계에서도 매우 중요한 요소이다. 의사소통이 이루어지는 과
정에서는 무엇을 말할까 하는 것보다 어떻게 들어줄 것인가에 더 초점을
맞추어야 한다. 특히, 상대방이 말소리로 들려주는 물리적인 소리뿐만 아
니라 화자의 마음에서 나오는 메시지까지 이해하려는 태도가 필요하다.

1.3.2. 듣기의 방법과 효과

언어 이해의 측면에서 듣기에 대해 살펴보면 듣기는 다음과 같은 과정
을 거쳐 이루어진다. 듣기의 과정은 인지의 수준에 따라 다음 (8)과 같이
나눌 수 있다.

　　(8) 듣기의 단계
　　　　a. 정보 확인 단계
　　　　b. 내용 이해 단계
　　　　c. 내용에 대한 비판 단계
　　　　d. 감상 단계

첫째, 정보 확인 단계의 듣기는 듣기의 첫 단계로 화자가 말한 내용에 주의를 기울이고 그 내용을 기억하는 것이다.

둘째, 내용 이해 단계에서의 듣기는 말속에 포함된 여러 생각들 사이를 연결시키는 지적 작용을 뜻한다. 청자는 화자의 이야기를 전체적으로 이해하기 위하여 단편적인 정보들 사이의 관계를 구성하고, 때로는 자신의 경험이나 지식을 동원하여 해석하기도 한다.

셋째, 내용에 대한 비판 단계에서는 내용을 비판하기 위하여 청자는 들은 내용을 분석하고 판단하여야 한다. 그러므로 청자는 표면적인 내용 뒤에 숨겨진 화자의 의도나 가치 등에 대하여 의문을 가지고, 말속에 어떤 논리상의 모순, 증거의 불충분, 감정에의 호소 등이 있는지 탐구하여 내용을 분석하고 판단하여야 한다.

넷째, 감상 단계에서 듣기는 듣기 기능 중에서 가장 상위 단계라고 할 수 있다. 그러나 감상은 반드시 정보 확인 단계에서부터 비판 단계를 거친 후에 일어나는 것은 아니다. 감상은 각 단계의 인지적 과정 모두에 걸쳐 일어날 수 있다. 감상은 가치화로 개인의 정의적 판단이라고 할 수 있다.

우리가 다른 사람의 말을 듣는 수준은 보통 다음 (9)의 다섯 가지 수준 가운데 어느 하나에 속하게 된다.

    (9) 듣기의 수준
      a. 무시
      b. 듣는 척
      c. 선택적 듣기
      d. 신중한 경청
      e. 공감적 경청

첫째는 그 사람의 말을 무시하는 것으로, 실제로는 전혀 듣지 않는 것이다. 아마 아침 시간에 무심히 틀어놓은 텔레비전이나 라디오에서 나오는 소리를 흘려들을 때 우리가 하는 태도가 이와 같을 것이다. 그냥 멍하니 귓전에 들리는 소리만 들게 되는 경우이다.

둘째는 경청의 표지를 사용하면서 듣는 척만 하는 것이다. 건성건성 상대방의 말에 대답만 하는 경우는 실제로는 전혀 듣지 않는 것이다.

셋째는 선택적으로 듣는 것으로, 대화에서 어느 특정한 부분만을 듣는 것이다. 일상생활에서 자기가 잘 알지 못하는 내용에 관한 말을 듣는 경우가 상당히 많다. 특히, 학교 수업 시간에는 잘 알아들을 수 있는 내용도 있지만 미처 이해하지 못하고 그냥 놓쳐버리는 이야기도 있다.

넷째는 신중한 경청으로 상대방의 이야기에 주의를 기울이고, 그 말에 총력을 기울여서 듣는다.

다섯째는 가장 고도의 수준에서 이루어지는 듣기인 공감적 경청을 하는 것이다. 공감적 경청은 먼저 경청해서 이해하려고 노력하는 대화 방법이다. 상대방의 말을 잘 듣고 있음을 알려주는 것과 함께 자신이 상대의 마음을 제대로 이해하고 있는지를 확인하는 반응을 나타내는 것을 공감적 경청이라 한다.

> (10) 아이: 엄마, 나 심심해요.
> 엄마: 우리 영선이가 심심하구나.
> 아이: 엄마가 자꾸 일만 하니까 나랑 놀아줄 사람이 없잖아.
> 엄마: 엄마가 일 하느라 영선이하고 놀아주지 못해서 서운하구나.
> 아이: 엄마 일 다 끝나면 나랑 놀아줄 수 있어요? 그럼 나 그동안
> 혼자 그림 그리고 놀 수 있어요.

먼저 경청하고 이것을 통해 상대방을 이해하려고 하는 공감적 경청에서는 무슨 대답을 말할 것인지 준비하지 않아도 된다. 단지 상대방이 말한 메시지를 다시 반복하거나, 상대방의 말을 확인하는 종류의 언어적 반응만을 하면 된다. 이것은 상대방에게서 들은 말을 다시 한 번 확인함으

로써 정말로 상대방의 말을 이해하고 있고, 또 상대방의 말을 경청하였음을 적극적으로 나타내 주는 방법이다.

> (11) A: 너 왜 날 피하니?
>   B: 넌 내가 널 피한다고 생각하고 있구나.
>   A: 그럼 아니야? 내가 말을 걸어도 대답도 잘 안하고.
>   B: 네가 말할 때 내가 반응을 보이지 않는다고 생각하고 기분
>   이 나빴나 보구나.
>   A: 어이구, 웬일이야? 오늘은 내 마음을 쏙쏙 읽어내시네.

공감적 경청의 방법은 모든 인간관계에서 적용할 수 있는 효과적인 대화방법이다. 상대방을 먼저 이해하려는 것을 목적으로 하는 대화 방법이기 때문에 상대방에게 부담을 주지 않고, 상대방의 마음을 열 수 있는 정중한 대화 방법이다. 따라서 갈등 없이 상대방의 문제에 접근하고 자연스럽게 대화를 풀어갈 수 있도록 해 주는 아주 훌륭한 대화 방법이다.

훌륭한 듣기는 다음과 같은 효과를 얻을 수 있다. 듣는 것만으로도 상대방에게 얻을 수 있는 것이 매우 많다.

첫째, 화자의 말하고 싶은 욕구를 충족시켜 줄 수 있으므로 화자에게 호감을 살 수 있으며 화자를 통해 많은 지식이나 정보를 얻을 수 있다. 혼자서 체험하지 못하는 다양한 지식이나 경험을 화자를 통해 얻게 된다.

둘째, 상대방의 진의를 파악할 수 있다. 말은 자기표현이다. 화자가 말하는 내용을 통해 화자의 본심을 파악할 수 있으며, 동시에 그에 대한 적절한 대응도 준비할 수 있다.

셋째, 화자로부터 협력을 얻어낼 수 있다. 듣는 것만으로도 화자가 마음을 열 수 있게 할 수 있으며, 화자의 발화내용을 통해 얻을 수 있는 협력을 파악할 수 있어 구체적인 도움을 청할 수 있게 된다.

듣기는 상대방에게 이득을 취할 수 있다는 장점 이외에 청자 자신에게

도 도움이 되는 측면이 많다.

첫째, 자신의 인격형성에 도움이 된다. 상대방의 말을 들으며 많은 정보를 얻을 수도 있다. 그러나 더 중요한 것은 자기중심적인 욕구에서 벗어나 상대방을 배려하는 태도를 기를 수 있다는 것이다.

둘째, 자기반성과 더불어 주체적인 시각을 가질 수 있다. 듣는 일로 인해 자기 자신의 생각과 비교해 볼 수 있으며, 자기 나름대로 사물이나 세상을 보는 안목을 키울 수 있다.

훌륭한 듣기는 상대방이 말하는 동안의 시간을 현명하게 활용하는 것이다. 화자가 말하고 싶은 것을 다 말 할 수 있도록 충분한 시간을 주고 그에 대한 평가는 미루는 것이 훌륭한 경청이 첫 걸음이다. 그리고 화자가 말하는 동안 그의 언어적 메시지뿐만 아니라 비언어적인 메시지 하나도 놓치지 않으려는 태도로 들어야 한다. 화법은 상호작용이다. 청자가 상대방에게 초점을 맞추지 않는다면 더 이상 화법의 과정은 이루어질 수 없다.

1. 화법이란 무엇인가?

2. 화법의 중요성에 대하여 말해 보자.

3. 다음의 내용을 잘 듣고 옆 사람에게 다시 정리해서 말해 보자.

> **성공으로 가는 첫 걸음**
>
> 　전체를 뒤집는 용기가 필요하다. 정보 수집은 성공으로의 첫 걸음이다. 자유로운 조합의 발상은 의외의 것을 만든다. 발상의 전환의 기본은 '억지이론'에 있다. 발상은 대담하고 치밀하게, 시행착오를 반복하다 보면 성공의 길이 보인다. 시선을 끄는 타이틀과 표제를 연구하라. 다른 관점으로 사물이나 현상을 의심해보자. 모두가 '노우(NO)'라고 생각하는 것을 과감하게 실천하라.
>
> 　　　　- 니시무라 아키라의 「아이디어가 풍부해지는 발상기술」에서

4. 옆 사람이 들려주는 이야기를 녹음하면서 듣고 자신이 들은 내용을 그대로 적어보자. 처음 말한 내용을 녹음기로 확인하면서 자신이 적은 것과 얼마나 차이가 있는지 살펴보자. 또 어떤 부분이 다른지, 왜 그런 차이가 생겼는지 서로 이야기해 보자.

5. 다음의 대화를 읽고 공감적 경청의 장점에 대해 이야기해 보자.

　　　엄마: 와! 교실에 신기하고 재미있는 것들이 많이 있구나!
　　　　　　얼른 교실로 들어가자.
　　　아이: 싫어요. 엄마랑 같이 있고 싶어요.
　　　엄마: 엄마와 같이 들어가고 싶구나.
　　　아이: 네. 엄마하고 떨어지기 싫어요.
　　　엄마: 그럼 엄마가 선생님께 교실에서 얼마동안 같이 있을 수 있
　　　　　　을지 여쭈어 볼게. 그 대신 그때까지만 같이 있을 수 있는
　　　　　　거야? 약속할 수 있지?
　　　아이: 네, 엄마. 그럴게요.

2. 화법의 원리

화법에도 어떤 원리가 있을까? 우리는 아침에 눈을 뜨면서부터 잠들기 전까지 여러 사람들과 의사소통을 하게 된다. 의사소통은 우리의 생활 속에서 매우 익숙하고 자연스럽게 이루어지는 행동이라서 어떤 원리나 규칙을 찾아내는 것이 오히려 더 자연스럽지 않게 느껴진다. 이것은 마치 밥을 먹는 순서를 체계화하고 원리를 찾으라는 말처럼 들릴 수도 있다. 그러나 좀 더 효과적인 의사소통을 위해서는 그것을 구성하고 있는 원리를 찾아내는 작업이 필요하다.

여기서 말하는 원리는 문법에서 이야기하는 규칙과는 다른 것이다. 올바르게 말하기 위해서는 문법의 규칙들을 반드시 지켜야 하지만, 의사사통의 원리는 그렇지 않을 수도 있기 때문이다. 의사소통은 참여자 상호간의 협조의 문제이며, 주어진 환경 속에서 화자가 '말하는 것'의 문제가 아니라 화자가 '말할 수 있는 것'의 문제이고, 청자가 예상하는 것에 따라 화자가 '말해야 하는 것'의 문제이기 때문이다. 따라서 화법의 원리들은 언어학적 사고라는 추상적 공간에서 이루어지는 문법과는 달리 구체적인 상황과 맥락에서 작용하는 원리이다. 화법의 원리를 파악한다는 것은 의사소통의 목적을 달성하기 위한 노력이며 지속적으로 의사소통이 이루어지게 하는 원리를 발견하는 것이다.

이 장에서는 화법에 작용하는 상호성의 원리, 의미 공유의 원리와 대화를 이어나가는 데 필요한 몇 가지 격률에 대해 살펴보기로 한다.

2.1. 상호성의 원리

의사소통이 성공적으로 이루어지기 위해서는 화자 한 사람의 노력만으로는 어렵다. 화법은 메시지의 내용을 상대에게 전달하는 일방적 행위나 메시지를 전달하고 상대방의 메시지를 듣고 이해하는 단선적인 차원을 넘어, 메시지의 의미가 협력적으로 창조되며 순환적으로 진행되는 상호작용이다. 특히 대화는 화법에서 다루는 의사소통의 유형 중 대표적인 형태이며, 상호성의 원리가 가장 잘 지켜져야 하는 의사소통의 유형이다. 이 절에서는 대화를 통해 화법의 상호성의 원리가 어떻게 실현되는가 하는 것을 살펴보고자 한다. 대화도 사회적인 약속의 한 유형이기 때문에 어떻게 시작하고, 어떻게 이어가며, 어떻게 끝맺는가와 관련된 일정한 규칙이 있다. 이 가운데 화자와 청자 사이에 나타나는 순서교대와 두 사람이 동시에 말을 하게 되는 중복 현상, 그리고 주고받는 말이 쌍을 이루고 있는 대응쌍과 대화의 조직 등에 대하여 살펴보기로 한다.

2.1.1. 순서교대

대화는 반드시 말하는 사람인 화자와 듣는 사람인 청자로 구성된다. 그런데 이 역할은 고정되어 있는 것이 아니고 서로 순환되어야 한다. A가 화자일 때는 B가 청자가 되고, B가 화자일 때는 A가 청자가 된다. A가 이야기하다가 멈추면, 또 다른 참여자인 B가 이야기를 시작한다. 그래서 A→B→A→B→A→B가 차례로 말을 하는 교대가 나타난다. 이것을 순서교대(turn taking)라고 한다. 순서교대는 거의 자동적으로 조절이 되는데, 이것은 화자와 청자가 일정한 원리에 의해 대응하기 때문이다.

순서교대는 대화를 지배하고 있는 가장 큰 특징이다. 따라서 자신이 언제 어느 시점에서 순서를 차지해야 하는가를 정확하게 판단하는 것이 대화를 잘할 수 있는 방법이다. 순서교대는 일정한 규칙에 의해 지배되기 때문에 이 규칙에 의해 대화에 참여하는 것이 바람직하다. 따라서 대화를 나눌 때는 다음과 같은 점들이 고려되어야 한다.

첫째, 대화에서는 반드시 순서교대가 이루어져야 하기 때문에 자신의 말을 너무 길게 하거나, 대화를 독점하는 것은 바람직하지 않다.

둘째, 순서교대 단위는 낱말 하나일 수도 있고, 문장이 몇 개 이어질 수도 있다. 따라서 한 문장 단위가 끝날 때마다 대화 참여자들은 교체 적정 지점이라고 판단할 수 있다. 자신의 대화가 문장 단위로 이어지는 경우에는 문장과 문장 사이의 간격을 더 짧게 두어서 이어지는 대화임을 밝히는 것이 필요하고, 그런 경우라도 너무 길게 이어가는 것은 바람직하지 않다.

셋째, 자신의 말이 끝나갈 때는 다음 화자를 지목해 주는 신호를 보내는 것이 필요하다. 호칭어를 사용하거나 시선, 억양 등을 사용해서 명시적으로 알려 주는 것이 좋다.

넷째, 자신이 명시적 신호를 보내지 않아서 대화가 단절되고 어색한 침묵이 흐를 때는, 이야기되고 있던 화제가 더 계속해서 이야기해야 할 화제라고 판단되면 하던 말을 다른 말로 바꾸어 조금 더 부연하다가 다음 화자를 지목하는 신호를 보내고, 더 이상 이야기할 필요가 없는 화제이거나 충분히 이야기되었다고 판단되면, 새로운 화제로 바꾸고 다음 화자를 지목하는 신호를 보낸다.

다섯째, 현재 화자가 다른 사람을 다음 화자로 지목했는데도 이를 무시하고 대화에 끼어드는 것은 바람직하지 못 하다. 그러나 다음 화자가 대화를 이어가지 않아서 침묵이 흐르거나 대화 분위기가 경색될 경우와 같이 예외적인 상황에서는 누구라도 말을 시작하는 것이 좋다.

여섯째, 현재 화자가 아직 교체 적정지점을 만들지 않은 시점에서 대화를 자르거나 가로채는 것은 좋지 않다.

일곱째, 현재 화자가 다음 화자를 지목하지 않았을 때는 대화가 진행되는 과정을 보아 결례가 되지 않는다고 판단되면 대화에 참여한다. 어떤 대화에도 정해진 순서는 없지만, 여러 계층이 모여서 대화를 하는 경우는 서열을 어느 정도 고려하는 것이 필요하다.

여덟째, 다른 모든 참여자들이 대화를 했는데도 적당한 순서를 발견하지 못해서 대화에 참여하지 못한 경우, 적극적으로 대화에 끼어들어야 한다. 이 경우 모든 대화 참여자들은 침묵하고 있는 특정인을 부담스럽게 생각하게 된다. 대화에 참여할 기회를 만들지 못하면, 열심히 듣고 있다는 사실을 알리기 위해 고개를 끄덕이거나 시선을 주는 등의 비언어적인 요소를 다소 과장되게 사용할 필요도 있다.

2.1.2. 중복현상

현재 화자가 말을 하고 있는데 다른 화자가 말을 시작해서 둘 이상의 화자가 얼마간 동시에 말을 하는 경우가 대화의 중복(overlap)이다. 이 경우 두 사람이 말을 하게 되면 청자로서는 두 발화를 모두 받아들이기 어렵게 되므로 상호성의 원리에 위배되며 화자가 의도한 것도 확실히 전달되지 않게 되므로 분위기가 어색해지게 된다.

대화의 중복은 대체로 다음과 같은 상황에서 나타난다.

첫째, 중복은 대화의 시작이나, 새로운 화제가 도입되었을 때, 처음 대화를 시작하려고 여러 사람이 동시에 말하는 경우에 나타난다.

둘째, 현재 화자의 말이 끝난 것으로 알고 다음 화자가 대화를 시작했지만, 현재 화자가 말을 계속하는 경우에 나타난다.

셋째, 현재 화자가 말하는 것에 덧붙여서 자신이 생각하는 바를 말하는 경우에 나타난다.

넷째, 같은 화제이지만 다른 말을 하는 경우에 나타난다.

다섯째, 응답이 늦어져서 또 다른 발언을 시작하는 경우에 나타난다.

여섯째, 현재 화자가 아닌 다른 참여자에게 말을 건네는 경우에 나타난다.

이러한 대화의 중복은 우연한 중복과 고의적인 방해로 나누어 생각할 수 있다. 우연한 중복은 아무런 의도 없이 나타난 중복이기 때문에 별 문제가 되지 않으며, 대개 현재 화자나 중복을 일으킨 화자가 발언을 중단함으로써 중복을 수정한다. 그러나 현재 화자가 대화를 끝내지 않은 상황에서 고의적으로 말을 시작하는 것은 상대방의 말에 대한 방해이다. 특히 현재 화자가 하고 싶은 말을 끝내기도 전에 전혀 다른 화제를 말하는 것은 전형적인 대화의 방해이다.

그러면 우연한 중복과 고의적인 방해는 명백하게 구별되는 것일까? 대부분의 경우 우연히 나타난 경우와 고의적으로 나타난 경우는 표정이나 태도와 같은 동작언어를 통해 구별하는 것이 가능하다. 그러나 대화자들의 대화 방식이 중요한 변수로 작용하는 경우도 있다. Tannen(1990)에서는 대화자의 유형을 '심사숙고형'과 '적극관여형'으로 나누었다. '심사숙고형'은 가급적 상대방이 말을 하는 도중에 말을 끄집어내지 않음으로써 상대를 편하게 하겠다는 생각을 하고 있고, '적극관여형'은 열정적으로 그 대화에 동참한다는 점을 내세우고 있다. 이런 경우 심사숙고형은 자신의 대화 차례가 되어서도 조금 시간을 끌기 때문에 상대방이 자기보다 먼저 다른 말을 하도록 만든다. 위에서 말한 다섯 번째 유형의 중복이 나타나는 경우인데, 이 경우의 중복은 우연한 것인지 고의적인 것인지 구별이 어렵고, 어떤 쪽이 대화를 방해한 것인지를 밝히기도 쉽지 않다. 또 다른 경우는 적극관여형의 사람이 상대방의 대화 내용을 지지한다는 것을 밝히기 위해 중간에 말을 하고 나서는 형태이다. 이런 경우 심사숙고형은 자신의 발언권을 뺏으려는 의도로 받아들이고 대화를 중단하고 만다. 이 경우도 우연한 중복인지 고의적인 방해인지 구별하기가 어렵다. 적극관여형의 사람은 대화를 방해하고자 한 의도가 없었지만, 심사숙고형의 사람은 대화의 방해로 받아들이고, 실제로 대화의 방해를 받았기 때문이다.

대화의 중복이 일어나면 대체로 대화의 흐름이 깨어지고 대화자들이 긴장하게 되지만, 대화 방식에 따라서는 중복이 나타나도 부정적으로 받아들이지 않는 경우가 있다. 적극관여형의 사람들끼리의 대화에서는 중복이 일어나도 방해가 일어나지는 않는다. 적극관여형의 사람들은 상대방의 중복에 대해 호의적으로 받아들여지는 상황에서는 상대방에게 대화 순서를 넘겨주고, 상대방의 중복이 마땅치 않게 받아들여지면 대꾸를 하지 않거나 완전히 상대방의 발언을 무시하고 자기의 발언을 계속한다. 이와 같이 대화의 중복이 일어남에도 불구하고 대화가 방해를 받지 않고 지속되는 것은 대화 참여자들이 비슷한 대화 방식을 가지고 있었기 때문이다.

대화의 중복을 받아들이는 데는 대화 방식의 차이 외에도 문화적 차이도 변수로 작용한다. 인류학자들은 두 사람 이상이 동시에 말하는 것을 지극히 정상적인 것으로 받아들이는 문화가 많이 있음을 지적하고 이것을 대위법적인 대화(contrapuntal conversations)로 부르고 있다. 태국이나 일본, 이탈리아 등에서는 이런 대화가 상대방을 방해하기는커녕 애정과 관심을 표현하는 방법으로 이용된다는 것이다.

여성들은 중복 대화를 통해서 서로간의 우의를 다지는 집단이라는 주장도 있다. 여성들 사이의 대화에서는 중복이 더 빈번하게 나타나는데, 남자들은 남들이 조용하게 들어주는 상황에서 발언을 많이 하고, 여성들은 다른 사람들의 목소리가 들릴 때 발언하는 것을 즐긴다는 것이다. 다시 말해 여성들은 보고식으로 이루어지는 대화의 장에서는 발언을 기피하고, 대등관계에서 이루어지는 상황에서 대화를 더 쉽게 한다는 것이다.

따라서 대화의 중복이 일어나는 경우에는 무조건 방해로 받아들이지 말고, 상대방의 대화 방식과 문화적 차이를 고려해서 중복을 해석하고 그에 맞게 대화를 이끌어 가는 것이 필요하다. 일반적으로 공적인 대화에서는 상대방이 말하는 가운데 끼어들어가서 중복을 일으키는 일을 피해야 한다. 그러나 수평적 대화이고 상대방이 적극관여형인 경우, 중복은 방해가 아니라 반응발화로 받아들여져서 대화를 촉진시키는 기능을 하기 때문이다. 반응발화는 상대방의 말을 받아들이고 있음을 나타내는 대화표지로 보통 "응", "아", "그렇구나", "네", "어머", "어쩜" 등과 같이 짧은 언어형식으로 이루어지는 것이지만, 이 경우는 중복된 말들이 모두 반응 발화로 받아들여지는 특수한 경우가 되는 것이다.

이러한 대화의 중복 현상이 가지는 특성을 고려해서, 바람직한 대화를 위해서는 다음과 같은 점에 유의하여야 할 것이다.

첫째, 대화에서 중복이 일어나는 것은 자연스러운 상황은 아니므로 중복되지 않도록 하는 것이 좋다. 특히 고의적으로 남의 말 가운데 끼어드는 것은 바람직하지 못 하다.

둘째, 대화의 중복이 일어났다고 해서 무조건 대화를 방해하는 것으로 받아들이고 대화를 중단할 필요는 없다. 그러나 이것이 우연한 중복인지, 고의적인 방해인지, 반응발화인지를 판단해야 한다

셋째, 우연한 중복이 일어났을 경우에는 중요한 말이 아니라면 끼어든 사람이 대화를 멈추는 것이 좋다.

넷째, 고의적인 방해의 경우는 방해가 일어난 대화 상황의 원인을 분석해서 적절히 대처하는 것이 필요하다. 대화 참여자의 흥미를 유발시키지 못하는 화제를 오래 붙잡고 있었거나, 혼자서 대화를 오래 독점한 경우는 끼어든 화자에게 대화를 넘겨주는 것이 바람직하지만, 습관적으로 남의 말은 자르거나 불필요하게 끼어든 경우라면 상대를 무시하고 하던 대화를 계속해 가는 것도 무방하다.

다섯째, 중복이 일어났을 경우 상대방의 대화 습관을 고려해서 적극관

여형의 사람이 끼어든 경우는 반응 발화로 간주하고 하던 대화를 계속해 나가도 되지만, 중복 자체를 방해로 받아들이는 심사숙고형의 사람이 말을 할 때는 가급적 끼어들기나 반응발화를 피하는 것이 좋다.

2.1.3. 대응쌍

상호성의 원리에서 가장 중요한 것은 현재 화자와 다음 화자 사이의 협동이다. 화자와 청자 사이의 상호작용이 가장 잘 나타나는 순서교대인데, 이 둘 사이의 순서교대는 대응쌍(adjacency pair)을 만드는 경우가 일반적이다. 이것은 질문을 하면 대답하고, 요청을 하면 그에 따라 행동하거나 변명을 하고, 제안을 하면 받아들이거나 거절하고, 인사를 하면 인사를 받는 것과 같이 일상적으로 대화에서 나타나는 묵시적인 규칙에 의해 만들어진 쌍이다. '주는 말'에 대해 '받는 말'이 쌍을 이루고 있어서 대응쌍이라고 하며, 대화의 최소 단위가 된다. '질문'을 하면 '대답'을 하고, '제안'을 하면 '수락'하거나 '거절'을 하고, '사과'를 하면 "뭐 별거 아닌데요."와 같이 '사건의 경시'를 나타내는 표현을 하는 것 등이 가장 원형적인 예이다.

Schegloff & Sacks(1973)에서는 대응쌍의 특징과 규칙을 다음 (1)과 같이 규정했다.

> (1) 대응쌍의 특징
>   a. 인접해 있다.
>   b. 서로 다른 화자에 의해 발화된다.
>   c. 주는 말과 받는 말로 순서가 이루어진다.
>   d. 유형화되어 있다. 그래서 특정한 주는 말에 대해서는 특정
>   한 받는 말로 답해야 한다.

어떤 대응쌍에서 주는 말을 한 현재 화자는 말을 멈추어야 한다. 그리고 다음 화자는 그 시점에서 같은 쌍의 받는 말을 해야 하는 것이 대응쌍의 지배 규칙이다. 대응쌍은 대화 조직의 기본 단위가 된다. 그러므로 많은 변이가 가능하다. 다음 예를 살펴보자.

> (2) A: 선생님, 치마 길이요, 무릎 위 10센티까지는 괜찮죠? <질문 1>
>   B: 글쎄, 그게 어느 정도지? <질문 2>
>   A: 이 정도거든요. <대답 2>
>   B: 그래, 저기 괜찮을 거 같은데. <대답 1>
> (TV 드라마 「반올림」 중에서)

대화 (2)에는 <질문 1: Q>과 <대답 1: A> 사이에 또 다른 <질문 2: q>와 <대답 2: a>가 삽입되어 있다. 따라서 "Q→(q→a)→A"와 같은 구조로 이루어진 대응쌍이다. 이러한 삽입 현상은 아주 흔하게 나타난다. 그래서 '질문'과 그에 대한 '대답' 사이에 여러 발화가 삽입되어 있을 수도 있다. 삽입은 대화를 상당히 길게 만들 수도 있다. 그래도 일단 대응쌍의 주는 말이 발화되면 사람들은 언젠가 받는 말이 나오리라는 것을 기대하기 때문에 그에 맞추어 대화를 진행시켜 나간다.

대응쌍의 받는 말도 많은 변이형이 있다. '질문'에 대한 받는 말도 '대답'이 아닌 여러 반응들이 포함될 수 있는데, 이들도 모두 받는 말로 받아들여질 수 있다. 다음 (3)의 예를 살펴보자.

> (3) A: 집이 몇 평이에요?
>   B: 안 재봐서 모르는데요.
> (TV 드라마 「내 이름은 김삼순」 중에서)

대화 (3)에서 받는 말 B는 주는 말 A에 대한 직접적인 대답이 아니다. B의 대답은 A에 대한 반발이나, 또는 자신은 대답을 하지 않겠다는 거절,

질문 자체가 적절하지 않다는 의구심 따위를 나타내는데 쓰일 수 있다. 그러나 이러한 유형도 받는 말로 적절하다.

그러나 대응쌍의 주는 말에 대한 반응으로서의 받는 말이 모두 같은 자격을 갖는 것은 아니다. 이것을 선호범주(preferred category)와 비선호범주(dispreferred category)로서 순서를 정할 수가 있다. 선호적인 받는 말은 무표적이어서 더 단순한 구조로 표현되는데, 비선호적인 받는 말은 유표적이어서 더 복잡한 구조로 표현된다. 따라서 비선호적 받는 말은 말을 한 참동안 지연시킨 다음이나, 비선호적임을 나타내는 "글쎄, 뭐" 따위와 같은 대화표지로 시작하거나, 왜 선호적 받는 말이 나타나지 않았는가에 대한 설명과 더불어 나타난다. 다음의 예를 통해 살펴보자.

> (4) A: 내일 같이 저녁이나 먹을까?
>   B: 좋아.
>
> (5) A: 내일 같이 저녁이나 먹을까?
>   B-1: …… 내일 시간이 어떻게 되나?
>   B-2: 글쎄, 내일 일찍 들어가 봐야 하는데….
>   B-3: 저녁은 좀 곤란한데, 사실은 요즘 내가 다이어트를 해서
>   저녁은 안 먹거든.

요청에 대해 허락은 선호적 받는 말이 되고, 거절은 비선호적 받는 말이 된다. 따라서 대화 (4)에서 질문 A에 대한 선호적 받는 말인 대답 B는 단순하고 간결한 구조로 나타나며 즉각적이다. 그러나 대화 (5)에서 질문 A에 대한 비선호범주에 속하는 대답 B-1, B-2, B-3은 더 복잡한 구조로 나타나며 시간을 끈다. 이것은 비선호범주가 대응쌍에 대해 화자와 청자가 가지고 있는 기대와 어긋나는 것이기 때문에 심리적 부담감이 언어적 표현으로 나타나고 있음을 보여 주는 것이다. 따라서 비선호범주를 말하

는 상황에서 말을 보통보다 천천히 한다거나, 더듬거리는 것은 언어 장애가 아니라 대화 책략으로 인식될 수 있다. 요청에 대한 거절, 제안에 대한 거절, 가치 판단에 대해 반대하는 것과 같은 받는 말은 비선호적인 특징을 갖는다. 그리고 대화를 나누면서는 가능한 한 비선호적인 표현을 피하도록 노력하는 것이 원만한 대화를 유지시키는 방법이 된다.

비선호적인 받는 말은 다음 (6)과 같은 구조를 가지고 있다.

(6) 비선호적인 받는 말의 구조
    a. 지연: 말을 시작하기 전에 휴지(pause)를 오래 두거나, 머뭇거리는 말을 사용한다.
    b. 서언: (1) 비선호적 표현의 대화표지인 '글쎄, 어, 저' 등을 사용한다.
        (2) 대립되는 의견을 말하기 전에 형식적인 동의 표시를 한다.
        (3) 제안, 초대, 제시, 충고 등과 관련이 있을 때는 감사의 표시를 한다.
        (4) 요청이나 초대 등과 관련이 있을 때는 사과 표시를 한다.
        (5) '잘은 모르겠지만 ', '꼭 그런 건 아니지만' 등과 같이 유연화시키는 표현을 한다.
        (6) 여러 가지 형식으로 주저하는 표현을 한다.
    c. 변명: 비선호적 표현이 왜 사용되었는지에 대하여 세심하게 설명한다.
    d. 사절: 대응쌍의 주는 말의 본질에 맞는 형식으로 간접적이거나 부드러운 표현으로 약화시켜 표현한다.

비선호적 받는 말이 이렇게 복잡한 구조를 가지는 것은 제5장에서 살펴볼 정중어법과 관련이 있다. 비선호적인 표현은 선호적인 표현에 비해 상대방의 체면을 손상시킬 수 있는 말이기 때문에, 상대방의 체면을 고려해서 정중하게 말하려는 노력이 필요하고, 그만큼 복잡하고 긴 형식을 갖게 되는 것이다. 대응쌍에서 선호적 받는 말과 비선호적 받는 말은 다음 (7)과 같이 일반화할 수 있다.

(7) 선호적인 받는 말과 비선호적인 받는 말

첫째 부분	받는 말	
	선호적	비선호적
요청	수용	거절
제의 / 초대	수용/감사	거절
평가	동의	반대
질문	예상된 대답	예상 못한 대답이나 대답 안함
(자기) 비난	부인	인정

대응쌍의 주는 말에 대해 의도적으로 비선호적인 받는 말을 선택하는 것은 언쟁을 유발하고 나아가 인간관계를 위협하는 행위가 된다.

이러한 대응쌍의 특성을 고려해서, 바람직한 대화를 위해서는 다음과 같은 점에 유의하여야 할 것이다.

첫째, 대응쌍의 주는 말로 발화되면 가능하면 선호적 받는 말을 선택하는 것이 좋다. 상대가 인사를 하면 인사를 하고, 상대가 요청을 하면 수용을 하고, 상대가 초대를 하거나 제의를 하면 수용하고, 상대가 질문을 하면 예상 가능한 대답을 하고, 상대가 비난을 하면 부인을 하는 것이다. 상대가 사과를 하면 별것 아니라고 의미를 완화시키고, 상대가 자책을 하면 그렇지 않다고 부인하는 것이 좋다.

둘째, 비선호적 받는 말을 선택하는 경우, 직접적이고 즉각적으로 표현하는 것은 매우 당돌한 느낌을 주고 상대방의 체면을 손상시키는 일이 된다. 그렇기 때문에 비선호적인 받는 말을 하려면 먼저 시간을 좀 끌거나

'글쎄, 사실은, 저어' 따위의 적당한 완화적 대화표지들을 사용하고, 비선호적 표현을 선택한 이유에 대해 변명을 하고 사절의 뜻을 간접적이고 부드러운 표현으로 약화시켜 표현한다.

셋째, 대응쌍의 주는 말과 받는 말 사이에 다른 표현이 끼어드는 것은 자연스러운 것이다. 삽입하는 말들을 통해 대화가 더 구체화될 수 있기 때문이다.

넷째, 의도적으로 비선호적 받는 말을 선택하는 경우, 특히 주저하거나 간접화하지 않고 직접적으로 표현하는 것은 상대방에게 도전하는 공격적인 행위로 받아들여진다. 따라서 상대방과 논쟁을 할 의사가 없을 때는 이렇게 표현하는 방식은 자제를 하여야 한다.

2.2. 의미 공유의 원리

화법은 본질적으로 상호협력적인 활동이다. 이것은 언어의 의미가 낱말에 본래부터 주어져 있다기보다 그것을 사용하는 사람들 나름대로의 삶의 경험과 그 말이 사용된 상황에 의해 결정되기 때문이다. 어떠한 표현이든 기본적으로 삶의 경험 내용과 그것이 사용된 맥락에 따라 각각의 의미를 갖는다. 의미는 결국 삶의 반영이며, 의미의 공유란 삶을 공유하는 것이 된다.

2.2.1. 발화문의 의미와 의도된 의미

글로 쓰여진 문단에서 완결된 작은 단위를 문장(sentence)이라고 한다면 대화를 이루고 있는 맥락에서 완결된 작은 단위들을 발화(utterance)라고 할 수 있다. 문장이 그 자체로써 완결된 뜻을 가지고 있는 것처럼 발화도 그 자체의 뜻을 가지고 있다.

(8) 이 차 댁의 거예요?

(8)은 발화된 말을 문장으로 옮겨 놓은 발화문이다. (8)의 문장은 의문문으로 상대방에게 무엇에 관해 묻고 있으며 상대방의 대답을 기다리고 있는 문장이다. 물음의 내용은 자동차에 관한 것으로, 여기에 있는 차가 상대방의 것인지에 관해 묻고 있다. 이렇게 발화문에 사용된 언어 자체가 가지고 있는 의미가 '발화문의 의미'이다. 이것은 객관적으로 그 언어를 알고 있는 사람들이면 누구라도 해석할 수 있는 문장의 의미이다.

그러나 대화를 하면서 발화문의 의미를 파악했다고 해서 원만하게 대화를 이끌어 갈 수 있는 것은 아니다. 발화문보다 더 중요한 것은 상대방이 지금 여기서 왜 그러한 발화문을 사용하였는지 그 의도를 파악하는 것이다. 이러한 의미를 '의도된 의미'라고 할 수 있다.

다시 (8)의 예를 생각해 보자. 이 발화문에 의도된 의미는 무엇일까? 어떤 경우는 이 차가 아주 멋있어서 감탄하는 말일 수도 있고, 차가 너무 더러워서 나무라는 말일 수도 있다. 아무 곳에나 불법 주차를 해 놓아서 불평을 하는 말일 수도 있고, 당신이 차를 가지고 있으면 나를 좀 태워다 달라는 간접 요청일 수도 있다. 이렇게 보면 발화문의 의미는 하나로 해석이 가능하지만, 의도된 의미는 감탄, 질책, 불평, 요청 등 아주 다양할 수 있다. 어떤 경우는 발화문의 의미 그대로인 질문 자체가 의도된 의미일 수도 있다.

의사소통에서 사용되는 의도된 의미는 발화문의 의미로 가능한 여러 가지 의미 가운데서 주어진 상황에 가장 적절한 것이어야 한다. 발화문의 의미는 단지 청자가 화자의 의미를 추론하는 것을 도울 뿐이다. 따라서 의도된 의미를 찾아내기 위해서는 맥락에 대한 이해가 반드시 필요하다.

2.2.2. 맥락

화법이 이루어질 때의 사고는 맥락에 의존하고 있고, 맥락 안에서 움직인다. 따라서 발화를 통하여 화자가 의도하는 의미를 파악하기 위해서는 반드시 맥락을 고려하여야 한다. 우리가 나누는 대화가 의미 있는 것이 되기 위해서는 많은 조건을 갖추어야 하고 전제되는 내용과 함축된 내용을 고려해야 한다. 그리고 사실 세계에 의한 지식과 맥락적 상황들도 고려하지 않으면 안 된다. 다음의 대화를 살펴보자.

> (9) A: 지금 당장 이리로 다시 와 줄 수 있어요?
> B: 저, 오늘 천안 가야 하는데요?
> A: 그럼 목요일은 어때요?

이 문장에 나타난 통사적 사실과 의미적 사실만으로는 이 대화를 완전히 이해할 수 없다. 몇 가지만 생각해 보면, 이 대화가 이루어진 시간은 목요일이 아니라는 것을 이해해야 한다. 뿐만 아니라 목요일이라는 어휘를 사용한 것으로 미루어 이 대화가 그 목요일 바로 앞에 있는 수요일이나 화요일에 이루어진 것도 아니라는 것을 가정할 수 있다. 만약 그랬다면 화자가 '내일'이나 '모레'라는 낱말을 사용했을 것이기 때문이다. 더 나아가 A가 말하고 있는 장소는 분명히 천안이 아니고, A는 B에게 요청을 할 수 있는 위치에 있다는 것 등을 이해해야 한다.

따라서 대화자는 대화가 이루어지면서부터 대화에 참여한 사람들 사이의 시간적, 공간적, 사회적 관계에 대한 사실과 말을 나누기 위해 필요한 믿음과 의도들과 같은 것을 추정할 수 있는 맥락과 관련된 가정들을 이해하지 않고는 대화를 이끌어 나갈 수가 없다. 모든 대화의 원리는 맥락 안에서 유효한 것이기 때문이다.

맥락이란 이미 주어진 것이 아니라 대화의 이해 과정 전반에 걸쳐서 탐색되고 선택되는 것이다. 많은 가능성 가운데서 가장 적합한 하나의 맥락을 선택하는 것이 무엇보다 중요하다. 논리적으로는 어떤 맥락이라도 선택하는 것이 가능하지만, 성공적인 의사소통의 바탕이 되는 것은 화자가 의도하고 기대하고 있는 맥락을 선택하는 것이다.

화자는 자신의 말이 어떤 특정한 방식으로 해석되기를 바라고 있으며, 청자가 그런 해석을 가능하게 해 주는 맥락을 찾아낼 능력이 있다고 기대하고 있다. 화자가 가정한 맥락과 청자가 실제로 활용한 맥락이 일치되지 않으면 오해가 생길 수 있다. 다음의 예를 생각해 보자.

　　(10) A: 커피 한 잔 하시겠어요?
　　　　 B: 난 커피를 마시면 잠이 안 와.

A의 질문에 대해 B가 한 대답은 어떤 의미일까? 여기서는 두 개의 맥락이 가능하다. 하나는 잠을 자기 위해 커피를 마시지 않겠다는 맥락이고, 또 다른 하나는 잠을 자지 않기 위해서 커피를 마시겠다는 맥락이다. 이경우 맥락을 파악하는 것은 의도된 의미를 파악하는 것과 일치한다. 화자가 가정한 맥락이 잠을 자기 위해 커피를 마시지 않겠다는 것이고, 청자도 그 맥락을 활용하여 커피를 주지 않으면, 아무런 문제가 없다. 그러나 화자는 잠을 자기 위해 커피를 마시지 않겠다는 맥락을 가정했는데, 청자는 잠을 자지 않기 위해 커피를 마시겠다는 맥락으로 받아들이거나, 그와 반대로 화자는 잠을 자지 않기 위해 커피를 마시겠다는 맥락을 가정하였는데, 청자는 잠을 자기 위해 커피를 마시지 않겠다는 맥락으로 받아들이면 오해가 발생하게 된다.

초면의 대화가 아니라면 대화를 나누고 있는 사람들은 이미 공유하고 있는 지식(상호공유지식)이 있게 마련이다. 이러한 지식들은 맥락을 가정하거나 받아들이는데 있어서 서로 공유될 수 있다. 맥락은 각종 새로운 정보의 적합성을 평가하는데 필요한 이미 가지고 있는 기존 정보의 묶음들이다. 맥락을 구성하고 있는 기존 정보에는 단기 기억과 백과사전적 지식, 그리고 각종 지각 작용에서 얻은 정보나 신념 등 다양한 요소들이 있다.

(10)의 대화를 나누는 A와 B는 아마도 B가 불면증 때문에 고생하고 있다(그래서 잠을 자기 위해 커피를 마시지 않겠다는 맥락을 가정한다)거나, B가 요즘 할 일이 많아서 밤을 새우며 일을 해야 한다(그래서 잠을 자지 않기 위해 커피를 마시겠다는 맥락을 가정한다)는 것에 대해 서로 공유된 지식을 가지고 있을 것이다. 따라서 상호공유지식을 활용함으로 오해를 피할 수 있을 것이다.

그러나 상호공유지식이 없는 상황에서 오해가 일어나지 않도록 하는 방법은 청자가 실제로 받아들이는 맥락이 화자가 가정하고 있는 맥락과 일치하는지를 확인하는 방법밖에는 없다. 따라서 대화의 길이가 더 길어지더라도 어떤 맥락을 가정하고 있는지에 관한 질문을 덧붙여야만 한다.

> (11) A: 우리 옷 사러 백화점 갈까?
> B: 그럼 한참 돌아다니겠네.
> A: 왜? 돌아다니기 싫어?
> B: 아니, 너랑 오랫동안 있어서 더 좋지
> A: 그래. 그럼 우리 얼른 가자.

(11)의 대화에서 A는 B가 같이 돌아다니는 것을 좋아하는지 어떤지에 관해 공유하고 있는 지식이 없었다. 따라서 '오랫동안 돌아다녀서 싫다'라는 맥락과, '오랫동안 돌아다녀서 좋다'라는 맥락 가운데 어떤 쪽을 선택해야 할지를 모르는 상태이다. 이 경우 마음대로 맥락을 결정하면 오해를 불러일으키게 되는 상황이어서 A는 다시 한 번 함께 다니는 것에 관한 질문을 해서 두 가지 가운데 어떤 맥락이 적절한지를 물어 B의 의도를 파

악하고 있다. 이처럼 맥락은 고정되어 있는 것이 아니고 대화가 진행되는 것과 함께 계속 변화해 간다.

사람들이 대화를 나눌 때, 미리 대화의 구조나 내용을 결정하지는 않는다. 그럼에도 불구하고 실제로 이루어지는 대화를 분석해 보면 어떤 화제들과, 그 화제를 이루고 있는 이야기들로 짜여져 있음을 발견하게 된다. 이것을 대화가 가지고 있는 결속성(coherence)이라고 한다. 글로 쓰여진 문장과는 달리 대화를 나눌 때는 어느 정도 문법에 어그러지거나, 논리적 구조에 맞지 않아도 전체적 맥락을 잡는 것에만 장애가 되지 않으면 용인이 되는 관용성(tolerance)을 갖는다. 이러한 전체적 맥락이 결속성을 형성하기 때문이다.

그러므로 대화에서 맥락을 고려해야 한다는 것은 적절한 맥락을 찾아서 선택해야 한다는 점에서는 무거운 부담으로 작용하지만, 맥락에만 어그러지지 않으면 용인되는 관용성도 갖는다는 점에서 긍정적인 요소로 작용함을 알 수 있다.

2.3. 그라이스의 대화 원리

대화의 원리를 객관적으로 규명하고자 한 학자는 그라이스(Paul Grice)이다. 그는 근본적이고 합리적인 사고에서 출발하여 상호 협력을 목적으로 하는 대화에서 효과적이고도 효율적으로 언어를 사용하기 위해서는 대화를 하는데 있어서 어떤 묵시적인 지침들이 필요하다고 하고, 이것을 격률(maxims)이라는 용어로 설명하였다(Grice 1975, 1978). 그라이스는 먼저 가장 일반적인 것으로 협동의 원리와 네 가지 기본 대화 격률을 제시하였는데, 이것들은 대화의 결속성을 유지시키는데 있어서 중요한 요소가 된다.

2.3.1. 협동의 원리

협동의 원리(The co-operative principle)는 대화의 가장 기본적인 전제인 상호성에서 기인되는 것으로, 사람들이 대화를 할 때는 반드시 지금 하는 말이 지금 이루어지고 있는 상태에서 지향한다고 생각되는 목적이나 방향의 요구에 합치되도록 말을 한다는 것이다. 다시 말하자면 말을 하는 사람은 지금 이루어지고 있는 대화의 목적을 파악하고, 그 목적에 맞는 대화, 대화의 흐름과 일치되는 대화를 통하여 결속성을 유지한다는 것이고, 말을 듣는 사람은 상대방이 한 말은 지금 이루어지고 있는 대화의 목적이나 상황에 맞는 결속성이 있는 말로써 받아들이고 해석한다는 것이다.

> (12) A: 그 가수 아저씨 말예요.
> B: 네.
> A: 학교 다닐 때 핸드볼 선수였대요.
> B: 네에.
> A: 청소년 국가대표두 하구.
> B: 네에.
> A: 참 특이하죠.
> B: 네. ……. 그만 가죠.
>
> (TV 드라마 「내 이름은 김삼순」 중에서)

(12)의 대화에서 A는 계속 대화를 이어가고 싶어 하지만, B는 건성으로 대답만 하고 결국은 대화를 회피함으로써 협동의 원리를 위배하고 있다. 대화자 가운데 누군가가 협동의 원리를 위배하면 대화는 더 이상 이루어지지 못한다. 다음 (13)의 예들은 이러한 예에 속한다.

(13) 협동의 원리를 표면적으로 위배하는 표현들
　　　a. 너랑 더 이상 말 하고 싶지 않아.
　　　b. 누가 너한테 말해 준다고 그랬어?
　　　c. 아무 일도 아니에요.
　　　d. 지금은 누구하고도 말하고 싶지 않아요.
　　　e. 저 좀 그냥 내버려 두세요.
　　　f. 나가주세요.

　이러한 말들은 인간관계에 장애를 가져오는 요소가 되어서, 습관적으로 협동의 원리를 위반하는 사람은 원만한 인간관계를 유지할 수 없게 된다.
　대화에 직접 나타나지는 않았지만 대화 속에 숨어 있는 의도를 '대화상의 함축(conversational implicatures)'이라고 한다. 대화상의 함축은 말해진 것과는 구별되는 것으로 사람들이 어떤 의도를 암시하거나 함의할 때 전달되는 지식이다. 대화상의 함축은 어떤 격률을 본의 아니게 위반하거나 명백히 도외시하거나 따르지 않겠다고 결정할 때 발생하며, 특히 의도적으로 도외시하는 경우 그 가능성은 더욱 크다. 대화를 나누는 사람들은 모든 대화가 결속성을 가진다는 생각을 더 기본적으로 하고 있기 때문에, 격률을 위배했다고 생각하고 넘어가기보다는 의도적으로 위배한 것으로 보고 대화상의 함축을 찾으려고 노력할 것이다.

(14) A: 누나, 매형 차 산다는데 진짜야?
　　　B: 국 식는다. 얼른 밥이나 먹어.
　　　　　　　　　　　(TV 드라마 「한 지붕 세 가족」 중에서)

　매형이 차를 사는지를 묻고 있는데 누나는 질문과는 전혀 상관이 없이 밥 먹으라는 명령을 하고 있어서 협동의 원리를 위배하고 있다. 이 대화에서는 누나가 의도적으로 협동의 원리를 위배함으로써 '너와 더불어 차 문제를 이야기하고 싶지 않다'는 대화상의 함축을 전달하고 있다.

화자의 관점에서는 가능한 범위에서는 협동의 원리를 준수하겠다는 마음가짐으로 대화를 나누는 것이 바람직한 대화의 방법이 된다. 그러나 청자의 관점에 있을 때는 상대방이 협동의 원리를 위배한 것에 대해 불쾌해하고 대화를 단절하기 전에 의도적인 위배가 아닌지를 살펴보고, 대화상의 함축을 찾으려는 적극적 자세를 가지는 것이 바람직하다.

2.3.2. 양의 격률

양의 격률(The maxim of quantity)은 필요한 양만큼의 정보성만을 제공하라는 것, 다시 말해서 필요 이상으로 많은 정보성을 가지게 하지 말라는 것이다. 정보성을 갖는다는 것은 누군가에게 필요한 새롭거나 예측 불가능한 지식을 전해 주는 것을 뜻한다. 대화가 오가는 동안 정보의 공유 현상이 진행되게 된다. 이것은 언어가 갖는 기능 가운데 대표적인 정보 전달의 기능과 관련이 있으며, 우리가 대화를 통해 서로 가까워지기도 하고, 서로를 알아 가도록 해 주는 기본적인 원인이 된다. 그러나 정보를 전달한다고 하여 필요로 하는 것 이상의 정보를 발설하거나 최소한의 정보도 주지 않는 경우 양의 격률을 위배하게 되며, 이것은 바람직한 대화를 가로막는 것이 된다.

> (15) A: 이거 안 시켰는데요?
>   B: 예, 압니다. 원래 디저트로 나온 건데 손도 안 대셨더라구요. 근데 이건 좀 다른 크레페라서요. 왜 우리 두부도 그냥 두부가 있고 손두부가 있듯이 크레페도 만드는 방법이 여러 가진데 오늘은 모처럼 시골식으로 만들어봤습니다. 이런 크레페, 서울서 맛보기는 힘들걸요? 길거리에서 대충 만드는 하라주꾸 크레페는 발톱의 때에 붙은 박테리아랄까요? 맛이라도 한번 보시라구 새로 만들어 왔습니다.
>   A: 쉐프예요?

B: 이런 실례! 이 레스토랑의 모든 요리를 책임지고 있는 총
   주방장 이현뭅니다. 음식이 반 이상 남으면 항상 체크를
   하죠.

(TV 드라마 「내 이름은 김삼순」 중에서)

(15)에서는 자신이 만든 음식을 남긴 손님에게 주방장이 자신이 만든 음식의 뛰어남을 설명하면서 양의 격률을 위배하고 있다. 음식을 남긴 손님에게 대신 대접하는 이유만 설명하면 되는데 질문의 내용과 관련이 없는 정보를 길게 나열하여 필요 이상의 정보를 제공하였다.

특히 싸움을 할 때와 같은 감정적인 대화에서 양의 격률을 위배하게 되는데, 오래 전부터 쌓아두었던 이야기를 한꺼번에 말하려고 하는 것은 너무 많은 양을 말함으로 양의 격률을 위배하는 것이고, 아무 말도 안 하고 자리를 피하는 것은 최소한의 정보도 주지 않아서 양의 격률을 위배하는 것이다. 따라서 적당한 정보를 담음으로 양의 격률을 지키는 것이 바람직한 대화를 구성하게 하는 요소가 된다.

2.3.3. 질의 격률

질의 격률(The maxim of quality)은 진실성과 관련이 있다. 다시 말해서 말하는 사람이 거짓이라고 생각하는 것이나, 타당한 증거를 갖고 있지 않은 것은 말하지 말라는 것이다. 이 기준은 대화에서는 잘 지켜지지 않기도 한다. 거짓말을 하는 사람, 황당한 이야기를 하는 사람들도 많고, 이것들도 역시 대화를 구성하기 때문이다.

(16) A: 내가 말이야, 며칠 전 낚시대회에서 이~따만한 고기를 낚
        았다고.
     B: 그래? 나는 고기는 못 낚고 녹슨 등잔을 하나 낚았는데 거

기 불이 켜져 있더라고.
        A: 뭐라고? 말도 안 되는 거짓말 하지마!
        B: 하하. 네가 고기의 크기를 줄이면 나도 등잔의 불을 끌게.
(「광수생각」 중에서)

(16)은 낚시 대회에 참석했던 두 친구의 대화로 두 사람 모두 질의 격률을 어기고 있다. 자신의 능력을 나타내기 위하여 과장되게 이야기하는 것이 지나치면 질의 격률을 위배하여 오히려 말하는 사람 자체에 대한 신뢰가 무너질 수도 있다.

바람직한 대화를 하기 위해서는 질의 격률을 지키는 것이 일반적인 사회적 의무로 간주된다. 질의 격률을 위배하는 것은 기본적으로 자신의 행위를 은폐하려는 의도에서 오는 것으로 인간관계에 있어서 부정적인 영향을 주게 됨으로 주의해야 한다.

2.3.4. 관련성의 격률

관련성의 격률(The maxim of relevance)은 적합성이 있는 말을 하라는 것이다. 적합성이 있다고 판단되는 경우는 최소한 주어진 주제와 관련이 있거나, 목적을 달성하기 위하여 적당하다고 생각되는 경우이다. 사실상 대화를 이루는 원리 가운데 가장 중요한 것은 관련성의 격률을 지키는 것이다. 겉으로 보기에는 협동의 원리나 양의 격률, 질의 격률 따위를 어기고 있는 것도 관련성만 있다면 허용되기 때문이다. 그러나 다른 모든 격률을 지키고 있어도 관련성이 없다면 허용될 수 없다.

        (17) A: 박 선생님 어디 계시니?
            B: 2468 아침에 본관 앞에 있더라.

(17)의 대화에서 A는 교수님의 행방을 묻는 질문을 하고 있고, B는 이와는 전혀 무관한 말을 하고 있어서 관련성의 격률을 위배하고 있는 것처럼 보인다. 또한 B는 협동의 원리와 양의 격률도 위배하고 있는 것처럼 보인다. 그러나 B의 대답이 관련성의 격률을 지키고 있는 대화라는 것을 전제로 하면, 이 대화는 아주 적격한 대화가 된다. B는 이 대답을 통해 2468은 박 선생님 차의 번호판이고 A도 그 사실을 알고 있으며, B 자신도 지금은 박 선생님이 어디에 계시는지 알 수 없지만, 아침에는 차가 본관 앞에 있었던 것으로 미루어 본관에 계셨다라는 정보를 전달하고 있는 것이다.

관련성의 격률은 대화를 유지하는데 기본이 되는 것이어서, 관련성이 없는 대화를 계속 나누는 것은 정신의 이상이 있는 경우가 아니라면 불가능하다. 따라서 대화를 나누며 무엇보다 중요한 것은 현재 대화하고 있는 화제나 방법과 관련이 있는가를 파악하고, 주어진 상황 속에서 가장 적합한 맥락을 선택하여 대화에 참여하는 것이다.

2.3.5. 방법의 격률

방법의 격률(The maxim of manner)은 한 마디로 간단·명료하라는 것이다. 말할 때는 말하고자 하는 의도가 분명히 드러나도록 하라는 것이다. 방법의 격률은 다음 (18)과 같은 네 가지의 항목으로 구성되어 있다.

(18) 방법의 격률
    a. 모호성을 피하라
    b. 중의성을 피하라.
    c. 간결하라.
    d. 조리 있게 순서대로 말하라.

　의사소통은 분명한 목적을 가지고 있다. 특히 의사소통의 목적에서 빼놓을 수 없는 것이 인간관계의 측면이다. 화법의 원리를 통해 이해하고자 하는 것도 이와 같다. 화법을 이어나가는 원리는 의사소통에 참여하는 사람들의 협조를 바탕으로 이루어지는 요소이다.

　우리가 의사소통을 통해 주고 받는 것은 메시지의 단순한 의미가 아니라 대화행위적 의미와 더불어 의사소통에 참여한 사람들의 삶이다. 그러므로 화법의 원리는 그러한 삶을 나누는 과정에 방향을 제시하는 요소가 된다.

1. 자신의 대화가 화법의 원리를 잘 지키고 있는지 생각해 보자.

2. 다음의 대화를 상호성의 원리에 따라 분석해 보자.

> 삼순: 다 끝났나요?
> 진헌: 보수는 만족할 겁니다. 저흰 보수에 인색하지 않거든요.
> 삼순: 이제 끝났나요?
> 진헌: 일단 석 달만 일해 보죠. 정규직이 될지 아닐지는 그때 판단
> 합시다.
> 삼순: 그건, 자를 수도 있다는 뜻인가요?
> 진헌: 실력이 안되면 당연한 거 아닌가요?
> 삼순: 좋아요. 그렇게 하죠. 이제 제가 말해도 되나요?
> 진헌: 당장 내일부터 일했으면 좋겠는데.
> 삼순: 조건이 있다고 했잖아요!
>
> (TV 드라마 「내 이름은 김삼순」 중에서)

3. 상대방과 서로 가리키는 의미가 달라서 대화의 어려움을 느낀 경우
가 있으면 말해 보자.

4. 자신은 얼마나 대화에 적극적으로 참여하고 있는지 살펴보자. 지나
치거나 부족한 점은 없는지 스스로 평가하여 이야기해 보자.

5. 자신의 대화를 녹음해서 다시 들어보면서 그라이스의 협동의 원리를
잘 지키면서 말하는지 살펴 보자.

3. 화법과 비언어적 요소

우리의 의사소통이 언제나 음성언어를 통해서만 이루어지는 것은 아니다. 상황에 따라서는 전달하는 말보다 어떤 목소리로 말하는지 또는 얼굴 표정이나 몸짓을 어떻게 하고 있느냐가 말의 의미를 결정하기도 한다. Mehrabian(1972)의 연구에 따르면, 대체로 의사소통은 언어적인 요소가 7%, 목소리가 38%, 몸동작이 55%를 담당한다. 이러한 연구 결과를 보면 의사소통이 이루어지는 상황에서 언어적인 요소는 7%를 담당하고 나머지 93%가 비언어적인 요소로 이루어져 있어서 의사소통에서 비언어적인 요소가 차지하는 비중이 얼마나 큰 지 쉽게 짐작할 수 있다. 비언어적인 요소는 목소리, 얼굴표정, 눈, 몸짓, 행동 등 여러 가지가 있는데, 화법이 이루어지는 과정에서 필수적으로 나타난다.

이 장에서는 이러한 비언어적 요소가 음성언어와 어떤 관련성이 있는
지 살펴보고, 비언어적 요소의 다양한 유형에 대해 구체적으로 확인해 보
기로 한다. 또한, 화법의 목적을 달성하기 위해 효과적으로 비언어적 요소
를 사용하는 방법에는 어떤 것이 있는지 살펴보기로 한다.

3.1. 음성언어와 비언어적인 요소

일반적으로 우리가 의사소통을 하는 방법은 크게 세 가지로 나누어질
수 있다. 말소리라는 언어적 방법을 이용하여 의사소통을 하는 방법과 말
소리가 아닌 방법으로 의사소통을 하는 방법과 말소리와 말소리 아닌 것
을 함께 이용하여 의사소통을 하는 방법 등이 있을 수 있다.

음성언어 없이 비언어적인 요소만으로 메시지를 전달하기 위해 사용할
수 있다는 것은 화법을 이해하는 과정에서 주목해야 할 내용이다. 고개를
가로젓는 행동은 상대방의 의견에 대해 내가 다른 생각을 가지고 있거나
동의할 수 없다는 의지를 표현하는 데에 사용할 수 있다. 음성언어를 이
용해서 '아니'라는 부정의 언어표현을 전달할 수도 있지만 상황에 따라서
는 이와 같은 비언어적인 요소만으로도 충분히 자신의 생각을 전하는 데
에 이용할 수 있기 때문이다.

물건이 어지럽게 널려있는 방을 보신 어머니께서 "잘했다, 잘했어." 라
고 말씀하셨을 때, 어머니께서 전달하신 메시지는 그 내용만 보면 틀림없
는 칭찬이다. 그러나 이 메시지를 전달하는 어머니의 목소리가 부드럽지
는 않았을 것이다. 또한, 어머니의 얼굴 표정도 결코 미소를 띠고 있거나
자애롭지는 않았을 것이다. 귀에 들리는 메시지는 분명히 칭찬이지만 실
제 전달하는 메시지는 결코 칭찬이 아니다. 이와 같이 비언어적 요소가
전달하는 메시지를 메타-메시지(meta-message)라고 한다. 메시지가 전달되

는 말의 단어나 문법을 통해 파악할 수 있는 의미라면, 메타-메시지는 말하는 사람이 실제로 전달하고 싶어하는 속마음, 곧 의도이다. 비언어적인 요소는 이와 같이 상대방이 우리에게 전달하고자 하는 메타-메시지를 분명하게 해석할 수 있도록 도와줄 뿐만 아니라, 내가 전달하고자 하는 메시지의 의미도 상대방이 정확하게 이해하도록 도와주는 기능을 한다. 또한, 경우에 따라서는 비언어적인 요소만으로도 충분히 의사소통을 할 수 있는 수단이 된다.

그러므로 상대방이 사용하는 비언어적인 요소의 여러 측면에 대한 이해를 통해 사람들의 진짜 모습을 관찰함으로써 화법을 수행하는 데에 도움이 될 수 있는 방법을 찾아보아야 한다. 여러 가지 비언어적 요소를 이해하는 것은 자기 자신을 다른 사람에게 좀 더 정확하게 보여줄 수 있는 방법이며, 나아가 상대방이 보여주는 무언의 메시지를 통해 상대방을 제대로 이해할 수 있는 바탕이 될 수도 있을 것이다.

3.2. 비언어적인 요소의 유형

의사소통에 영향을 미치는 비언어적인 요소는 사람의 모든 신체적인 움직임이라 할 수 있을 것이다. 그 중에서 여기서는 화법에서 관심의 대상으로 삼을 수 있는 비언어적 요소의 유형을 신체 부위에 따라 다섯 가지로 나누어 살펴보기로 한다.

3.2.1. 목소리

앞서 살펴본 바와 같이 Mehrabian(1972)의 연구에 의하면 목소리가 전달하는 정보의 양은 38%로, 음성언어가 전달하는 정보의 다섯 배 정도의 정보를 전달하는 역할을 한다. "여보세요." 하는 목소리만 들어도 우리는 그 사람이 누구인지, 지금의 상태가 어떤지를 짐작할 수가 있기 때문이다.

사람의 목소리는 개별성을 갖는다. 성문(聲紋, voice print)을 가지고 범인을 식별할 수 있을 만큼 사람마다 가지고 있는 음질이 다르다. 목소리를 가지고 그 사람이 남자인지, 여자인지를 식별할 수 있고, 노인인지 어린이인지도 구별할 수 있다. 또한 경우에 따라서는 건강 상태나 성격, 정서 상태 등도 판단할 수 있다.

사람의 목소리는 가변적이다. 상황에 따라 목소리를 바꾸는 것이 가능하다. 목소리를 바꾸는 요소인 소리의 길이, 세기, 높이 등을 마음대로 조절할 수가 있고 말의 속도도 마음대로 조절할 수가 있다.

똑같은 사람이라도 누구와 이야기하느냐에 따라 목소리가 달라진다. 여학생들이 집에서 가족들과 이야기할 때 내는 목소리와 이성 친구를 만났을 때 내는 목소리가 다르다. 목소리는 여러 개의 변이형을 가지고 있다. 목소리는 선천적으로 타고난 것이어서 바꿀 수 없다고 생각하지만, 목소리는 훈련에 의해 바꿀 수 있고, 조금만 노력하면 가다듬어진 목소리로 이야기할 수 있다.

일반적으로 목소리는 감정의 반사체 역할을 한다. 평소보다 큰 목소리는 화가 났음을 알리는 신호이고, 평소보다 작은 목소리는 아프거나 의욕이 없음을 나타낸다. 평소보다 높이 떠 있는 목소리는 감정의 흥분 상태를 나타내고, 낮게 가라앉은 목소리는 우울함을 나타낸다.

목소리에 의해 사람의 첫인상이 평가되기도 한다. 일반적으로 분명하지 않은 목소리는 둔감한 인상을 주고, 또렷하게 들리지 않아서 상대방에게 스트레스를 준다. 작은 목소리는 심약하고 소극적인 인상을 주는데 반해 큰 목소리는 무신경하고 제멋대로인 인상을 준다. 날카로운 목소리가 신경질적이고 감정적이라는 인상을 주는데 반해 탁한 목소리는 알아듣기 어렵고 교활한 인상을 준다.

(1) A: 조용 조용 말해도 될 걸. 왜 이렇게 소리를 질러?
　　B: 내가 언제 소리를 질렀다고 그래?
　　　 정말 소리 한 번 질러볼까?

　목소리 큰 사람이 이긴다는 말이 있듯이 큰 목소리로 상대방을 제압하려는 경우가 있다. 이것은 자신의 말과 행동을 통해 다른 사람으로부터 예측된 종류의 반응을 끌어내려는 의도적 노력으로, '위협'이라는 이미지를 통해 자신에게 유리한 반응을 유도하려는 것이다. 이것은 위협을 가함으로써 혹시 있을지 모르는 상대방의 공격을 미연에 방지하겠다는 것, 다시 말해 자신은 쉽게 건드릴 수 없는 사람이라는 이미지를 심어주려는 의도와 함께 협상 과정에서 상대방보다 유리한 상황을 선점하려는 의도를 나타내는 것이다. 그러나 '위협'은 상대방이 더 위협적인 경우에는 전혀 도움이 되지 않을 뿐 아니라, 위협을 받은 사람이 모욕감을 느끼거나 체면을 손상당했다고 느낄 경우 오히려 더 공격적인 반응을 보일 수 있다는 점에서 오히려 역기능이 더 크다.

　목소리는 온도도 가지고 있다. 차가운 목소리는 냉담함과 무관심을 나타내고, 따스한 목소리는 관심과 애정을 나타낸다. 따라서 대화할 때 들리는 상대의 목소리는 상대의 감정을 나타내는 신호판이다.

　목소리를 통해 감정을 전달받기 때문에 사람들은 대화를 지속시키는 중요한 요소가 목소리라고 지적을 한다. 따라서 바람직한 의사소통을 위해서는 목소리의 훈련이 필수적이다. 이 경우 훈련은 아름다운 목소리를 가지기 위한 훈련이 아니라 자연스러운 말소리를 위한 훈련을 뜻한다. 자연스러운 말소리란 적당한 세기와 높이, 적당한 빠르기, 명료하고 고른 음정, 따스한 음색 따위를 가지고 있어서 듣기에 단조롭거나 거북하지 않은 말소리를 말한다.

　목소리는 음성언어의 부수적 요소로 동반될 뿐만 아니라 독자적인 감정의 표출이나 의사전달에도 사용된다. 이 가운데 가장 대표적인 것이 웃음과 울음이다. 웃음과 울음은 표정과 결합된 요소이다. 또한 소리 없는 웃음과 울음도 있기 때문에 오히려 목소리를 부차적인 것으로 생각할 수도 있겠지만, 대부분의 웃음과 울음은 목소리를 동반하고 있어서 웃음소리, 울음소리 등과 같이 소리와 연결된 것으로 생각하게 된다.

이밖에도 목소리를 가지고 간단한 기호나 신호 등을 만들어서 사용하기도 한다. 몸이 아프거나 힘들 때 내는 끙끙거리는 소리나, 놀람이나 통증을 나타내는 비명 소리, 인기척을 할 때 내는 기침소리, 어떤 일에 관심이 없음을 나타내기 위해 내는 코고는 소리 등이 여기에 속한다.

3.2.2. 얼굴 표정

사람들 사이의 의사소통은 예외적인 경우가 아니라면 상대방의 얼굴을 보면서 이루어진다. 의사소통의 과정에서 상대방을 파악하는 첫 번째 정보는 음성언어를 통해 들어오는 것이 아니라 얼굴의 표정을 통해서 들어온다. 상대방의 얼굴 표정을 보는 것은 대화가 시작될 때부터 끝날 때까지 계속된다. 이런 의미에서 본다면 음성언어로 대화를 나눈다고 해도 이미 의사소통의 통로는 하나가 아니고 둘인 셈이 된다. 대화란 결국 두 사람이 일정한 정보를 주고받는 일이기 때문에 상대방이 누구인가를 확인하는 일이 가장 먼저 이루어질 수밖에 없다. 상대방의 얼굴을 통해 그 사람의 인종, 성, 나이, 건강, 직업, 성격 등에 관한 정보를 거의 다 얻을 수가 있다. 목소리와 마찬가지로 얼굴의 표정도 마음의 창과 같아서 말하는 사람의 감정을 그대로 반영하고 있다.

화자는 청자의 표정을 통해 그 사람이 현재의 이야기에 대해 얼마나 관심이 있고, 얼마나 이해하고 있는지를 살펴야 한다. 따라서 그 반응에 따라 말의 수준이나 길이, 내용 등을 바꾸기도 하고, 소재나 화제를 바꾸기도 하여야 한다.

청자의 관점에서 화자의 얼굴 표정은 음성언어의 의미를 제대로 파악하게 도와주는 보조 수단임을 기억해야 한다. 음성언어에는 반영되지 않는 감정적인 요소나 의지적인 요소들도 모두 얼굴 표정 속에 드러날 수 있기 때문이다. 평소에 시력이 좋지 않아 안경을 쓰던 사람이 안경을 벗은 채로 대화를 하다보면 안경을 썼을 때보다 잘 이해가 되지 않는 것을 경험하게 된다. 상대방의 얼굴 표정을 보지 못 하는 것이 청취와 해석에 장애가 되기 때문이다. 청자의 관점에서도 대화를 하면서 자신이 표정을 통해 화자에게 반응을 보이고 있다는 사실을 기억해야 한다. 따라서 화자가 관심도 없는 이야기를 일방적으로 쉬지 않고 하는 경우가 아니라면, 상대로부터 얼굴을 돌린다거나 하품을 한다거나 관심 없는 표정을 지어서는 안 된다.

3.2.3. 시선

넓은 의미에서 보면 눈은 얼굴 표정의 일부가 될 수 있다. 그러나 눈은 우리 몸 가운데서 가장 초점이 잘 모아지는 곳이고, 눈동자는 자유롭게 운동을 하므로 의사전달을 가장 정확하게 표현해 주는 곳이어서 대화에서 아주 중요한 역할을 하기 때문에 별도로 생각하는 것이 필요하다.

눈은 대화의 시작을 알리는 기능을 한다. 사람들은 대화를 시작하기 전에 그 사람을 쳐다본다. 그리고 눈이 마주치면 대화를 시작한다. 따라서 눈이 마주치는 것이 대화의 통로가 마련되었음을 알리는 신호가 되는 셈이다. 이론상으로는 일단 이어진 눈길은 말이 끝날 때까지 그대로 유지되어야 한다. 그러나 실제의 대화에서 논쟁이나 긴장된 회담이 아닌 경우는 몇 차례 끊어졌다가 이어지며 대화를 유지해 간다.

서양에서는 대화를 할 때 상대방의 신분과 관계없이 반드시 눈을 마주

치고 하는 것이 예의이지만, 동양에서는 웃어른과 대화하면서 눈을 마주
치는 것은 예의가 없는 일로 생각해 왔다. 신분이 낮거나 같은 경우는 서
로를 바라보며 이야기하지만, 웃어른과 이야기할 때는 시선을 웃어른의
가슴 정도로 낮추는 것이 바른 태도로 생각을 해왔다. 따라서 웃어른과
이야기할 때의 시선은 상대방과의 친소 관계나 상대방이 생각하고 있는
가치관에 맞추는 것이 중요하다. 그러나 웃어른과 이야기할 때에도 시종
일관 시선을 떨구는 것보다는 가끔씩 눈을 들어 상대방을 바라보며 이야
기하는 것이 대화를 부드럽게 이끌 수 있는 방법이 된다.

　서양의 학자들은 눈을 마주보며 이야기할 때에만 진정한 의사소통이
이루어진다고 주장한다. 사람이 불성실하거나 진실 되지 않은 이야기를
할 때는 상대방을 바라보는 것이 대화시간의 1/3도 못 된다. 대화 시간의
2/3가 넘도록 상대방을 바라보는 것은 긍정적인 상황과 부정적인 상황이
있다. 긍정적으로는 상대방을 아주 흥미가 있거나 매력적이라고 생각하는
경우인데, 이때는 동공이 확대된다. 부정적으로는 상대방에게 적대감을
가지고 있으며 비언어적 요소를 통해 도전을 하고 있는 경우인데, 이때는
동공이 수축된다. 그러므로 다른 사람과 친밀한 관계를 수립하기 위해서
는 함께 하는 시간의 약 60~70% 동안 상대방과 시선을 공유해야 한다는
결론을 얻을 수 있다.

　의사소통의 과정 중에 눈을 감아버리는 것은 무의식적으로 나타나는데,
싫증이 났거나 관심이 없을 때, 혹은 자신이 상대방보다 우월하다고 느끼
기 때문에 상대방을 시야에서 가로막으려는 시도로 나타나는 것이다. 보
통의 대화 도중 일 분 동안 여섯 번에서 여덟 번 눈을 깜박이는데, 눈꺼풀
이 1초 이상 감겨있다는 것은 그 사람이 순간적으로 그의 마음에서 상대
방에 대한 생각을 지워 버리려고 한다는 것이다. 그러나 일본인들은 주의
를 집중해서 남의 말을 들을 때 눈을 감고 듣기 때문에 문화에 따른 차이
도 고려해야 한다.

눈은 감정이나 느낌의 변화를 가장 잘 드러내 준다. 대화를 하면서 수시로 감정이나 느낌이 변화할 수 있는데 이것을 가장 빠르고 정확하게 반영하는 곳이 눈이기 때문에 상대방의 눈을 보면서 이야기하는 것은 적극적이고 능동적인 대화에서 꼭 필요한 요소가 된다. 눈의 크기, 눈동자의 크기와 같은 눈동자의 움직임뿐만 아니라 시선을 주는 눈빛, 시선을 주는 빈도수, 시선의 각도도 대화의 내용에 따라 달라지고, 눈을 깜빡거리는 횟수도 달라진다. 눈이 주는 정보를 놓치고는 바른 대화를 이어갈 수가 없다고 해도 과언이 아니다.

3.2.4. 몸짓

모든 인류가 말을 하면서 몸짓을 사용하지만 모든 사회에서 똑같은 의미를 가지는 몸짓은 없다.

다윈은 「동물과 인간의 감정의 기원」이라는 논문을 통해 긍정을 나타내기 위해 고개를 끄덕이는 것은 아이들이 어머니의 젖을 찾는데서 비롯되었다고 하여 문화 보편적이라고 하였지만, 실제에 있어서 긍정을 나타내는 몸짓은 매우 다양하다. 아이누족은 양팔을 가슴 높이에 가져다 놓고 흔들고, 마라야 지방의 흑인 난쟁이들은 머리를 앞으로 숙이며, 인도의 푼잡 사람들은 머리를 뒤로 젖힌다. 세이론 사람들은 왼쪽 어깨로 원을 그리면서 다른 쪽 어깨로 재빨리 움직이고, 뱅가리 사람들은 머리를 한 쪽 어깨에서 다른 쪽 어깨로 재빨리 움직인다. 사람의 몸은 수천 가지의 몸짓을 사용할 수 있게 하지만 각 언어 사회는 그중 어떤 특정한 몸짓만을 사용한다.

말을 하면서 몸짓을 사용하는 정도는 문화에 따라 다르다. 유태에는 "말을 너무 많이 해서 팔이 떨어져 나갔다."는 표현이 있고, 이탈리아에는 "나는 그가 말을 못하게 팔을 꼭 잡아두었다."는 표현이 있다. 이를 통해 보면 유태인이나 이탈리아인들은 말을 할 때 몸짓을 많이 사용함을 알 수 있다. 그러나 동양인들은 대체로 몸짓을 과도하게 사용하지 않는다. 그러나 성격이나 말의 내용에 따라 몸짓의 사용 정도는 큰 차이를 보인다.

전달하고자 하는 말의 내용에 따라 몸짓의 유형은 달라진다. 상대를 비난하는 말을 할 때는 목의 근육이 긴장하고 숨이 거칠어지며, 한쪽 팔을 펴고 손가락으로 상대를 향하는 몸짓을 사용하는데, 이러한 몸짓은 여러 사회집단에서 공통적으로 발견된다. 그러나 아주 이성적인 대화를 하는 경우에는 몸짓의 사용이 거의 없고, 몸은 굳어져 있으며, 입도 거의 움직이지 않는다. 흥분을 하거나 강조를 할 때는 주먹을 불끈 쥐거나 팔을 뻗고, 자신이 없거나 감정이 가라앉을 때는 고개를 떨구거나 물건을 만지작거린다.

이런 몸짓언어들은 보편성을 가지는 것들이지만, 개별성을 가지는 몸짓들도 있다. 그러나 모든 몸짓이 말하는 사람의 기분이나 감정을 나타내는 것은 사실이며, 바람직한 대화를 위해서는 몸짓을 통해 자신의 생각이나 느낌을 더 효율적으로 나타낼 뿐 아니라 상대방의 몸짓 속에 담고 있는 상대의 생각과 느낌을 파악하는 일도 꼭 필요하다.

상황에 따라 무의식적으로 반응하는 몸짓은 일반적으로 다음과 같이 나타난다.

1. 상대에게 관심이 있을 때
    ① 손바닥을 비빈다.
    ② 눈을 추켜 올린다.
    ③ 손등으로 턱을 괸다.
    ④ 혀를 보인다.
    ⑤ 동공이 커진다.
    ⑥ 뺨에 손을 댄다.

2. 상대와 대화하기 싫을 때
  ① 손을 주머니에 집어 넣는다.
  ② 발끝이 문 쪽을 향하고 있다.
  ③ 뺨을 부풀린다.
  ④ 검지를 세우고 턱을 받친다.
  ⑤ 보풀을 떼는 척한다.
  ⑥ 출발 자세를 취한다.
  ⑦ 말을 들을 때 귀 주변으로 손을 가져간다.

3. 거짓말을 할 때
  ① 손바닥을 숨긴다.
  ② 코나 입을 만진다.
  ③ 옷의 목둘레를 잡아 당긴다.
  ④ 눈을 문지른다.
  ⑤ 발을 많이 움직인다.

4. 같이 있는 것이 불편할 때
  ① 커피 잔을 양손으로 든다.
  ② 다리를 엇갈린 채 서 있다.
  ③ 팔짱을 낀다.
  ④ 양팔을 붙잡는다.

3.2.5. 행동

몸짓이 신체의 어떤 한 부분만을 사용하는 것이라면 행동은 몸 전체가 한꺼번에 움직이는 것을 말한다. 행동은 몸짓만큼 자주 사용되지 않고, 종류도 다양하지 못 하다. 그러나 동작이 크기 때문에 의사전달 효과도 크다는 장점을 가지고 있다.

행동에는 본능적인 것과 문화적인 것의 두 종류가 있다. 몸에 심한 통증이 있거나 슬픔이나 억울함이 극도에 이를 때 데굴데굴 뒹구는 것, 초조하거나 불안하여 냉수를 마시거나 담배를 피우는 것, 이야기 도중 화가 난다고 물건을 던지는 것, 상대방에게 주먹질이나 발길질을 하는 것 등은 모두 본능적인 행동이다.

이와는 달리 문화적인 행동은 후천적으로 습득된 것으로 전달하는 의미도 기호적이고 상징적인 것이다. 문화적인 행동으로 대표적인 것은 인사법이다. 가벼운 눈인사에서부터 큰절에 이르기까지가 상대방이 가지는 사회적 힘이나 상대방과의 심리적 유대감에 따라 결정된다. 인사법에서도 보편성과 개별성이 드러난다.

머리를 숙이거나 허리를 굽히는 행위가 상대방에 대한 존경의 뜻을 나타내는 행위라는 것은 보편적이다. 또한 땅이나 방바닥에 두 무릎을 꿇는 행위나 이마를 땅에 대고 엎드리는 행위가 서서 하는 인사보다 한층 더 무거운 인사라는 것도 보편적이다. 그러나 각국의 인사법을 비교해 보면 개별성이 두드러짐을 발견하게 된다. 콩고에서는 두 팔을 상대방 쪽으로 뻗은 다음 서로 툭툭 치는 행동으로, 피지나 타히티에서는 쭈그려 앉는 행동으로, 폴리네시아에서는 얼굴을 밑으로 하고 배를 깔고 엎드리는 행동으로, 바토카스에서는 길게 누워서 몸을 좌우로 굴리며, 두 손으로 다리를 때리는 행동으로 인사를 표현한다.

악수의 기원에 관해서는 원시인들의 동굴시대로 보는 견해가 일반적이다. 무기를 가지고 있지 않으며 숨기지 않았다는 것을 보여주기 위하여 공중에 손바닥을 치켜들었는데, 이것이 시간의 흐름에 따라 변형된 것이 악수라는 것이다.

가장 모범적인 악수는 손에 적당히 힘을 주어 상대방 손을 쥐고 눈을 맞추고 미소를 지으며 손을 두세 번 가볍게 흔드는 것이다. 이런 악수는 마음이 열려있고, 신뢰할만하며 타인의 말에 귀 기울일 것이라는 인상을 준다.

악수를 하면서 팔을 쭉 뻗는 악수나 탁자를 사이에 두고 상대를 당기며 악수하는 것은 자신의 영역을 넓히고, 자신의 주장을 내세우려는 욕망을 표출하는 것이다. 이런 유형의 악수를 하는 사람들은 조직과 개인의 목적이 충돌할 때 문제를 일으키기 쉬우며, 협력자로서는 좋지 않다는 인상을 준다.

지배적인 악수는 악수를 하면서 자신의 손바닥을 아래로 함으로써 상대방의 손이 자신의 손 밑에 오게 만드는 악수 유형으로, 높은 지위에 대한 자부심을 드러내는 악수법이다. 이와 반대를 자신의 손바닥을 위로 향하게 하고 상대방의 손을 위로 오게 하는 순종적인 악수도 있다. 이러한 태도들은 무의식적으로 전달되며, 대인 관계에서 직접적인 영향을 미칠 수 있다. 또한 힘을 주어 손마디를 꽉 쥐는 악수는 자신의 힘을 과시하고자 하는 의도를 나타내는데, 이때 상대방은 무언 중에 일격을 당한 것과 같은 불쾌함을 느끼게 되므로 주의해야 한다. 뻣뻣한 팔을 내미는 경우나 손가락 끝을 살짝 쥐는 악수는 상대방으로부터 어느 정도의 거리를 유지하고자 하는 거리감의 표현이다.

악수를 할 때는 다음과 같은 규칙들이 적용된다.

1. 악수는 오른손으로 한다. 왼손잡이라도 악수는 오른손을 사용한다.
2. 윗사람이 먼저 악수를 청한다. 단 모임을 주최한 사람은 아랫사람이라도 먼저 악수를 청한다.
3. 같은 또래의 남녀 간에는 여자가 먼저 악수를 청한다.
4. 아랫사람은 악수를 하면서 허리를 약간 굽혀 경의를 표해도 좋다.
5. 두 손으로 악수하는 것은 실례이다. 단 윗사람은 깊은 정의 표시로 할 수 있다.
6. 남자는 반드시 장갑을 벗어야 하나, 여자는 장갑을 끼고 악수해도 무방하다.
7. 손을 너무 오랫동안 쥐고 있지 않도록 주의한다.
8. 손을 흔들 때는 상하로 가볍게 흔들되 자신의 어깨보다 높이

올려서는 안 되고, 이성과 악수할 때는 살짝만 움직인다.
9. 미소를 머금고, 상대의 눈을 보며 악수한다. 특히 서양인과 악
  수할 때 시선을 돌리면 비굴하거나 떳떳하지 못한 사람으로 오
  해받을 소지가 있다.
10. 상대가 악수를 청하면 일어서서 악수를 한다. 단 여성은 앉은
  채로 악수를 받아도 상관없다.

문화적 행동은 각 문화권의 관혼상제나 종교적 의식에서도 많이 찾아
볼 수 있다. 따라서 다른 문화권의 사람과의 대화에서는 행동이 가지는
의미를 파악하는 것도 중요하다. 또한 일상적인 인사를 할 때도 상대방에
대한 예의에서 어그러지지 않아야 하고, 인사를 받을 때도 상대방의 행동
에 반영되어 있는 존경심과 거리감을 잘 파악하는 것이 필요하다. 정중하
고 예의바른 인사 속에는 존경심도 반영되어 있지만, 한 편으로는 심리적
인 경계나 거리감도 반영되기 때문이다.

대화를 나누는 자세도 매우 중요하다. 자세에는 친소관계나 상하관계
뿐만 아니라 대화의 분위기나 진행 상태 등도 반영되어 있다. 두 사람 중
한 사람이 대화에 대한 흥미나 관심을 잃게 되면 제일 먼저 자세가 흐트러진
다. 상대방의 의견에 동의하지 않을 때도 자세의 변화가 나타난다. 최악의
경우 대화가 언쟁으로 바뀌기도 하는데 이러한 징표도 자세에 먼저 반영된다.

3.2.6. 근접거리

사람은 누구나 개인적 공간 안에서 살아가고 있기 때문에 서로 남의 공
간을 침범하지 않으면서도 가깝게 있을 수 있는 거리, 즉 최적의 거리를
유지하려고 노력한다.

Pease(1987)의 연구에 의하면 근접거리는 다음과 같이 네 가지로 나누어
생각할 수 있다.

1. 친밀한 거리 (15cm~46cm): 자신의 소유물처럼 보호하는 지역이
   므로 오로지 정서적으로 가까운 사람만이 그 안으로 들어가는
   것이 허락된다.
2. 개인적 거리 (46cm~1.22m): 친구 사이나 직장에서 동료들과 지
   낼 때 다른 사람과 떨어져 있는 거리이다.
3. 사회적 거리 (1.22m~3.6m): 낯선 사람이나 배달원, 가게 주인,
   새로 온 종업원과 같이 잘 모르는 사람들과 유지하는 거리이다.
4. 공공적 거리 (3.6m 이상): 많은 사람들 앞에서 연설 할 때 편안
   하게 느끼는 거리이다.

친밀한 거리로 들어오는 것은 가까운 사람이외에는 적의를 가지고 공격하려는 사람이기 때문에 낯선 사람이 이 거리로 들어오면 심리적인 변화를 일으켜서 심장 박동이 빨라지고 아드레날린의 분비가 과잉되는 등 신체적 변화를 보인다. 따라서 상대방에게 거부감을 주지 않기 위해서는 반드시 자신에게 맞는 거리를 유지해야만 한다. 두 사람 사이의 거리는 상하관계나 친근관계를 나타낸다. 두 사람 사이의 거리가 짧을수록 서로의 관계도 더 친밀하고 대등한 것으로 해석될 수 있다.

또한 두 사람 사이의 거리는 대화의 내용과도 관계가 있다. 개인적이고 비밀스러운 이야기는 되도록 가까운 거리에서 말하려 하고, 공적이고 일상적인 이야기는 적당히 떨어진 거리에서 말하려고 한다.

근접거리는 대화의 스타일에도 영향을 준다. 가까운 거리에서는 목소리가 작아지고, 먼 거리일수록 목소리가 커진다. 가까운 거리에서는 부드럽고 비형식적이고 구어적인 문체로 이야기 하지만, 먼 거리에서는 딱딱하고 형식적이고 문어적인 문체로 이야기한다. 따라서 가까운 거리에서는 말을 더듬거나 군소리를 집어넣는 것이 큰 결점으로 작용되지 않지만, 먼 거리 특히 '공적인 거리'에서 말을 더듬거나 군소리를 집어넣는 것은 결점으로 작용된다.

가까운 사람끼리 가까운 거리에서 이야기하는 것은 문화 보편적이다. 그러나 얼마나 가까운 거리를 유지하느냐는 문화에 따라 다르다. 미국 사람들은 대체로 1미터 내외를 최적의 거리로 생각하지만 남미 사람들은 그보다 훨씬 짧다. 따라서 두 사람이 함께 이야기하도록 하면 남미 사람은 자꾸 다가가고, 미국 사람은 자꾸 멀어져서 처음 대화를 시작한 자리에서부터 점점 멀어져 가면서 대화가 이루어지게 된다. 심지어 한 사람은 다가가고, 또 한 사람은 뒤로 물러서면서 큰 홀 안을 한 바퀴 돌면서 이야기하는 경우가 발견되기도 한다.

음악회나 영화관, 승강기, 지하철 등의 혼잡한 공간에서는 어쩔 수 없이 '친밀한 거리' 안으로 들어가게 된다. 이러한 침해에 대해 대부분의 사람들은 다음과 같은 방법으로 불가피한 침입을 최소화하려는 노력을 한다.

1. 다른 사람에게 말을 걸지 않는다.
2. 다른 사람과 눈을 맞추지 않는다.
3. 감정이 드러나지 않는 무표정한 얼굴을 유지한다.
4. 책이나 신문을 가지고 있다면, 깊이 몰두한 것처럼 읽는다.
5. 귀에 이어폰을 꽂고 눈을 감고 있는다.
6. 복잡할수록 몸을 덜 움직여야 한다.
7. 승강기 안에서는 머리 위에 있는 층수 번호판을 지켜본다.

같은 민족끼리의 대화에서도 연령과 성격에 따라 최적의 거리 개념이 다르다. 따라서 대화를 하면서 상대방이 어느 정도의 거리를 유지하기 원하는지를 파악하는 것은 중요하다. 내가 느끼는 친밀감과 상대가 느끼는 친밀감의 정도가 다를 뿐 아니라, 상대방이 적극적인 성격을 갖고 있는지 소극적인 성격을 갖고 있는지에 따라 편안하게 받아들이는 거리에는 차이가 있기 때문이다. 성공적인 대화를 위해서 가장 중요한 것은 심리적으로 뿐만 아니라 물리적으로도 적절한 거리를 유지하는 것이다.

3.3. 비언어적 요소의 효과적인 활용

위에서 우리는 다양한 유형의 비언어적 요소에 대해 알아보았다. 비언어적인 요소가 메시지에 영향을 주기도 하지만 어떤 메시지를 전달하려는가에 따라 비언어적 요소를 달리 사용하는 것이 수행하려고 하는 화법의 목적을 달성하는 데에 유용하다.

화법의 유형은 크게 과제 중심적인 것과 관계 중심적인 것으로 나눌 수 있다. 의사소통의 목적에 따라 관계 중심적 대화와 과제 중심적 대화로 유형화 할 수 있다. 관계 중심적 대화는 특정한 대화 자체의 목적을 달성하기 위한 노력보다는 사람과 사람 사이의 사회적 관계를 유지하는 것을 목적으로 하는 화법의 유형이다. 과제 중심적 대화란 토론이나 연설, 수업, 협상 등과 같이 대화 참여자들이 특정한 과제를 해결하기 위하여 대화 내용에 초점을 맞추는 유형이다.

화법의 유형에 따라 비언어적 요소를 어떻게 사용하는 것이 의사소통의 목적을 달성하는 데에 효과적인지 살펴보기로 한다.

3.3.1. 과제 중심적 화법

① 발표를 하는 경우

청중은 자신감 있는 태도의 발표자를 선호한다. 자신감 있는 태도는 밝은 표정, 고른 시선처리, 적절한 손동작, 자연스러운 자세 등을 모두 포함한다. 자신감은 발표에 활기를 주어 청중을 집중시키는 효과가 있다.

청중은 자신감 없는 태도의 발표자에게 덩달아 불안감을 느끼게 된다. 자신감 없는 발표자의 분위기는 대체로 어눌하고 어두우며 활기가 없어 보인다. 어두운 표정과 활기 없는 태도, 허공이나 아래를 향한 시선 등은 청중을 불안하게 만드는 요인이 될 수 있다. 청중들은 발표자가 실수할 것 같은 불안함을 느끼거나 발표자의 불안정한 심리 상태에 신경을 쓰느라 언어적 메시지에는 집중하지 못하게 될 수도 있다.

그러므로 발표를 하는 경우 자신감을 갖고 활기찬 표정으로 이야기하려는 노력이 필요하다. 또한 청중과 시선을 맞춤으로써 상호교류가 일어날 수 있도록 하며, 강조하고 싶은 부분이나 주의를 집중시키고 싶을 때는 목소리에 변화를 주어 자신의 의도를 나타낼 수 있도록 한다.

② 회의나 토론을 하는 경우

발언을 할 때는 회의의 흐름을 위해 의장과 눈을 맞춘다. 다른 참석자들에게 관심을 보이면서 피드백을 주고받기 위해서도 눈을 맞추도록 한다. 얼굴 표정은 주제에 대한 태도를 나타내기도 하며 다른 사람을 방해하지 않으면서도 먼저 발언권을 얻어낼 수 있게 한다. 회의나 토론에서 가장 효율적으로 비언어적 요소들을 사용해야 하는 사람은 의장이다. 의장의 얼굴 표정은 발언 요청에 대한 승인 여부, 발언의 지속 여부 등을 나타내기 때문에 토론이 좀더 수월하게 진행될 수 있도록 한다.

③ 상대방을 설득하려는 경우

상대방을 설득하고자 할 때, 동일한 메시지라도 전달속도의 빠르기에 따라 그 메시지 전달자에 대한 신뢰도가 크게 달라질 수 있다. 그러나 전달속도의 효과는 전달자의 성별에 따라 서로 다른 경향을 보인다. 남성의 경우에는 비교적 느린 속도에서 보통 속도의 빠르기로 메시지를 전달했을 때 가장 호의적으로 인식되지만, 여성의 경우에는 보통 속도나 보통 속도보다 약간 빠른 메시지 전달 방법이 신뢰도를 높이는 데에 가장 도움이 된다.

설득을 할 때에는 목소리의 높낮이도 고려해야 한다. 높은 소리는 귀에 선명하게 들린다는 장점은 있지만 신뢰도를 높이는 데에는 도움이 되지 않는다. 반대로 낮은 소리는 신뢰도를 높일 수 있다는 장점이 있지만 발음이 분명하지 않거나 너무 낮아서 탁한 소리가 될 때에는 상대방을 설득하기 어렵게 된다. 상대방을 설득하기 위해서는 메시지의 내용도 중요하지만 어떤 빠르기와 높낮이로 이야기해야 하는가에 대한 준비도 해야 할 것이다.

3.3.2. 관계 중심적 화법

비언어적 요소는 특히 만남의 시작 단계에서 특히 중요하게 작용한다. 사람을 만났을 때 처음 5분간은 상대방이 보여주는 비언어적 요소를 통해서 상대방의 모습과 앞으로의 관계에 대한 예상, 상대방을 좋아하게 될지에 대한 느낌 등 많은 것을 파악하게 된다. 그리고 상세한 정보를 얻게 될 때까지 상대방에 대한 판단은 쉽게 바뀌지 않는다. 특히 대화의 시작 단계에서 나타나는 비언어적 요소에는 시선의 맞춤과 미소를 띠는 긍정적인 느낌의 얼굴 표정 등이 있다. 또 눈썹을 찡긋거리거나 고개를 기울이는 자세, 가까운 거리와 마주보기, 악수 등의 행동이 이루어진다. 이러한 행동 후에는 전형적인 인사말이 따라온다. 대화가 마무리되면 이제 헤어져야 할 때라는 암시의 행동을 하게 된다. 눈을 마주치지 않거나 출구 쪽으로 몸을 돌리고, 자주 고개를 끄덕이며, 다리 자세를 많이 바꾸고 미소를 짓는 등의 행동은 이제 대화를 마무리 하자는 암시적인 태도이다.

비언어적 요소는 자신을 표현하고 감정을 조절하는 데에 중요한 역할을 하므로 기술적인 면을 향상시키는 것은 다른 중요한 목적을 이루기 위한 수단이 될 수 있다. 이러한 비언어적 요소는 노력과 연습에 의해 향상될 수 있기 때문에 배운 것을 유지하면서 더 발전시키려면 지속적인 보완이 필요하다.

다정하고 우호적인 태도와 함께 미소를 짓고 상호작용의 적절한 시기에 눈을 맞춘다. 그리고 상대방을 동등하게 여긴다면 친밀감을 형성할 수 있다. 서로의 공통점이나 경험을 찾아내면 사람 사이의 유대관계나 친근함은 더 쉽게 형성된다. 대화를 할 때는 서로 피드백을 주고받을 수 있어야 하고 상대방에게 동기를 부여하여 자발적으로 참여할 수 있도록 유도해야 한다. 또한, 상대방에게 보이는 불안감이나 저항감을 줄여주고 좋은 인상을 주려고 노력한다. 이 모든 것은 적절한 비언어적인 요소를 통해 이룰 수 있을 것이다.

상대방에 대해 더 많은 것을 알고 싶다면 먼저 자신에 대한 정보를 주어야 한다. 비언어적인 면으로 얼굴 표정을 다양하게 하고, 몸짓의 사용을 늘리고, 자세를 자주 바꾸는 것으로 자기 개방의 의사를 알리도록 한다. 자기 개방은 자기 자신과 상대방 모두에게 이득이 된다. 이것은 자기 인식과 이해로 연결되며 다시 원만한 인간관계로 이어질 수 있게 하는 요소가 된다.

비언어적 요소는 화법의 중요한 기술 중 하나이다. 비언어적 요소가 전달할 수 있는 정보의 양과 범위는 한정되어 있으며 대부분 감정이나 태도를 나타내기에 적합한 것이다. 그러나 비언어적 요소는 언어적 의사소통을 보조하는 정도의 수단이 아니라 음성언어로 전달할 수 없는 정보를 전달하거나 숨어있는 메시지까지도 찾을 수 있게 하는 중요한 역할을 하기 때문에 반드시 확인할 필요가 있다. 비언어적인 요소의 이해를 바탕으로 이루어지는 화법은 의사소통뿐만 아니라 인간 상호간의 이해를 증진시키는 데에도 많은 도움이 될 것이다.

1. 다음 기사문을 읽고 화법에서 이루어지는 비언어적 요소의 중요성에
   관해 생각해 보자.

> 어떤 사람이 친화력이 있는지 없는지는 골프를 함께 해 보면 그대
> 로 드러난다. 그날의 동반자나 캐디를 배려하는 마음 자세가 표출되
> 기 때문이다.
>
> 부드러운 표정과 목소리로 사람을 대하고 산뜻한 패션과 살인미소,
> 깨끗한 매너로 무장한 사람이 그날의 동반자라면 골프는 한결 재미있
> 어진다. 그러나 아무리 골프를 잘 치는 사람이라도 18홀 내내 인상을
> 쓰고 다니거나 매너가 좋지 않으면 부정적인 이미지를 남기게 된다.
>
> - 윤은기의 골프경영학(매경 이코노미)

2. 비언어적 요소만으로 의사소통이 이루어질 수 있는 경우에 대해 이
   야기해 보자.

3. 음성언어와 비언어적 요소와의 차이 때문에 상대방의 메시지를 잘못
   이해한 경우가 있는지 생각해 보자.

4. 옆 사람과 서로의 눈을 1분 동안 바라보자. 어떤 느낌이 들었는지,
   무슨 생각이 들었는지 서로 이야기해 보자.

5. 여러 사람의 목소리를 녹음해 놓은 것을 들어보고 어떤 사람이 말했을지 생각해 보자. 상상한 인물과 실제 인물 사이의 비슷한 점과 다른 점을 비교해 보자.

6. 다음과 같은 자리에서 상대방이 나의 일을 도와주는 친구라면 어디에 앉아 있을까? 만약 상대방이 나의 경쟁상대라면 그 사람은 어디에 있을까? 나의 위치는 ○로 표시하고 상대방의 자리는 ☆로 표시해 보자. 그리고 왜 그렇게 표시했는지 말해 보자.

7. 무언극을 해보자. 구체적인 상황을 설정하여 비언어적 요소만으로 자신의 의견을 얼마나 전달할 수 있는지 연습해 보고, 상대방이 제대로 이해했는지 확인해 보자.

4. 화법과 간접 대화행위

　화자가 자신의 생각을 다른 사람에게 전달하는 방법에는 크게 두 가지 유형이 있다. 머리 속에 가지고 있는 생각을 있는 그대로 직접적으로 전하는 방법과 그 내용을 다른 표현으로 돌려서 말하는 방법이다. 그런데 방법만 다를 뿐 이 두 가지 방법은 모두 대화를 통해 상대방에게 심리적이거나 물리적인 변화를 일으킬 수 있다는 점에서 대화행위라는 개념으로 설명된다. 이 장에서는 대화를 인간 행동의 한 측면이라고 보는 대화행위와 관련지어 살펴보고자 한다.

　화자가 자신의 생각을 전달한다는 것은 같지만 의도를 나타내는 표현 방법의 차이에 따라 대화행위는 직접 대화행위와 간접 대화행위로 나뉜다. 직접 대화행위는 마음속에 가지고 있는 의도와 표현 내용이 일치하는 말하기 방법이고, 간접 대화행위는 자신의 의도를 다른 표현으로 바꾸어 말하는 방법이다.

　직접 대화행위와 간접 대화행위는 대화가 이루어지는 상황에서 고려되어야 할 문제이다. 대화 상황에서 화자가 자신의 의도를 어떻게 표현하는가 하는 것은 상대방과의 관계 속에서 고려되어야 하기 때문이다. 따라서 이 장에서는 특히 자신의 의도를 간접적으로 나타내는 간접 대화행위의 양상과 특징 및 구성 요소에 대해 자세히 살펴보고자 한다.

4.1. 간접 대화행위의 양상

직접 대화행위와 간접 대화행위는 대화행위의 개념을 이용하여 구분할 수 있다. 화자가 의도하는 수행행위를 직접적으로 표현하는 것을 직접 대화행위라고 하고, 그것과 관련된 다른 표현으로 돌려 말함으로써 목적하는 수행행위를 간접적으로 나타내는 것을 간접 대화행위라고 할 수 있다. 직접 대화행위는 궁금한 정보가 있을 때는 질문을 통해 표현하고, 요구하고자 할 때는 명령을 통해 표현하는 것과 같이 직접적이고 단선적인 화법이다. 그러나 이러한 직접 대화행위만으로 모든 대화를 해석할 수는 없다.

> (1) A: 광화문 가려면 몇 번 버스 타야 하는지 아세요?
>   B: 예, 압니다.

(1)의 대화는 직접 대화행위의 측면에서는 아무런 문제가 없다. 아는지를 묻는 질문에 대해 안다고 대답했기 때문이다. 그러나 A는 차를 타고 목적지에 가야하기 때문에 버스 번호를 알고자 하는 것이었는데, B는 그냥 지나쳐 버림으로 대화의 목적은 이루어지지 않았다. 왜 이러한 일이 일어나는 것일까? (1)의 예에서처럼 버스 번호를 아느냐는 '질문'이라는 행위가 사실상 가르쳐 달라는 '요구'를 나타내고 있는 것이 간접 대화행위다. 화자는 간접 대화행위를 수행하고 있지만 청자는 직접 대화행위로 반응을 하여서 원하는 대화가 이루어지지 않은 것이다. 이러한 예는 대화에서 흔히 찾아볼 수 있다. 우리는 일상생활에서 청자가 어떤 행위를 해야 하는 지시적인 명제를 전달할 때는 이것을 간접적으로 표현하는 경향이 있다.

(2) a. 창문 좀 열어 주실래요?   (질문)

　　 b. 창문 좀 열어 주면 좋겠습니다.   (진술)

　　 c. 창문 좀 열어라.   (요구)

(2)의 예는 '질문', '진술', '요구' 등의 직접 대화행위로 나타나 있지만, 실제에 있어서는 모두 창문을 열어 달라는 '요구'를 표현하고 있는 간접 대화행위다. 간접 대화행위는 이와 같이 다양한 양상으로 나타난다. 다음 의 예들을 통하여 그 양상을 살펴보자.

(3) a. 난 꼭 이것을 살 거야.   (진술 - 주장)

　　 b. 난 네 이름이 알고 싶어.   (진술 - 요구)

　　 c. 손을 씻고 밥을 먹습니다.   (진술 - 지시)

(3)에서 보듯 직접 대화행위로는 '진술'을 나타내고 있지만, 실제적으로 는 '주장, 요구, 지시' 등을 간접 대화행위로 나타내고 있다.

(4) a. 이것 좀 보여주실 수 있으세요?   (질문 - 요구)

　　 b. 그게 내 잘못이란 말입니까?   (질문 - 주장)

　　 c. 줄 좀 똑바로 설 수 없니?   (질문 - 지시)

(4)에서는 직접 대화행위로는 '질문'을 나타내고 있지만, 실제적으로는 '요구, 주장, 지시' 등을 간접 대화행위로 나타내고 있다.

(5) a. 일찍 일어나라.   (명령 - 지시)

　　 b. 왜 그러는지 제발 말 좀 해 봐.   (명령 - 요구)

　　 c. 그 사람 지독한 건 말도 마.   (명령 - 주장)

(5)에서는 직접 대화행위로는 '명령'을 나타내고 있지만, 실제적으로는 '지시, 요구, 주장' 등을 간접 대화행위로 나타내고 있다. 위에서 살펴본

바와 같이 간접 대화행위는 직접 대화행위의 영역보다 훨씬 확장된 쓰임으로 나타남을 알 수 있다. 다시 말하자면 '말해진 것'과 '뜻하는 것' 사이의 거리, 그리고 앞서 살펴본 발화문의 의미와 의도된 의미 사이의 차이가 가장 극명하게 나타나고 있는 경우에 해당된다. 그러므로 간접 대화행위는 위에서 살펴본 것처럼 문장 단위에서 문장의 종결 방식에 따라 달리 나타나는 것뿐만 아니라 표현 방식을 간접화하여 대화 전체를 통하여서 나타날 수도 있다.

> (6) A: 너 키가 몇이니 ?
>   B: 키다리보다 좀 작고 난쟁이보다 좀 커.
>   A: 그럼 너야말로 아담 사이즈네.
>   B: 아담도 나랑 키가 같았구나.

(6)의 대화에서 키를 묻는 A의 직접적인 질문에 대해 B가 대답을 하면서 직접적인 정보는 주지 않고 '키다리보다 좀 작고 난쟁이보다 좀 크다'는 모호한 표현을 사용하여 간접 대화행위를 한다. 이 경우 표면적으로는 질문에 대한 대답으로 직접 대화행위를 구성하지만, 실제적으로는 대답을 회피하는 것으로서의 간접 대화행위를 하고 있는 것이다. 이러한 반응에 대해 A는 일부러 모호한 표현으로써 직접적인 대답을 회피한 B의 의도를 파악하고 B를 비아냥거리는 뜻으로 '키다리보다 좀 작고 난쟁이보다 좀 큰 키'를 '아담 사이즈'라고 돌려서 간접적으로 표현한다. 사실상 처음 질문에 대한 대답이 없기 때문에 아무 것도 얻어진 정보가 없지만, 그 대답을 통하여 정보를 얻은 것처럼 함으로써 아무리 B가 간접적으로 표현해 보아야 네 키는 아담한 사이즈에 불과하다는 비난을 간접화시켜 표현한 것이다. 이 말을 받는 B는 아담한 사이즈라는 뜻의 아담을 사람 이름으로 간접화시켜서 받아들인다. 이렇게 함으로써 자신의 키가 작다는 뜻으로 아담이라는 표현을 사용한 것을 받아치는 역할도 하고, 상대방이 자신을

간접적으로 비난한 분위기를 장난처럼 이끌어 가는 효과도 가져올 수 있었던 것이다.

이런 점에서 간접 대화행위를 기본적으로는 발화문의 의미에 기초하지만, 화자와 청자와의 관계, 화자의 의도와 태도, 상황, 배경, 관습 등과 관련하여 간접적으로 화자의 의도를 드러내는 복합적인 대화행위 전반을 지칭하는 용어로 사용하고자 한다. 직접 대화행위에 의한 의사소통과 간접 대화행위에 의한 의사소통을 비교해 보면 간접 대화행위를 발화하고 해석하는 과정이 직접 대화행위에 비해 더 복잡한 중간 단계를 거친다는 점에서 차이가 있다. 예를 들어 "문 닫아."라는 직접 대화행위와 "춥지 않으세요?"라는 간접 대화행위의 과정을 비교해 보자. 직접 대화행위의 의사소통 과정은 (7)과 같이 나타낼 수 있다.

(7) 직접 대화행위 "문 닫아."의 의사소통 과정

발화 전 단계: 화자는 춥다고 느낀다.
행동 1: 화자는 "문 닫아."라고 요구한다.
중간 단계: 청자는 화자가 문을 닫아 주기를 바란다고 받아들인다.
행동 2: 청자가 문을 닫는다.
발화 후 단계: 화자는 추위를 느끼지 않는다.

이에 대하여 간접 대화행위인 "춥지 않으세요?"로 의사소통하는 과정은 (8)과 같이 나타낼 수 있다.

(8) 간접 대화행위 "춥지 않으세요?"의 의사소통 과정

발화 전 단계: 화자는 춥다고 느낀다.
행동 1: 화자는 "춥지 않으세요?"라고 질문한다.

중간 단계 1: 청자는 화자가 청자가 추운지를 묻고 있다고
받아들인다.
중간 단계 2: 청자는 화자가 춥기 때문에 이 질문을 했다고
받아들인다.
중간 단계 3: 청자는 화자가 문을 닫아 주기를 바란다고 받
아들인다.
행동 2: 청자가 문을 닫는다.
발화 후 단계: 화자는 추위를 느끼지 않는다.

(7)과 (8)을 비교해 보면 알 수 있듯이 직접 대화행위에서는 중간 단계가 하나만 필요하지만, 간접 대화행위에서는 세 개의 중간 단계를 필요로 해서 더 복잡한 해석 단계를 거치는 것을 알 수 있다. 간접 대화행위를 제대로 해석해서 성공적인 대화를 완성시키기 위해서는 앞 뒤 대화의 맥락을 파악하는 것, 화자와 청자 사이에서 어떤 사태나 상황에 관한 지식이나 믿음을 공유하는 것, 그리고 배경이 되는 지식을 알고 있는 것 등을 이해하는 것이 필요하다.

4.2. 간접 대화행위의 특징

직접 대화행위만으로는 대화가 어려운 경우 간접 대화행위를 사용하게 된다. 이러한 간접 대화행위에는 다음과 같은 장점을 가지고 있다.

첫째는 서로의 긴밀한 관계를 확인할 수 있다는 장점이 있다. 의도를 직접적으로 표현하지 않고 바라는 수행력을 얻을 수 있다면, 그것이 훨씬 좋은 방법이 된다. 이것은 직접적인 말을 하지 않아도 서로를 이해한다는 것을 확인하는 계기가 되기 때문에 서로의 대화뿐만 아니라 관계를 증진시키는 역할을 하게 된다.

둘째는 자기 방어를 할 수 있다는 장점이 있다. 직접적으로 나타낸 것

이 아니기 때문에 자신의 주장이 호응을 받지 못하거나 거부되면, 그것을 쉽게 철회할 수 있고, 또 그런 의도가 아니었다고 바꿀 수가 있기 때문이다. 상대방과 대립할 의도가 없는 경우나 상대방의 의사를 확실히 알지 못하는 경우 간접적인 표현이 훨씬 쉽게 자신의 의도와 가까워질 수 있는 방법을 제공해준다.

간접 대화행위가 갖는 긴밀한 관계 확인과 자기 방어의 기능은 의사전달의 동기가 되는 두 가지의 기초적인 동력인 유대 관계와 독립이라는 인간 욕구와 관련된다. 대화를 통해 상대방과의 유대관계를 직접적으로 나타내는 것은 상대방의 독립적인 영역을 침해하는 것이 되고, 반대로 독립적인 태도를 직접적으로 나타내면 상대방과의 유대관계를 무너뜨리는 것이 되고 만다. 그러나 간접 대화행위는 서로의 긴밀한 관계를 확인할 수 있다는 점에서 유대관계를 나타내는 것이 되고, 자기 방어를 할 수 있다는 점에서 독립을 나타내는 것이 된다. 따라서 간접 대화행위는 긴밀한 관계를 통한 유대관계와 자기 방어를 통한 독립의 표시로써, 직접적 대화 상황에 빠져 흔들리지 않고 흐름을 따라 나아갈 수 있는 길을 열어 주는 가장 좋은 대화의 방법이 되는 것이다.

간접 대화행위가 갖는 또 다른 특성으로는 문화적인 공통성을 필요로 한다는 점이다. 간접 대화행위는 하나의 발화를 통하여 둘이나 그 이상의 수행적 힘을 나타내는 것으로 고도의 의사소통 방법이다. 간접 대화행위는 어떤 언어권에서도 나타나는 보편적인 현상이다. 그러나 간접 대화행위가 항상 같은 양상으로 나타나는 것은 아니고, 개인의 특성이나 그 사회의 문화적 특성을 바탕으로 하는 것이다. 다음 (14)의 대화를 살펴보자.

    (14) A: 오늘 저녁 모임에 가도 될까요?
         B: 네 마음대로 해.

대학에 다니는 딸 A는 아버지 B에게 저녁에 있는 모임에 가도 될지를 물었다. 아버지는 직접적으로 안 된다고 말하는 법이 없었다. 단지 말하는 방식이 직접 대화행위로 적극적으로 가라는 내용을 담고 있으면 진심으로 허락하는 것이지만, 소극적으로 가라는 내용을 담고 있으면 실제로는 허락하고 싶지 않은 것이라는 사실을 알고 있는 딸은 "네 마음대로 해."라는 소극적 대답을 듣고 가지 않기로 마음을 먹었다. 어느 날 이 집에 임시로 머물게 된 조카딸이 같은 질문을 하였다. 숙부인 B는 같은 대답을 하였고, 이런 B의 생각을 알지 못하는 조카딸은 모임에 나갔다. 그 결과 숙부는 조카딸이 제멋대로이고, 순종할 줄도 모르며, 도덕적으로도 문제가 있다고 생각을 하게 되었다. 반대로 조카딸은 숙부가 겉과 속이 다른 위선자이고, 변덕쟁이이며, 화를 잘 낸다고 생각하게 되었다.

(14)의 예에서 보는 것과 같이 간접 대화행위가 항상 좋은 결과만 가져오는 것은 아니다. 간접 대화행위가 제대로 전달되기 위해서는 문화적인 공통성이 있어야 한다.

4.3. 간접 대화행위의 구성 요소

간접 대화행위는 어떤 언어권에서나 발견되는 보편적 특성이다. 그러나 간접 대화행위를 이해하기 위해서는 문화적인 공통성이 있어야 한다고 하여, 간접 대화행위를 구성하는 방식이 문화에 따라 다르다는 사실을 지적하였다. 그렇다면 간접 대화행위를 구성하는 보편적인 요소는 무엇일까? 어떤 사회나 문화에서도 간접 대화행위를 구성하기 위해서는 화자가 청자에게 가지고 있는 상대적인 힘이라든가, 화자와 청자 사이의 사회적인 거리, 가지고 있는 부담의 크기, 화자와 청자 사이의 상대적인 권리와 의무 등이 주된 요소로 고려된다. 이 각각의 구성 요소들에 대해 살펴보기로 한다.

① 힘

간접 대화행위를 하게 만드는 주된 요인은 상대방이 가지고 있는 힘이나 권위이다. 예를 들어 우리와 약속을 한 사람이 늦게 온 경우를 생각해 보자. 다음 (15)와 같은 말들이 그런 상황에 사용될 수 있을 것이다.

> (15) a. 바보같이 시간도 못 지키다니.
>   b. 넌 삼십 분이나 늦게 왔어.
>   c. 왜 이렇게 늦었어?
>   d. 시간도 제대로 못 지키니?
>   e. 지금이 몇 시니?
>   f. 길이 많이 복잡하지요?
>   g. 오시느라고 고생이 많으셨지요?
>   h. 이렇게 어려운 걸음을 하시게 해서 송구스럽습니다.

가까운 친구나 손아래의 사람이 늦게 왔을 경우, 우리는 직접적으로 "왜 이렇게 늦었어?" 또는 "시간도 제대로 못 지키니?" 따위와 같이 직접적으로 늦은 이유를 추궁하거나 늦은 것에 대해 비난할 것이다. 그러나 늦은 사람이 우리의 선생님이거나 직장의 상사일 경우는 "오시느라고 고생이 많으셨지요?" 또는 "길이 몹시 복잡하지요?" 따위와 같이 상대방의 관점으로 돌려서 완화시키거나 변호하는 표현을 사용할 것이다. 우리는 상대적으로 자기보다 힘이 우월한 사람에게는 동생이나 친구와 같은 그렇지 않은 사람과 이야기할 때보다 훨씬 더 간접 대화행위를 사용하는 빈도가 높아진다.

일반적으로 힘이란 상대방이 긍정적으로는 자신에게 유리한 보상들을 해줄 수 있거나 부정적으로는 자신에게 불리한 보복들을 할 수 있는 상태를 말하며, 군대나 법정, 또는 직장 따위에서 흔히 이러한 상황에 접하게 된다. 우리가 어떤 사람에게서 힘을 느끼게 되는 경우는 첫째, 어떤 사람이 지위나 나이, 역할을 근거로 무엇을 요구할 수 있는 권리를 갖는 경우 그 사람에게 부여하는 것이고, 둘째는 어떤 사람을 존경하거나 어떤 면에서 그 사람처럼 되고 싶어할 때 우리가 그 상대에게 부여하는 것이고, 셋째는 어떤 사람이 우리가 필요로 하는 전문적 지식이나 기술을 가지고 있을 때 그 사람에게 부여하는 것이다. 어떤 유형이건 힘을 가지고 있는 사람은 상대적으로 그렇지 않은 사람에게 말을 할 때 직접 대화행위를 더 많이 사용하지만, 힘을 가지고 있지 않은 사람은 상대적으로 힘을 가진 사람에게 말을 할 때 간접 대화행위를 더 많이 사용한다.

우리가 대화를 하면서 가장 중요한 것은 상대방과의 적절한 거리를 유지하는 것이라는 사실을 계속 강조해 왔는데, 상대방과의 힘의 관계도 적절한 거리를 구성하는 중요한 요소가 된다. 따라서 우리보다 상대적으로 힘을 더 가지고 있는 사람에게 이야기할 때는 그렇지 않은 사람에게 말할 때보다 간접 대화행위를 더 많이 사용해야 한다. 직접 대화행위가 직선적이라면 간접 대화행위는 완곡적이어서 같은 내용을 전달하려 하더라도 간접 대화행위가 상대방을 훨씬 더 고려하는 표현으로 나타나기 때문이다. 이것은 정중어법과 깊이 관련된 것으로 다음 제5장에서 자세히 살펴보기로 한다.

② 사회적인 거리

사회적인 거리라는 것은 지위나 나이, 성별, 친근감 등과 같은 심리적인 요소들에 의해 결정되는 정중함의 정도와 관련된 용어이다. 다른 말로 하자면 같은 여자 끼리나 남자 끼리여서, 혹은 같은 나이거나 같은 학번이어서, 또는 같은 지역 출신이라서 등과 같은 요소로 어떤 사람과 관련이 있거나, 그 사람을 잘 아는 경우에는 사회적인 거리가 가깝게 느껴지고, 그렇지 않은 경우에는 사회적인 거리가 멀게 느껴진다. 이러한 사회적

인 거리도 간접 대화행위를 사용하는데 영향을 주어서, 어떤 사람과 사회
적인 거리가 먼 경우에는 사회적인 거리가 가까운 사람에게보다 더 간접
대화행위를 많이 사용하게 된다. 예를 들어 공중전화를 걸기 위해 지나가
는 사람에게 동전을 바꾸어 달라고 요청할 경우를 생각해 보자. 다음 (16)
과 같은 예들이 그런 상황에 사용될 수 있을 것이다.

　　(16) a. 잔돈 좀 줘.
　　　　　b. 잔돈 있으면 좀 줘.
　　　　　c. 잔돈 가진 거 있으면 좀 줘.
　　　　　d. 잔돈 좀 바꿔주실래요?
　　　　　e. 잔돈 좀 바꿔주실 수 있어요?
　　　　　f. 잔돈 좀 바꿔주실 수 있으세요?
　　　　　g. 죄송하지만, 잔돈 좀 바꿔주실 수 있으세요?
　　　　　h. 죄송하지만, 혹시 잔돈 가지신 것이 있으시면 좀 바꿔주실
　　　　　　 수 있으시겠습니까?

　같은 학번이고 동성인 친구가 지나가면 "잔돈 좀 바꿔 줘." 또는 "잔돈
있으면 좀 줘."와 같이 직접 대화행위를 사용할 것이다. 그러나 이성의 선
배가 지나간다면 "잔돈 좀 바꿔 주실 수 있어요?"와 같이 간접 대화행위
를 사용할 것이고, 교수님이 지나 가신다면 "죄송하지만, 혹시 잔돈 가지
신 것이 있으시면 좀 바꿔주실 수 있으시겠습니까?"와 같이 더 간접적인
대화행위를 하게 될 것이다.
　사회적인 거리는 힘과 밀접한 관계가 있지만, 꼭 일치하는 것은 아니다.
위의 예에서 선배나 교수님이라 할지라도 같은 고향 사람이라거나, 같은
학교의 동창일 경우라면 사회적인 거리는 더 가까워지고, 직접 대화행위
를 사용할 가능성은 더 높아지기 때문이다. 같은 사람을 만나면서도 처음
만날 때보다는 자주 만날수록 간접 대화행위보다는 직접 대화행위를 많

이 사용하는 것도 사회적인 거리가 친근감과 같은 심리적인 요인에 의해
결정되는 거리라는 사실을 보여 준다.

③ 부담의 크기

간접 대화행위를 하게 만드는 요인 가운데 부담의 크기는 우리가 하는
요구가 어떤 것인가와 상관이 있다. 상대방이 우리가 하는 요구를 받아들
일 때 얼마나 부담을 느끼겠는가에 따라 간접성의 정도가 높아진다는 것
이다. 100원을 빌려 달라는 부탁을 할 때와 100만원을 빌려 달라는 부탁
을 할 때는 부담의 크기가 다르다. 다음 (17)과 같은 예들이 그런 상황에
사용될 수 있을 것이다.

> (17) a. 100원만 줘요.
>   b. 100원짜리 있지요?
>   c. 돈 가진 것 있으면 좀 빌려줄 수 있으세요?
>   d. 혹시 지금 돈의 여유가 좀 있으세요?
>   e. 혹시 지금 돈의 여유가 있으시면 좀 빌려주실 수 있으시겠
>   습니까?

100원을 빌릴 때는 "나 100원만 빌려 줘."와 같이 직접 대화행위로 표
현하지만, 100만원을 빌릴 때는 "혹시 지금 돈의 여유가 좀 있으세요?" 또
는 "급한 일이 있어서 그러는데, 좀 도와주실 수 있으세요?" 등과 같이
100원을 빌릴 때보다는 훨씬 더 간접적인 표현을 쓰게 된다.

허락을 받지 않고 가져가도 되는 지역신문이나 광고지를 달라고 말할
때는 대부분 직접 대화행위를 사용한다. 그러나 일간지나 주간지, 월간지
나 계간지로 갈수록 달라고 말하기 위해서 간접 대화행위를 사용해야 할
필요가 커진다. 이것은 값을 치르지 않고 가질 수 있는 것과 그렇지 않은
것을 요구할 때 생기는 차이이다. 한 가족끼리는 음식이나 생활용품 등을

공유하기 때문에 이런 것들을 요구하면서 "죄송하지만, 냉장고에 있는 콜라를 좀 마셔도 될까요?"와 같은 간접 대화행위를 사용하지는 않는다. 그러나 남의 집에 갔을 경우는 달라진다.

부담의 크기가 경제적인 요인에 따라서만 결정되는 것은 아니다. 요구하는 정보의 내용에 따라 어떤 것들은 누구에게라도 상관하지 않고 대답할 수 있는 것이기도 하지만, 어떤 것들은 상대가 누구인가에 따라 대답하기에 부담스러운 것들도 있다. 이것은 문화에 따라 차이가 있어서 객관적으로 결정하기에는 어려운 것이기도 하다. 보통의 경우 직업이나 종교, 가족 관계를 묻는 것보다는 체중이나 월수입 따위를 묻는 것이 더 부담의 크기가 커진다. 부담의 크기가 커질수록 간접 대화행위로 표현하는 빈도는 높아지는 것이다.

④ 권리나 의무

우리의 권리나 의무와 관련된 것들을 이야기할 때는 간접 대화행위를 사용하는 빈도가 낮아진다. 그러나 권리가 아닌 것을 요구할 때는 간접 대화행위로 사용하는 빈도가 높아진다. 상대방의 운전면허 등을 보여 달라는 요구를 하더라도 교통경찰은 "운전 면허증 보여주세요."와 같이 직접 대화행위로 표현하지만, 운전 면허증이 어떻게 생겼는지 궁금해서 보고 싶어하는 경우라면 간접 대화행위로 표현할 빈도가 훨씬 더 높아진다. 어떤 사람에게 무엇을 요구하는 상황에서는 권리나 의무의 차이에 따라 다음 (18)과 같은 말들이 사용될 수 있다.

> (18) a. 이것 치우세요.
> b. 이것 좀 치우세요.
> c. 이것 좀 치우실래요?
> d. 이것 좀 치우실 수 있으세요?

e. 죄송하지만, 이것 좀 치우실래요?

f. 죄송하지만, 이것 좀 치워 주실 수 있으시겠어요?

g. 대단히 죄송하지만, 이것 좀 치워 주실 수 있으시겠습니까?

금전적인 계약 관계를 맺고 상대방에게 어떤 요구를 할 때는 "이것 좀 치우세요."와 같이 직접 대화행위를 사용할 수 있지만, 그렇지 않은 경우에 직접 대화행위를 사용하면 상대방에게 매우 불쾌하게 받아들여질 것이다. 이런 경우는 "죄송하지만, 이것 좀 치워 주실 수 있으시겠어요?"와 같이 간접 대화행위를 사용할 빈도가 훨씬 더 높아진다.

우리는 지금까지 간접 대화행위를 구성하는 요인들에 대해 살펴보았다. 그러나 힘이나 사회적 거리, 부담의 크기, 권리나 의무 따위는 고정되어 있는 것이 아니다. 우리는 가능하다면 이런 것들을 줄이려는 방향으로 인간관계를 유도해 가는 경향이 있다. 가까운 사람들 사이에서 직접 대화행위가 더 많이 사용되는 것은 이러한 이유이다. 또한 대화를 통하여 이런 요인들을 감소시키려는 경향도 발견할 수 있다. 다음 (19)의 대화를 살펴보자.

(19) A: 저 지하실에 화분이 있네요.
　　 B: 예.
　　 A: 그거 안 쓰시는 거예요?
　　 B: 예.
　　 A: 그럼 제가 가져갈게요.
　　 B: 그러세요.

A는 "저 화분 가져갈래요."라는 직접 대화행위 대신에 (19)와 같은 단계의 표현들을 사용하여 부담의 크기를 줄이는 작업을 하고 있다. 화분은 지하실에 있던 것이고 쓰지 않는 것이기 때문에 그것을 가져가는 것은 쓰

는지 안 쓰는지 모르는 화분을 가져가겠다는 것보다 훨씬 부담의 크기가 줄어드는 것이다. 따라서 B가 "그럼 제가 가져갈게요."라고 직접 대화행위를 사용하고 있지만, 이것은 간접 대화행위와 같은 효과를 가지게 된다.

간접 대화행위가 성공적으로 사용되면 상대방과의 유대관계를 유지하면서도 자기 방어를 할 수 있어서 여유 있는 대화를 할 수 있고, 말을 즐기면서 재미있게 주고받을 수 있게 해주는 장점도 있지만, 잘못 사용될 경우 서로의 관계에 부정적인 영향을 줄 수도 있다. 말의 아름다움과 결함은 동전의 양면과도 같기 때문이다. 지금 하는 말에 대해 상대방이 이상한 반응을 보이면 너무 간접적으로 표현하고 있지 않나 반성하고, 자신의 의도를 좀 더 직접적으로 표현하려고 노력해야 한다. 또한 상대방이 너무 간접적으로 이야기하거나 대화 양식의 특성으로 인해 말과 의도를 다르게 표현한다고 느껴지면 분명히 이야기해 달라고 요구할 수도 있다. 그러나 명심해야 할 일은 사람에 따라서는 의도가 뭐냐는 질문을 받을 때 추궁당하는 기분을 느낄 수 있으며, 자신의 대화 방식에 대해 이러저러한 이야기를 하는 것을 거북하게 생각한다는 점이다. 그러므로 말을 하면서 서로 오해가 생기지 않도록 하여야 하지만, 오해가 생기더라도 이것을 너무 심각하게 받아들여 서로의 관계에 무슨 문제가 있는 것처럼 생각하는 것은 바람직하지 않다.

1. 다음 대화에서 문제가 되는 부분에 대해 말해 보자.

  (1) 할머니: 차우냐?
     손 녀: 네? (두리번 두리번)
     할머니: 차우냐구?
     손 녀: 할머니, 어디에 무슨 차가 와요?
     할머니: 아니, 날씨가 추우냐고.

  (2) 성민: 형수야, 오랜만이다.
     형수: 어, 진짜 오랜만이네. 반갑다.
     성민: 어떻게 지내?
     형수: 학교 다니면서 그럭저럭 지내. 너는?
     성민: 나도 잘 지내. 우리 언제 한번 만나 밥이나 먹자. 전화번
         호 뭐야?
     형수: 됐다. 어차피 너 연락도 잘 안하잖아. 연락도 안할 거면
         서 전화번호는 뭐하게?

2. 자신은 직접적으로 말하는 습관을 가지고 있는지 간접적으로 말하는
습관을 가지고 있는지 생각해 보자. 자신의 대화 방법 때문에 곤란을
당한 경우에 대해 말해 보자.

3. 다른 사람의 대화 방법 때문에 오해한 경우가 있으면 말해 보자.

4. 다음 대화를 통해 직접 대화행위와 간접 대화행위의 특징에 대해 이
  야기해 보자.

> 지은: 그거 말구도, 드릴 말씀이 있는데요, 잠깐 좀 들어가서...(하
>   고) 좀 들어가도 될까요?
> 영재: 여기서 얘기하죠.
> 지은: 얘기가 좀 긴데요.
> 영재: 그럼 짧게 하면 되겠네요.
> 지은: 좀 긴데.
> 영재: 그럼 할 수 없네요. (문 닫으려는데)
> 지은: (얼른 잡고) 돈 좀 빌려주세요.
> 영재: 뭐? 요? (잘못 들었나?)
> 지은: 호텔비랑요, 비행기 값이 없어요.
> 영재: (기막히고)
> 지은: (억지로 웃으며) 한국 가면요, 꼭 갚을게요, 네?
> 영재: 정말 끝내 준다. (기가 막혀 픽 웃고)
> 지은: 네?
> 영재: 나, 돈 없어. (문 닫아버린다)
>   (TV 드라마 「풀 하우스」 중에서)

5. 다음 대화를 읽고 문제가 되는 부분을 지적하고 바람직한 대화가 이
  루어지기 위해서는 어떤 점에 유의하여 말해야 할지 이야기 해 보자.

> 지은: 그런데 식구들이랑은 왜 그렇게 사이가 나빠요? 물론 안 봐
>   도 대충은 알겠지만.
> 영재: 시끄러, 네가 뭐 안다고 까불어? 중간에 내리기 싫으면 조용
>   히 입 다물고 가.
> 지은: 그쪽이나 까불지 말고 어른들한테 잘 해요. 나중에 후회하
>   지 말고, 네?
> 영재: 시끄럽다고 경고했다.

지은: 성질만 내지 말고, 사람이 진지하게 충고하면 좀 들어요, 예?
영재: (버럭) 오늘 따라 왜 이렇게 나한테 충고하고 싶은 사람이
　　　많아?
지은: 충고할 만하니까 하는 거죠. 사람이 좋게, 좋게 좋은 소리를
　　　하면 알아들어야지.

(TV 드라마 「풀 하우스」 중에서)

5. 화법과 언어 예절

　의사소통이 이루어지는 과정에서 예절을 갖춘다는 것은 상대방을 언어를 통하여 적절히 대우하는 것이다. 언어를 통하여 상대방이 원하는 만큼 대접을 해 주고, 상대방이 원하는 만큼 접근하는 것, 다시 말하자면 상대방과 적당한 거리를 유지하는 것이다. 이것은 고려해야 할 상황도 많고, 또 그것들이 복잡하고 미묘하게 얽혀 있어서 단순한 문제가 아니다.

　언어를 통하여 상대방을 대접하고 적절한 거리를 유지하는 방법에는 여러 가지가 있지만, 가장 직접적으로는 상대방에 대한 호칭, 상대방에게 맞는 높임법을 사용하는 것, 그리고 상대방에게 공손하고 예절 바르게 대하는 정중어법, 상황에 알맞은 인사말을 사용하는 방법 등이 있다. 이 가운데 호칭과 높임법, 특히 가족 관계 호칭에는 지역에 따른 차이와 가문에 따른 차이가 크고, 서로의 상식이 달라서 예절을 지키지 못하는 경우가 종종 있다. 이러한 현실을 반영하여 '조선일보사'와 '국립국어연구원'은 1990년 10월부터 일 년여에 걸쳐 「우리말의 예절」이라는 기획물을 신문에 연재하고, 이를 바탕으로 정부는 국어심의회 한글분과위원회에서 확정한 「국어의 표준 화법」을 보급하고자 하였다. 이러한 표준안에 문제점이 제기되기도 했지만, 우리는 이 표준안을 근거로 하여 화법에서 꼭 필요한 언어 예절에 대해 함께 생각해 보기로 한다. 따라서 이 장에서는 호칭과 높임법, 정중어법을 중심으로 화법에서 고려해야 할 언어 예절을 살펴보고자 한다.

5.1. 호칭

우리말의 호칭 체계는 매우 복잡하다. 대통령이나 부모님, 친구까지 'you'라는 호칭 하나면 해결되는 영어나, 'tu'와 'vous'만 있으면 해결되는 불어에 비하면 국어의 호칭은 지나치게 세분화되어 있다. 이 가운데 어떤 호칭을 어떤 경우에 사용하느냐를 결정하는 것은 상대방을 대우하는 것과 밀접한 관계가 있다. 여기서는 호칭을 대명사 호칭과, 이름과 직함, 그리고 가족관계 호칭으로 나누어서 살펴보기로 한다.

5.1.1. 대명사 호칭

대명사로 된 호칭어의 대우 등급을 이익섭(1994)에서는 다음 (1)과 같이 정리하였다.

(1) 대명사 호칭어

청자 신분	대우 등급	대명사
상위	가장 높임	어르신(귀하, 각하, 귀댁)
동위	많이 높임	댁
하위	보통 높임 조금 높임 (조금 낮춤) 보통 낮춤	당신 자네 (자기) 너

이렇게 다양한 대명사가 있지만, 대명사가 포용하는 범위가 좁아서 적절한 대명사를 선택하기는 아주 어렵다. 선생님, 직장의 사장님, 삼촌 등을 대명사로 어떻게 칭할 수 있을까? 실제로 적용해 보면 오히려 대명사로 호칭할 수 없는 영역이 아주 많다. 다음 대화 (2)를 살펴보자.

(2) A: 당신, 운전 좀 똑바로 해.
　　B: 뭐, 당신? 누구한테 당신이라는 거야?
　　A: 당신보고 당신이라는데 뭐 잘못되었어? 그럼 너라고 할까?

(2)의 대화는 언쟁의 상황인데, B는 A가 사용한 호칭 '당신'에 대해 문제를 삼는다. '당신'은 (1)의 체계에 의하면 '너'는 물론 '자네'보다도 높은 등급에 해당하는데, B는 문제를 삼고, A는 그럼 '너'라는 호칭을 사용한 것도 아닌데 무슨 문제냐는 반론을 제기하고 있다. 여기서 '당신'이 문제가 되는 것은 '너'나 '자네'보다 높다고 하지만, 역시 아랫사람에게 쓰는 등급이기 때문이다. 사전에서는 "'하오'할 자리에서 상대되는 사람을 일컫는 말'이라고 정의하고 있지만, '당신'은 쓰임의 경계가 불분명해서 "당

신, 직업이 뭡니까?”, “당신, 직업이 뭐요?”, “당신, 직업이 뭐야?”가 쓰이
는 것이 모두 가능하다. 따라서 적절하게 ‘당신’을 호칭으로 사용하는 것
은 매우 어려운 일이다. 그러나 (2)에서와 같은 현상이 나타나는 것은 ‘당
신’ 속에 높임의 뜻이 들어 있지 않다고 느끼는 증거이므로 상대편을 직
접 가리킬 때 ‘당신’은 특별히 조심해서 써야 할 것이다.

‘어르신’이나 ‘댁’은 아주 예스러운 느낌을 주며, 쓰임은 매우 한정적이
다. ‘귀하’, ‘각하’, ‘귀댁’ 등도 특정한 사람이나, 특정한 상황이 아니면 잘
사용되지 않는 호칭어이다.

‘자네’도 흔히 쓰이는 호칭은 아니다. ‘자네’가 사용되기 위해서는 청자
도 어느 정도 성년이 되어야 하고 화자도 청자보다 어른이어야 한다. 또
한 여성들끼리는 ‘자네’라는 호칭을 덜 사용하고, 여성에게는 ‘자네’라는
호칭을 잘 사용하지 않는다.

‘자기’는 원래 지칭어로만 쓰이는 말이다. 그런데 근래에 와서 쓰임이
확대되어, 젊은 남녀 사이에서는 ‘자기야’와 같이 호칭으로 쓰이고 있다.
그러나 이것을 올바른 어법으로 받아들이기는 어렵다.

가장 자유롭게 쓰일 수 있는 대명사 호칭어는 ‘너’ 뿐이다. 가까운 친구
나 특별히 높여야 할 이유가 없는 사람들에게는 모두 자유롭게 쓸 수 있다.

5.1.2. 이름과 직함

이름과 직함을 이용한 호칭은 더욱 복잡한 양상을 띤다. 이름만 사용할
수도 있고, 이름에 직함을 붙여 사용할 수도 있고, 이름이나 직함 뒤에
‘님’이나 ‘씨’, ‘군’, ‘양’ 등을 붙여서 사용할 수도 있기 때문이다.

이름을 사용하는 경우도 이름만 부르느냐, 이름과 성을 함께 부르느냐,
그렇지 않으면 이름 뒤에 호격조사를 붙이느냐에 따라 매우 다른 어감을
전달하게 된다. 다음 (3)을 살펴보자.

(3) a. 지훈아!
   b. 지훈!
   c. 훈아!
   d. 이지훈!

가장 가깝게 느껴지는 것은 이름 뒤에 호격조사 '-아(야)'를 첨가하여 부르는 '지훈아'의 경우이다. (3)b와 같이 이름만 부르는 경우는 윗사람이 아랫사람을 더 정감이 있게 부르는 말이 되고, (3)c와 같이 이름 중에 한 자만 따로 떼어 부르는 경우에는 특히 친밀한 사이에서 부를 수 있는 말이다. (3)d와 같이 성과 이름을 같이 부르는 것은 더 형식적인 경우이거나 거리감이 있는 경우가 된다. (4)의 예에서 A처럼 듣는 사람도 이름만 부르는 것을 들을 때와 성과 이름을 함께 부르는 것을 다르게 느끼는 것은 성과 이름을 함께 부르는 것이 더 거리감이 있는 표현이 되기 때문이다.

(4) A: 난 니네 엄마 있으면 이상하게 좋더라.
   B: 뭐가 좋아?
   A: 니네 엄마 목소리도 좋고 매너도 좋고 이쁘고……. 니네 엄
      마가 '정민아' 다정하게 부르는 거 들으면 너무 부러워. 우
      리 엄만 항상 '이옥림'이거든.
   B: 별걸 다 부러워한다.

(TV 드라마 「반올림」 중에서)

직함을 사용하는 경우는 '부장'과 같이 직함만을 부르는 것은 변별력이 없어서 잘 사용되지 않고, '영미 부장'과 같이 이름과 직함을 부르는 것은 잘 사용되지 않는다. 가장 많이 사용될 수 있는 것은 '김 부장'과 같이 성과 직함을 부르는 경우인데, 이 경우는 부르는 사람이 상대보다 높은 지위에 있어야 한다.

이름이나 직함 뒤에는 모두 '님'이나 '씨'와 같이 상대를 높이는 호칭

접미사가 붙는다. '님'의 경우, 대부분의 직함에 붙을 수 있어서 (5)와 같이 나타난다.

> (5) 선생 - 선생님, 교수 - 교수님, 학생 - ?학생님
> 선배 - 선배님, 후배 - ?후배님, 주부 - ?주부님
> 감독 - 감독님, 코치 - 코치님, 선수 - ?선수님
> 국회의원 - 국회의원님
> 대통령 - 대통령님

(5)에서 보는 것과 같이 높은 직함에는 '님'이 붙는 것이 자연스럽지만, '학생'이나 '후배', '주부', '선수'에는 특별히 어떤 목적이 있는 경우가 아니라면 '님'을 붙이는 것이 자연스럽지 않다. 그러나 높은 직함이라 하더라도 '대통령'에는 '각하'라는 별도의 용어가 있기 때문에 '님'이 사용되지 않는 것이 과거의 어법이었다. 그러나 시대가 변하면서 '대통령님'이라는 호칭이 사용되기도 하였다. '님'의 쓰임이 확대되고 있음을 보여 주는 예이다.

또한 요즘은 이름이나 성 뒤에 '님'을 붙이기도 한다. 전통적으로 '님'은 고유 명사와는 결합되지 않는 것인데, 이것이 '김영미 귀하'를 '김영미님'과 같이 글에서만 쓰이던 과정을 거쳐, 근래에 와서는 금융 기관이나 상업적인 장소에서 '씨'를 붙이는 것보다 상대를 더 높이는 용법으로 사용되고 있다. 일부 기업에서는 직급 대신에 이름 뒤에 '님'을 붙이는 방법을 시도하였고, 그 결과 '부장님'이나 '이사님'보다 훨씬 더 친근한 느낌을 준다고 평가하는 것으로 미루어 '님'의 사용은 더욱 확대될 것으로 보인다.

이름 뒤에 직함을 쓰고 그 뒤에 다시 '님'을 붙여서 쓰는 것은 흔히 볼 수 있다. 이 경우 '김 교수님'과 같이 성 뒤에 붙이기도 하고, '김영미 교수님'과 같이 성과 이름 뒤에 붙이기도 하는데, '영미 교수님'과 같이 이름 뒤에 붙이는 경우는 자연스럽지가 않다.

　제자가 은사인 교수에게 교수님이라고 부르는 것에 대해서는 많은 견해의 차이가 있다. 고등학교에서 가르치신 선생님은 '선생님'이라고 불렀기 때문에 대학에서 가르치는 선생님은 구별해서 '교수님'이라고 불러야 한다는 견해와, 고등학교에서 가르치신 선생님의 직함은 교사이고 대학에서 가르치는 선생님의 직함은 교수인데, 고등학교에서 '교사님'이라고 부르지 않은 것처럼 대학에서도 '교수님'이라고 부르지 않고 모두 '선생님'이라고 불러야 한다는 견해이다. 실제로 어떤 교수들은 '선생님'이라는 호칭에 대해 불쾌하게 생각하고, 또 어떤 교수들은 '교수님'이라는 호칭에 대해 불쾌하게 생각한다. 가지고 있는 전제가 다르기 때문이다. 그러나 어떤 경우라도 직접 자기를 가르치신 은사께는 '교수님'이라는 호칭보다는 '선생님'이라는 호칭을 사용한다. 그러므로 상대방의 생각을 미리 알 수 있는 경우가 아니라면, 객관적이고 사무적인 관계에서는 '교수님'이라는 호칭도 무방하지만, 직접 가르침을 받는 가까운 은사께는 '선생님'이라는 호칭을 사용하는 것이 바람직하다.

　'씨'는 고유명사와 결합한다. 그래서 '김영미 씨'처럼 성명 뒤에 붙기도 하고, '김씨'처럼 성 뒤에 붙기도 하고, '영미 씨'처럼 이름 뒤에 붙기도 한다. '씨'가 성 뒤에 붙은 경우는 보통 신분이 높지 않은 사람을 호칭하는데 많이 사용된다. 이 경우는 대우의 기능을 아주 소극적으로 수행하고 있다. 성 뒤에 '씨'가 붙은 경우는 여성의 경우에는 사용하지 않는 점도 특이하다.

　'씨'의 경우는 "영미 씨, 이것 좀 해 줘."와 같이 반말체에도 쓰일 수 있지만, '님'의 경우는 반말체와는 어울리지 않는다. 일반적으로 '님'이 '씨'보다 더 적극적으로 상대방을 높이는 기능을 하고 있다.

　'군'이나 '양'도 호칭 접미사로 쓰인다. 이것은 모두 고유 명사 뒤에 붙어서 '김영미 양', 또는 '영미 양', '김양'과 같이 쓰인다. '군'은 연하의 남성에게, '양'은 연하의 여성을 높이는 쓰임을 가지고 있었으나, 점차 쓰임이 줄어들고 있다.

여러 가지 호칭어 가운데 상대방에게 가장 적절한 호칭을 찾아서 부른다는 것은 쉽지 않은 일이다. 적절한 호칭이라고 생각하여 부르더라도 상대방이 불러주기를 원하는 호칭이 따로 있다면 그 호칭을 사용하여 불러주는 것이 좋다.

> (6) A: 딱 한 번뿐인 학창 시절인데 우울하게 보내긴 아깝잖아?
> B: 옳으신 말씀이십니다, 선배님!
> A: 편하게 누나라고 불러.
> B: 네, 누나!
> A: 누나 먼저 간다. 안녕.
>
> (TV 드라마 「반올림」 중에서)

(6)에서처럼 적절한 호칭어로 '선배님'이라고 부를 수 있으나 상대방이 호칭어를 따로 정해주는 경우에는 그대로 불러주는 것이 상대방에 대한 배려가 될 수 있다. 또한, '누나'는 가족관계에서 사용하는 호칭어이기 때문에 '선배님'을 사용하는 것보다 더 친밀한 관계를 유지하는 데에도 도움이 된다.

5.1.3. 가족관계 호칭

호칭을 사용하면서 가장 어려움을 느끼는 부분은 가족관계 호칭어이다. 특히 결혼을 하고 새로운 가족 구성원들과 접하게 되면서 적절한 호칭을 사용하지 못 해서 겪는 어려움은 대단히 크다. 가족관계 호칭은 직접 상대방을 부르는 호칭어와 상대방을 가리키는 지칭어가 다르기 때문에 더욱 복잡하다. 지칭의 경우도 A와 B가 대화를 하면서, A도 B도 아닌 제삼자 C를 가리켜 말하는 경우의 간접 지칭과, A가 B를, 또는 B가 A를 가리켜 말하는 경우의 직접 지칭이 다르다. 예를 들어 부부 사이에 '남편'의 경우를 생각해 보면, 호칭어로는 '여보'가 보편적으로 쓰이고, 간접 지칭어로는 가족 이외의 사람들에게는 '남편'이나 '바깥사람'이 쓰이고, 직접 지칭어로는 '당신'이 쓰이고 있어서 (7)과 같은 양상으로 나타난다.

(7) a. 여보, 이것 좀 보세요.   (호칭어)
    b. 우리 남편은 요즘 무척 바빠요.   (간접 지칭어)
    c. 저는 이것이 좋은데, 당신은 어떠세요?   (직접 지칭어)

사회생활을 하면서는 이름이나 직함을 사용하여 호칭할 수 있지만, 전통적으로 이름을 귀하게 여기고 함부로 부르지 않던 영향으로 가족이나 친척들끼리는 될 수 있으면 이름을 부르지 않고 별도의 호칭을 사용하는 것이 우리의 언어 예절이다. (7)과 같이 가까운 가족 관계에서는 각각 별도의 어휘가 사용되는 경우도 있지만, 일반적으로 호칭어와 직접 지칭어는 보통 같은 어휘가 사용되고, 간접 지칭어는 별도의 어휘를 사용한다. 간접 지칭의 경우는 당사자가 자리에 없는 경우니까 적당히 둘러댈 수도 있지만, 상대방을 직접 불러야 하거나 직접 지칭해야 하는 경우는 정확한 호칭을 사용하지 않을 수가 없다.

① 결혼한 여성이 써야 하는 호칭

가장 문제가 되는 상황은 결혼을 한 경우, 그 가운데서도 여성에게 발생한다. 일단 며느리가 되고 나면 아주 특별한 위치에 있게 된다. 남편의 손아래 동기에게 '도련님', '아가씨'라고 부르고 손위의 동기에게 '아주버님'이라고 부르는 것은 며느리 전용 호칭이다. 뿐만 아니라 전통적으로는 '아버님, 어머님'도 사실은 며느리 전용이다. 이와 같이 유난히 며느리에게는 높임말 호칭이 강요되고 있는 것이 우리말의 현실이다. 게다가 이런 호칭을 제대로 사용하지 않으면, 가정교육을 제대로 받지 못한 사람으로 전락하기 때문에 바른 호칭을 사용해야 하는 부담은 더욱 커진다. 이러한 현실을 바탕으로 며느리가 알아야 할 호칭들을 생각해 보자.

먼저 남편을 호칭하는 것부터 문제이다. 위의 (7)을 통하여 남편의 호칭어와 지칭어를 살펴보았는데, 간접 지칭어의 경우, 상대가 누구이냐에 따라 (8)과 같이 훨씬 복잡하게 나타난다.

> (8) a. 아범/아비/그이-는 요즘 무척 바빠요.　　(시부모에게)
> 　　 b. 김서방/그 사람-은 요즘 무척 바빠요.　　(친정 부모에게)
> 　　 c. 형/형님/동생/오빠-는 요즘 무척 바빠요.　　(남편 동기에게)
> 　　 d. 그이/민기 아버지/민기 아빠-는 요즘 무척 바빠요.
> 　　　　　　　　　　　　　　　　　　(남편 동기의 배우자에게)
> 　　 e. 매부/매형/형부/김서방/그이/민기 아버지-는 요즘 무척 바빠요.
> 　　　　　　　　　　　　　　　　　　(친정 동기에게)

남편의 남자 형제를 호칭할 때는 나이를 기준으로 호칭이 달라지고, 호칭어와 지칭어도 다른 어휘가 사용된다.

> (9) a. 아주버님, 전화 받으세요.
> 　　 b. 서방님, 전화 받으세요.
> 　　 c. 도련님, 전화 받으세요.

(9)에서 보는 것처럼 남자 형제는 남편의 손위이면 '아주버님'이, 손아래이고 결혼을 했으면 '서방님'이, 손아래이고 결혼을 하지 않았으면 '도련님'이 사용된다. 여러 명이 있을 경우에는 '큰 도련님', '둘째 도련님'과 같이 표현한다. 직접 지칭어는 호칭어와 같이 사용하면 된다.

> (10) a. 이분이 제 시아주버니이십니다.
> 　　　 b. 이분이 제 시동생이십니다.

남편의 남자 형제를 간접 지칭할 때는 (9)와 같이 손위이면 '시아주버니'를, 손아래이면 결혼과 관계없이 '시동생'을 사용한다. 요즘은 아이들을 기준으로 간접화해서 '아주버님'을 '큰아빠'로, '시동생'을 '삼촌'이나 '작은아빠'로 부르는 경우가 있는데, 이것은 우리말의 예절에서 어긋나는 일이다.

남편의 여형제를 호칭할 때는, (10)과 같이, 호칭어와 직접 지칭어로는 손위 시누이의 경우 '형님'을, 손아래 시누이의 경우 '아가씨', 또는 '아기씨'를 사용한다. 간접 지칭어로는 시댁 식구들에게는 호칭어와 같이 사용하고, 다른 사람들에게는 손위, 손아래를 가리지 않고 '시누이'를 사용한다.

(11) a. 형님, 어떤 것이 좋을까요?　　　 (호칭어)
　　 b. 아가씨, 어떤 것이 좋을까요?　　 (호칭어)
　　 c. 어머님, 형님은 어떤 것을 좋아하실까요?
　　　　　　　　　　　　　　　　 (간접 지칭어 - 가족간)
　　 d. 어머님, 셋째 작은 아가씨는 어떤 것을 좋아하실까요?
　　　　　　　　　　　　　　　　 (간접 지칭어 - 가족간)
　　 e. 그 분이 저희 시누이이세요.　　 (간접 지칭어 - 타인)

남편 형제의 배우자, 즉 며느리들끼리의 호칭은 상대적으로 매우 단순해서 (12)에서 보는 것처럼 호칭어와 지칭어의 구별이 없다. 남편 형의 아내에게는 '형님'을 사용하고, 남편 동생의 아내에게는 '동서'를 사용한다. 이 때 손위, 손아래는 남편에 따라 결정된다. 작은며느리의 나이가 큰며느리보다 많더라도 '형님'이라고 불러야 한다. 이러한 언어 현실들은 우리나라에서 며느리들이 얼마나 특별한 위치에 있는지를 잘 반영해 주고 있다.

(12) a. 형님, 어머님께서 오라세요.　　　 (호칭어)
　　 b. 동서, 어머님께서 오라시네.　　　 (호칭어)
　　 c. 형님은 이제 그만 좀 쉬세요.　　 (직접지칭어)
　　 d. 어머님, 동서는 아직 안 왔어요?　 (간접지칭어)

시누이 남편에 관한 호칭은 가장 많은 논란이 있다. 전통적으로는 시누이 남편과는 엄격한 내외법이 있어서 직접 부를 일도 없고, 부르는 일도 없었다. 그러나 사회가 변화하면서 한 자리에 모일 일이 잦아지다 보니, 서로의 호칭이 필요하게 되었다. 시누이 남편에 관한 호칭은, (13)에서 보는 것처럼, 남편 누나의 남편의 경우는 '아주버님'이나 '서방님'을, 남편 누이동생의 남편의 경우는 '서방님'을 사용한다. 시누이 남편을 자녀에게 가리킬 때는 자녀의 위치에 서서 '고모부(님)'을, 그 외는 '서초동 아주버님' 또는 '마산 서방님'처럼 지역 이름과 함께 사용한다.

(13) a. 아주버님, 아버님께서 찾으시는데요.
　　 b. 서방님, 아버님께서 찾으시는데요.
　　 c. 민기야, 고모부 어디 계시니?
　　 d. 어머님, 서초동 아주버님 건강은 좀 회복이 되셨어요?
　　 e. 어머님, 마산 서방님 승진하셨다지요?

② 결혼한 남성이 써야 하는 호칭

　여성이 결혼을 하고 겪는 어려움만큼은 아니라 하더라도, 남성 역시 결혼을 하고 나면 호칭을 사용하는데 어려움을 겪게 된다. 가장 먼저 결혼한 배우자를 부르는 호칭을 생각해 보자.

(14) a. 여보, 이것 좀 보아요.　　　　　　　　　　(호칭어)
　　 b. 여보, 이것 당신이 올려놓았나요?　　　　(직접 지칭어)
　　 c. 제 아내/안사람/집사람/처 되는 사람입니다.　(간접 지칭어)
　　 d. 아버님/어머님, 이 옷은 어미가 골랐는데, 마음에 드세요?
　　　　　　　　　　　　　　　　　　(간접 지칭어 - 부모에게)
　　 e. 장인어른/장모님, 이 옷은 집사람이 골랐는데, 마음에 드세
　　　　요?　　　　　　　　　　(간접 지칭어 - 장인·장모에게)

배우자를 부르는 호칭어로 가장 일반적인 것은 '여보'이다. 직접 지칭어로는 '당신'을 사용하고, 간접 지칭어로는 '아내', 또는 '안사람', '집사람', '처' 등을 사용한다. '아내'는 특별히 높이거나 낮추는 뜻이 없고, 일반적으로 지칭할 때 두루 쓸 수 있는 말이다. 이에 비해 더 예절을 갖추어 말해야 할 경우는 '안사람'이나 '집사람'을 사용한다. 부모님 앞에서는 '어미', 또는 '어멈'을 사용하고, 장인, 장모 앞에서는 이와 함께 '집사람'이나 '안사람', 또는 '처' 등과 같이 일반 지칭어를 사용한다는 것은 장인, 장모 앞에서는 아내를 낮추어 말할 필요가 없다는 것을 보여 준다.

전통적으로 아내의 부모를 가리키는 말은 '장인', '장모'이다. 친부모에게 사용하는 호칭을 처부모에게도 적용할 것인가의 문제가 표준안을 만드는데 있어서 많은 논란거리가 되었던 것을 보면, 처부모와 친부모를 구별하지 말고 동등하게 대접하자는 생각들이 확대되고 있음을 알 수 있다. 그래서 호칭어로는 '장인어른', '장모님'과 함께 '아버님', '어머님'을 사용하는 것도 표준안으로 삼고 있다.

    (15) a. 장인어른/아버님, 절 받으십시오.　　(호칭어)
        b. 장모님/어머님, 이게 장모님/어머님-이 손수 만드신 떡입니까?　　　　　　　　　　　　　　　(직접 지칭어)
        c. 저 어른이 저희 장인(어른)이십니다. (간접 지칭어)
        d. 저 어른이 저희 장모(님)이십니다.　　(간접 지칭어)

(15)에서 보는 것처럼 호칭어와 직접 지칭어는 같지만, 간접 지칭어로는 '아버님', '어머님'은 사용하지 않고 '장인어른'과 '장모님'을 사용한다. 자기 부모와 동기, 친척들 앞에서 말할 때는 '어른'이나 '님'을 붙이지 않는 것이 보통이고, 아내의 동기와 배우자들 앞에서는 반드시 붙여서 '장인어른', '장모님'을 사용한다. 자기 가족들 앞에서는 처가를 낮추어 말하고, 처가에서는 처가 식구들을 높여 말한다는 것이 전통적인 가족 관계를

반영한 것이지만, 이원적 태도를 반영하는 것이어서 사회의 변화, 가치의 변화와 함께 언젠가는 다시 바뀌게 될 호칭으로 보인다.

아내의 동기와 배우자에 대한 호칭은 호칭어와 지칭어가 모두 같아서 상대적으로 매우 간단하다. 아내의 남자형제에게는 손위이면 '형님', 그 배우자에게는 '아주머니'를 사용하고, 손아래이면 '처남', 그 배우자에게는 '처남의 댁'을 사용하는데, 이때 손위, 손아래의 기준은 자기가 된다는 것이 여성의 경우와 다르다. 아내의 여자 형제에게는 아내의 언니이면 '처형', 그 배우자는 자기를 기준으로 나이가 많으면 '형님'을 사용하고, 나이가 적으면 '동서'를 사용한다. 아내의 동생이면 '처제'를 사용하고 그 배우자는 '동서' 또는 '김서방'과 같이 성과 '서방'을 결합하여 사용한다.

> (16) a. 형님, 아주머니께서 난을 잘 기르셨네요.
>   b. 처남, 요즘 처남의 댁 안색이 좋지 않아 보이네요.
>   c. 처형, 형님도 함께 오시지 그러셨어요?
>   d. 처제, 동서는 요즘 어떻게 지내나요?

위에서 살핀 바와 같이 가족관계 호칭에는 결혼이 가장 중요한 변수로 작용한다. 이것은 결혼 당사자뿐만 아니라 다른 가족의 관점에서도 마찬가지이다. 자식이 결혼을 하기 전에는 이름을 부르지만, 결혼을 하고 나면 '아비'라고 부르게 된다. 동생이 결혼하기 전에는 동생의 이름을 부르지만, 결혼을 하고 나면 '동생'이라고 부르게 된다. '삼촌'도 결혼을 하면 '작은아버지'가 되고, '오빠'도 결혼을 하면 '오라버니'가 된다.

지금까지 우리는 우리말의 호칭을 크게 대명사 호칭과 이름과 직함, 그리고 가족관계 호칭으로 나누어 살펴보았다. 우리말 호칭이 갖는 가장 큰 특징은 매우 세분화되어 있고, 매우 복잡하다는 것이다. 지금까지 이야기한 호칭 이외에도 가족관계에서는 실제적으로는 더 많은 호칭들이 사용되고 있다.

5.2. 높임법

우리말의 가장 큰 특징으로 손꼽을 수 있는 것은 높임법이 발달하여 있다는 것이다. 높임법이란 화자가 어떤 대상에 대하여 높임의 의향을 가지고 언어 내용을 표현하는 것을 말한다. 높임법의 체계는 주로 말의 끝에 붙는 어미에 나타나는데, 청자가 누구인가와 관련하여 높이는 것은 물론이고, 주체가 누구인가, 객체가 누구인가에 따라서도 높임법이 따로 마련되어 있다. 또한 특별한 어휘들에 의해 말을 높이는 방법도 있다. 먼저 어미에 따른 문법적 높임법을 살펴본 후 어휘적 높임법을 살펴보자.

5.2.1. 문법적 높임법

① 청자 높임법

화자와 청자 사이의 관계에 따라 청자 높임법의 등급이 달리 선택된다. 이것을 결정하는 요인은 수직 관계로는 나이, 신분, 친족 관계 등이며, 수평 관계로는 친밀도, 성별 등이 있는데, 이것은 '높임'과 '격식'이라는 두 가지로 요약될 수 있다. 이에 따라 다음 (17)과 같이 나타난다(권재일 1992: 제5장).

(17) 청자 높임법의 등급

등급	서술법	의문법	명령법	청유법
1. +높임, +격식	-습니다	-습니까	-으십시오	-읍시다
2. +높임, -격식	-어/지요	-어/지요	-어/지요	-어/지요
3. -높임, -격식	-어/지	-어/지	-어/지	-어/지
4. -높임, +격식	-다	-으냐, -니	-으라/어라	-자

이러한 청자 높임법은 사회 집단에 따라 엄격하게 지켜지기도 하지만, 대부분 동일 인물이라 하더라도 조금씩 넘나들면서 사용된다. 엄격한 계급이 지켜지는 군대 사회나, 친족 관계에서는 철저히 지켜지는 경향이 있다. 군대에 갔다가 휴가를 나온 사람들 가운데 많은 사람들이 평소에는 전혀 '-습니다'를 사용하지 않다가 갑자기 깍듯하게 1등급의 '-습니다'를 사용하여 주위 사람들을 놀라게 하는 것은 엄격한 계급 사회의 언어적 영향 때문이다. 또한 손아랫동서가 손윗동서에게 높임이 없는 3등급이나 4등급의 언어를 사용할 수는 없다. 이런 경우도 등급이 엄격하게 지켜지는 예가 된다.

그러나 남편이 아내에게 사용하는 것은 "당신, 지금 뭐 해요?", 또는 "당신, 지금 뭐 해?"와 같은 표현들인데, 이것은 모두 격식체가 아니라는 공통점이 있다. 다시 말해서 가까운 관계이기 때문에 격식체는 사용되지 않지만, 경우에 따라 높임을 나타내서 2등급을 사용할 수도 있고, 높이지 않는 3등급을 사용할 수도 있다는 것이다.

직장 안에서는 (18)과 같이 다양한 체계가 나타난다.

> (18) a. 김민수 씨, 거래처에 전화했어요?
>   b. 김민수 씨, 거래처에 전화했습니까?
>   c. 김민수 씨, 거래처에 전화했어?

비슷한 나이의 동료끼리 말할 때는 (18)a처럼 비격식 높임의 2등급을 사용하는 것이 보통이다. 그러나 동료간이라도 상대방의 나이가 위이거나 또는 분위기의 공식성 정도에 따라서 (18)b와 같이 격식 높임의 1등급을 사용하기도 한다. 아랫사람에게 말할 때라도 (18)a와 같이 높여 말하는 것이 바람직한 표현이다. 그러나 아랫사람이 어리고, 친밀한 경우에는 (18)c와 같이 비격식 비높임의 3등급을 사용할 수도 있다.

다른 회사 사람과 대화를 할 때는 화자와 청자의 직급에 관계없이 격식 높임의 1등급을 사용하여 "그러셨습니까?"와 같이 정중하게 대화를 한다. 관공서 등의 직원이 손님을 맞을 때도 직급에 관계없이 격식 높임의 1등급을 사용하여 "손님, 어떤 서류가 필요하십니까?"와 같이 정중하게 말하는 것이 바람직하고, 손님도 이와 같은 등급으로 "도와 주셔서 대단히 감사합니다."와 같이 말하는 것이 바람직하다.

② 주체 높임법

주체 높임법은 화자보다 말의 주체가 되는 사람이 높은 경우, 예 (19)에서 보는 것과 같이 서술어에 '-(으)시-'를 넣어 높임을 표시하는 것이다.

> (19) a. 그 사람, 노래도 잘 하더라.
>   b. 그 분은 노래도 잘 하시더라.

(19)a에서와는 달리 (19)b에서는 '하시더라'를 사용하여 '그 분'을 높이고 있다. 이와 같이 높이는 경우에 용언이 여러 개 함께 나타난 경우 일률적으로 규칙을 세우기는 어렵지만 대체로 문장의 마지막 용언에 '-(으)시-'를 붙여서 사용한다. 그러나 경우에 따라서는 그 밖의 용언에도 '-(으)시-'를 넣을 수 있다. 용언마다 '-(으)시-'를 넣는 것이 더 높이는 말이라고 생각하여 그렇게 말하는 사람들이 있으나, 그것은 옳지 않다. 지나친 높임은 도리어 예의가 아니고, 모든 용언에 '-(으)시-'를 넣는 것이 항상 자연스럽지도 않기 때문이다.

> (20) a. 과장님이 일을 마치고 가셨어.
>   b. 과장님이 일을 마치시고 가셨어.
>   c. 과장님이 일을 마치시고 갔어.
>   d. 과장님이 일을 마치고 갔어.

과장님을 높이는 뜻은 (20)a와 같이 말하는 것으로도 충분하다. 그러나 (20)b와 같이 말하는 것도 어법에 어긋나지는 않는다. 그러나 (20)c나 (20)d 는 높임의 의향이 드러나지 않는다.

> (21) a. 그 분은 지금 책을 읽고 계십니다.
>   b. 그 분은 지금 책을 읽으시고 계십니다.
>   c. 그 분은 지금 책을 읽으시고 있습니다.

(21)에서 보는 것처럼 (21)a와 같이 말하는 것이 가장 적절하다. 이에 비해 (21)b는 높임법이 지나치게 사용되었고, (21)c는 뒷부분 용언에 높임의 뜻이 나타나지 않아 역시 부적절한 말이 된다.

어떨 때 주체를 높여야 하는가를 결정하는 것도 쉽지 않은 일이다. 남편에 관해 이야기하는 경우를 생각해 보자.

> (22) a. 아범은 아직 안 들어왔어요.
>   b. 동생은 아직 안 들어왔어요.
>   c. 형님은 아직 안 들어오셨어요.
>   d. 그이는 아직 안 들어오셨습니다.
>   e. 그이는 아직 안 들어왔습니다.

가족들끼리 이야기 할 때, 특히 남편을 시댁 어른들 앞에서 이야기 할 때 '-(으)시-'를 사용하는 것은 예법에 어긋나므로 (22)a와 같이 표현해야 한다. 남편의 형이나 손위 사람들에게 말할 때도 마찬가지여서 (22)b와 같이 표현해야 한다. 그러나 시동생이나 손아래 사람들에게는 높이는 것이 원칙이어서 (22)c와 같이 표현하는 것이 옳지만, 낮추어 말할 수도 있다. 남편을 남편의 친구나 회사 상사와 같이 가족 이외의 사람에게 말할 때는 상대방의 신분이 확인되기 전에는 (22)d와 같이 '-(으)시-'를 넣어 표현하고, 남편의 친구나 상사라는 것이 확인되면 (22)e와 같이 '-(으)시-'를 넣지 않는 것이 무난하다.

가족들끼리의 이야기에서 또 한 가지 고려해야 할 것은 전통적인 언어 관습과 관련된 문제이다. 보통의 경우라면 마땅히 높임을 표시해야 할 경우이지만, 특수한 상황에서는 높임을 유보하거나, 오히려 낮추는 것인데, 이것을 '압존법'이라고 한다. 예를 들자면 '아들'의 관점에서 볼 때 '아버지'는 마땅히 높여야 하는 대상이지만, '할아버지' 앞에서는 (22)와 같이 아버지를 높이지 않고 낮추는 것이다.

> (23) a. 할아버지, 아버지/아비-는 아직 안 들어왔습니다.
> b. 할머니, 어머니/어미-는 시장에 가고 없습니다.
> c. 선생님, 저희 아버지께서 이렇게 말씀하셨습니다.

그러나 오늘날은 이러한 전통도 변하여 아버지보다 윗분께도 아버지를 높이는 것이 일반화되어 가고 있다. 이러한 현실을 인정하여 (23)a를 "할아버지, 아버지는 아직 안 들어오셨습니다."와 같이 높여 말하는 것도 받아들여지고 있다. 부모를 다른 사람에게 말할 때 낮추어 말하는 것은 예법에 어긋난다. 따라서 학교 선생님께 부모에 관해 말할 때는 (23)c와 같이 말하는 것이 바른 말이다.

직장에서 동료, 아랫사람, 윗사람에 관하여 말할 때 '-(으)시-'를 넣을 것인지, 넣지 않을 것인지는 청자가 누구인가에 따라 결정된다.

> (24) a. 김민기 씨, 박 과장 어디 갔어요?
> b. 김민기 씨, 박 과장 어디 가셨어요?
> c. 사장님, 박 부장님 어디 가셨습니까?
> d. 김민기 씨, 박동수 씨 어디 갔어요?
> e. 김민기 씨, 박 과장 어디 가셨어요?

동료에 관해 말할 때는 누구에게 말하든지 '-(으)시-'를 넣을 필요가 없어서 과장이 아랫사람에게 같은 동료에 관해 말할 때는 (24)a와 같이 말하면 된다. 그러나 자기보다 나이가 많은 동료를 다른 동료나 아랫사람에게 말할 때는 (24)b와 같이 말한다. 과장이 부장에 관해 말하는 것과 같이 자기보다 윗사람에 관해서 말할 때는 (24)c와 같이 청자가 누구이든지 '-(으)시-'를 넣어서 말하는 것이 원칙이다. 아랫사람에 관해 말할 때는 누구에게 말하는가에 관계없이 (24)d와 같이 '-(으)시-'를 넣지 않고 말하는 것이 원칙이다. 그러나 부장이 평사원에게 과장에 관해 말하는 경우처럼 아랫사람을 그보다 더욱 아랫사람에게 말할 때는 (24)e와 같이 '-(으)시-'를 사용할 수 있다.

5.2.2. 어휘적 높임법

어휘적 높임이란 어휘 체계 자체가 높임을 포함하고 있는 것을 말한다. 통사적으로 표현되는 높임은 청자 높임과 주체 높임밖에 없었지만, 어휘적 높임은 더욱 다양하게 나타난다. 청자를 어휘적으로 높이는 것은 호칭어의 체계를 통하여 나타난다. 따라서 여기서는 재론하지 않고, 주체 높임과 객체 높임에 대해서만 살펴보기로 한다.

① 주체 높임법

주체 높임의 대상이 되는 주체를 표시할 때는 조사 '-가' 대신에 '-께서'를 사용한다. 그러나 더욱 다양한 것은 '밥' 대신에 '진지'를 사용하고, '먹다' 대신에 '잡수시다'를 사용하는 것으로 그 예는 (25)와 같은 것들이 있다.

    (25) 밥 - 진지, 말 - 말씀, 술 - 약주

위의 어휘들이 가지고 있는 공통점은 모두 어른들의 생활과 밀접한 관계가 있는 말들이라는 것이다. 어른이 드시는 밥을 '진지'라고 한다는 것은 익숙하지만, 막상 말을 하면서는 "선생님, 식사하셨습니까?"와 같은 말을 사용하는데, 이는 바른 말이 아니다. 마찬가지로 "선생님, 술 한잔 대접해 드리고 싶은데, 시간 좀 내 주시겠습니까?" 하는 아주 정중한 표현에서도 '술'보다는 '약주'가 더욱 정중한 말이다. '말' 대신 '말씀'을 쓰는 경우는 예 (26)에서 보는 것처럼 조금 더 복잡하다.

> (26) a. 하나님께서는 모든 사람들을 사랑하신다고 말씀하셨습니다.
>   b. 내가 지환이한테 하나님을 사랑한다고 말했는걸.
>   c. 그것은 제가 아버지께 드린 말씀입니다.

(26)a에서 '말씀'이 사용된 것은 주체가 '하나님'이기 때문이다. 이것은 '내'가 주체인 (26)b의 '말'과 대조가 되는 높임말이다. 그러나 (26)c에서는 주체가 '나'의 낮춤말인 '저'인데 '말씀'이 사용되어서, 언뜻 보면 잘못 쓰인 말 같다. 그러나 이 경우는 '말'의 낮춤말로써 '말씀'이 쓰인 경우로, '말하다'의 낮춤말이 '말씀드리다', 또는 '말씀 올리다', '말씀 여쭙다'와 같이 쓰이는 것이다. 그러므로 '말씀'은 '말'의 높임말이면서 동시에 낮춤말이기도 하다는 사실을 이해해야 한다.

용언도 높임말의 짝을 가지고 있는데, 예를 들자면 (27)과 같다.

> (27) a. 먹다 - 잡수시다, 자다 - 주무시다, 죽다 - 돌아가시다
>   b. 아프다 - 편찮으시다, 있다 - 계시다

(27)a는 '먹다'에 대한 '먹으시다', '자다'에 대한 '자시다', '죽다'에 대한 '죽으시다'는 사용되지 않는 말들이다. 그러나 (27)b는 '아프다'에 대한

'아프시다'와 '편찮으시다'가 모두 사용되고, '있다'에 대한 '있으시다'와 '계시다'가 모두 사용되어서 그 쓰임을 구별할 필요가 있는 말들이다.

> (28) a. 할아버님께서는 어디가 불편하신 지, 오늘 하루 종일 방안
>   에만 계셨어요.
>   b. 할아버님께서는 오늘 오후에 약속이 있으셨어요.

(28)에서 보는 것처럼 높임의 대상인 '할아버님'을 직접 높일 때는 '계시다'를 사용하는 것이 옳지만, 높여야 할 대상인 할아버님의 신체 부분이나 소유물, 생각 등을 높일 때는 '있으시다'를 사용하여 높임을 표현하여야 한다.

> (29) a. 선생님께서 편찮으셔서 오후에 휴강을 했어요.
>   b. 선생님은 눈이 많이 아프시대요.

(29)에서 보는 것처럼 '선생님'을 직접 높일 때는 '편찮으시다'를 사용하는 것이 옳지만, 선생님의 신체 부분인 눈을 높이는 경우에는 '아프시다'를 사용하여 높임을 표현하여야 한다.

② 객체 높임법

객체 높임법은 말의 객어가 지시하는 대상, 곧 목적어나 부사어 등이 가리키는 대상에 대하여 화자가 높임의 의향을 나타내는 것을 말한다. 이 때는 높임의 대상인 객체가 부사어인 경우 '-에게'나 '-한테' 대신에 '-께'를 사용하여 (30)과 같이 표현한다.

> (30) a. 이 장미를 너에게 줄게.
>   b. 이 장미를 선생님께 드립니다.

(30)에서 보는 바와 같이 '너' 대신에 '선생님'이 쓰일 경우 '-에게'가 '-께'로 바뀌었다. 그뿐만 아니라 '주다'가 '드리다'로 바뀌는 것도 눈에 뜨인다. 이와 같이 용언을 바꾸어서 높임을 표현하는 것은 (31)과 같은 어휘들이다.

> (31) a. 데리다 - 모시다, 보다 - 뵙다
>   b. 주다 - 드리다/올리다/바치다, 묻다 - 여쭙다, 말하다 - 말씀
>   드리다

(31)a의 말들은 객어가 목적어일 경우에 쓰이는 예들로 (32)와 같이 사용된다.

> (32) a. 강아지를 데리고 학교에 오면 어떡하니?
>   b. 어머니를 모시고 학교에 오라는 말씀이세요?
>   c. 너를 보고 있어도 자꾸만 보고 싶어져.
>   d. 선생님을 뵙고 집에 가는 길에 영욱이를 만났어요.

(31)b의 말들은 객어가 부사어일 경우에 쓰이는 예들로 (33)과 같이 사용된다.

> (33) a. 어린이날인데 너한테 선물도 하나 못 주었구나.
>   b. 어머니날인데도 어머니께 꽃 한 송이 드리지 못했어요.
>   c. 이걸 누구에게 물어 보지?
>   d. 이건 선생님께 여쭈어 보자.
>   e. 은수한테 뭐라고 말할까?
>   f. 선생님께 솔직하게 말씀드리자.

이러한 높임말들에 대해서는 상식적으로 알고 있다고 생각하면서도, 막상 실제로 말을 할 때는 외국인도 아니면서 "저희들이 선생님께 물어 보시려고 왔어요."와 같은 잘못된 말을 사용하는 것을 보게 된다. 높임말

을 바로 쓰는 것은 예절과도 직접 관계가 있고, 상대방과의 인간관계에도 직접적인 영향을 주는 것이기 때문에, 바른 높임말을 사용하여 대화를 나누는 일에 항상 관심을 가져야 한다.

5.3. 정중어법

정중어법(politeness principle)이란 대화 참여자들 사이에서 공손하고 예절 바르게 주고받는 말의 태도를 말한다. 정중어법은 호칭이나 높임법과는 달리 일정한 언어 형식으로 나타나는 것이 아니고, 말을 하는 화자가 청자에 대하여 가지고 있는 태도와 관련되는 것이다. 다음 (34)와 같은 대화를 생각해 보자.

> (34) A: 영훈 씨, 우리 오늘 어디서 저녁 먹을까요?
> B: 오늘은 특별한 날이니까 은서 네가 결정해.

(34)의 대화는 연인들 사이에서 이루어진 대화이다. 대화 B는 대화행위의 관점에서 보면 직접적인 명령을 나타내는데, 대화 상황에서 보면 아주 정중한 말이 된다.

> (35) a. 대단히 죄송하지만, 좀 나가 주셔야겠습니다.
> b. 죄송하지만, 코딱지 좀 후비지 않아 주실 수 있으시겠습니까?
> c. 실례지만, 말씀하실 때 침 좀 튀기지 말아 주신다면 정말 감사하겠습니다.

(35)는 정도의 차이는 있지만, 청자의 관점에서는 다 불쾌한 말들이다. 이와 같이 어떤 말은 매우 직접적인 명령인데도 정중한 말이 되고, 어떤

말은 매우 간접적인 요구인데도 정중하지 않은 불쾌한 말이 되는 것은 무엇 때문일까?

상대방에게 정중한 말을 하는 것에 대해서 여기서는 정중어법의 격률과 체면 세우기의 원리, 간접대화로 나누어 생각해 보자.

5.3.1. 정중어법의 격률

정중어법이란 한마디로 상대방에게 정중하지 않은 표현은 최소화하고, 정중한 표현은 최대화하라는 것이다. 리치는 정중어법을 이루는 격률을 요령의 격률과 관용의 격률, 찬동의 격률, 겸양의 격률, 동의의 격률로 나누어 설명하였다(Leech, 1983).

① 요령의 격률

요령의 격률(tact maxim)이란 청자에게 부담이 되는 표현은 최소화하고, 청자에게 혜택을 베푸는 표현은 최대화하라는 것이다. 요령의 격률의 한 부분은 간접 대화행위를 말하면서 살펴본 부담의 크기와 직접적으로 관련이 있다. 간접 대화행위에서 청자에게 부담이 큰 내용을 말할 때는 최대한 간접적인 표현을 사용하는 것도 청자의 부담을 줄이려는 노력인데, 이것이 정중한 어법을 만드는 것이다.

> (36) A: 윤정 씨, 오늘 시간 좀 내 주실 수 있으세요?
> B: 왜요 ?
> A: 그냥, 아주 잠깐이면 됩니다.

(36)에서 A는 B의 부담을 줄이기 위해 '좀' 또는 '아주 잠깐'과 같은 어휘들을 사용하고 있다. 이와 같이 어휘를 사용하여 청자의 부담을 줄이는 방법은 예 (37)에서와 같이 나타날 수 있다.

(37) a. 돈 빌려주세요.

　　　 b. 혹시 지금 돈의 여유가 좀 있으세요 ?

(37)a의 표현은 청자에게 직접적으로 요구하는 것이라서 청자의 관점에서는 그 상황을 벗어나기 위해서는 상당한 부담을 안게 된다. 돈을 빌려 줄 수 없는 상황이라면 왜 그런지에 관해 변명을 해야 하고, 그 상황을 벗어날 수 있는 방법을 찾기 위해 청자가 직접 노력해야 하는 부담을 갖게 되는 것이다. 그러나 (37)b의 경우는 화자가 청자의 관점을 충분히 배려하고 부담을 줄여 주는 표현을 최대한 사용하고 있다. 화자는 '혹시'라는 표현을 통해 청자에게 돈의 여유가 있을 수도 있고, 없을 수도 있다는 가능성을 열어 두고 있다. 또한 '지금'이라는 표현을 통해 청자에게 돈이 없더라도 그것은 지금이라는 시간에만 한정되는 것이기 때문에 청자의 체면을 손상시키는 것이 아님을 밝히고 있다. 또한 화자가 '돈의 여유'라고 표현하여 아무 돈이나 다 빌려 달라는 뜻이 아니므로 청자가 거절을 할 수 있는 명분을 마련해 두었을 뿐만 아니라, '좀'이라는 표현을 사용하여 청자가 느끼는 부담을 최소화하려는 노력을 하고 있다. 더 나아가 화자가 '있으세요?' 하는 물음으로 표현하여 청자가 선택할 수 있는 기회를 가지게 하였다. 이와 같이 청자를 배려하여 청자의 부담을 줄여 줌과 동시에 청자에게 혜택을 주는 것이 요령의 격률이다.

② 관용의 격률

관용의 격률(generosity maxim)은 요령의 격률을 화자의 관점에서 말한 것으로, 화자 자신에게 혜택을 주는 표현은 최소화하고, 자신에게 부담을 주는 표현은 최대화하라는 것이다. 곧, 언어 상황에서 다른 사람이 지게 될 짐을 자신이 지라는 것이다. 다음 (38)의 예를 살펴보자.

(38) a. 오늘 저녁 꼭 우리 집에서 드셔야 해요.
　　 b. 이 선물 안 가져가시면, 안 돼요.
　　 c. 많이 드셔야 돼요.

(38)은 모두 직접 대화행위로 강한 명령을 나타내고 있다. 그러나 이것이 청자의 기분을 상하게 하지는 않는다. 그 이유는 화자는 청자의 관점에서 그렇게 하는 것이 청자에게 혜택을 주는 것이라는 생각을 가지고 말을 하고 있기 때문이다. 청자에게 더 이로울 것이라고 확신하는 일을 강요함으로써, 청자가 선택해야 하는 부담을 화자가 대신 가지는 것이다. 다음 (39)와 같은 경우를 살펴보자.

(39) a. 좀 크게 말하세요.
　　 b. 제가 부주의해서 못 들었는데, 다시 한 번 말씀해 주시겠
　　　　어요?

(39)a는 청자가 말을 작게 해서 잘 듣지 못 했다는 것을 전제로 하고 있어서, 청자에게 못 들은 책임을 떠맡기는 것으로, 화자 자신에게는 못 들은 것에 대한 책임이 없다는 혜택을 주고, 청자에게는 부담을 주고 있다. 이것은 상대방의 기분을 상하게 할 수 있는 무례한 말이어서 정중어법이 되지 못 한다. 이에 반해 (39)b는 못 들은 책임을 화자 자신의 부주의 탓으로 돌려서 자신의 부담을 최대화하는 대신 청자의 부담을 최소화하고 있다. 이와 같이 화자 자신의 부담을 최대화하고, 자신의 혜택은 최소화하는 것이 정중어법을 이루는 격률이 된다.

③ 찬동의 격률

찬동의 격률(approbation maxim)은 청자를 비난하거나 트집을 잡는 표현은 최소화하고, 청자를 칭찬하고 맞장구치는 표현은 최대화하라는 것이다.

강의를 듣고 나오면서 "강의 잘 들었습니다."라고 말하는 것은 찬동의 격률을 지키는 것이고, 강의가 별로 좋지 않았으면 아무 말도 하지 않고 조용히 나오는 것도 찬동의 격률을 지키는 것이다. 다음의 예 (40)을 살펴보자.

(40) A: 어쩌면 이렇게 음식 솜씨가 좋으세요? 박 선생님은 참 좋으시겠어요. 이렇게 좋은 사모님과 함께 사셔서…….
B: 뭘요, 그저 남하는 대로 하겠지요.
C: 하긴 오늘 반찬은 뭐 누구나 해 먹는 것들이네요. 요즘은 텔레비전에서도 매일 요리를 가르치니, 어디 요리 못 하는 사람 있나요?

(40)은 식사 초대를 받고 간 모임에서 이루어지는 대화이다. A의 대화는 청자의 초대에 감사하는 인사로 음식 솜씨를 칭찬하는 말을 최대화하여 찬동의 격률을 지키고 있는 정중한 어법이다. 그러나 C의 대화는 표면적으로는 B의 대화에 찬동하는 것처럼 보이지만, 실제로는 오늘 음식이 별로 특별한 것이 없었다는 트집을 잡고 깎아 내리는 표현으로 찬동의 격률을 어긴 무례한 말이다. 대학 강의실이나 논문 발표장 같이 찬동하지 않는 것이 허용되어 있는 사회도 있기는 하지만, 대부분의 사회에서는 찬동의 격률을 지키는 것이 정중어법을 이루는 것이 된다.

④ 겸양의 격률

겸양의 격률(modesty maxim)은 찬동의 격률을 화자의 관점에서 보는 것으로 화자 자신을 칭찬하는 말은 최소화하고, 자신을 비난하는 말은 최대화하라는 것이다.

(41) A: 정말 아름답고 고귀한 인품을 가지고 계시군요.
B: 아니에요. 정말로 과분한 말씀이십니다.

(41)의 대화에서 상대를 칭찬하는 A의 대화에 대해 B는 그것을 부정함으로써 겸양의 격률을 지키고 있다. 이런 경우 보통 "천만에요, 별 말씀을 다 하십니다.", "당치 않은 말씀입니다."와 같이 부정하는 말들을 사용하는데, 여기에는 문화적인 차이가 크게 나타난다. 우리말이나 일본말에서는 자신을 칭찬하는 말을 들으면 그것을 부정하는 것이 겸양의 격률을 지키는 것이다. 그러나 서양에서는 칭찬에 대해 감사하면서 받아들이는 것이 보통이다. 정중어법은 문화 보편적인 현상이어서 대부분의 나라 말에서 이것이 지켜지고 있고, 서양말에서도 나름대로의 겸양의 격률을 지키고 있다. 우리는 한 발 더 나아가서 (42)에서와 같이 자신을 낮추어 말함으로써 겸양의 격률을 지키기도 한다.

> (42) a. 여러 모로 부족하지만, 잘 부탁드리겠습니다.
> b. 제가 뭘 알겠습니까? 그저 분부만 하십시오.
> c. 못 생겨서 죄송합니다.

(42)c는 특히 어느 코메디언이 즐겨 사용하면서 대중의 호응을 얻어 한때 유행어로 사용되던 말이다. 이 경우는 일반적인 경우에는 겸양의 격률을 지켜서 표현할 수 있는 내용이 실제 상황과 일치되어 웃음을 자아내게 한 경우이다. 겸양의 격률을 지켜서 표현하는 것은 우리나라와 같이 예절을 중시하는 문화에서는 더더욱 중요하다. 그러나 그렇다고 해서 자신을 비하하는 표현을 사용하거나, 남의 칭찬을 정도에 넘게 부정해서 상대방의 기분을 상하게 하는 것은 좋지 않다.

⑤ 동의의 격률

동의의 격률(agreement maxim)이란 상대방과 불일치하는 표현은 최소화하고, 상대방과 일치하는 표현은 최대화하라는 것이다. 우리는 누구나 의견이 일치되는 것을 더 좋아한다. 그러나 아무리 가까운 사람들끼리라도 언제나 의견이 일치되는 것은 아니다. 의견의 불일치가 대립인 것처럼 생각하는 경우도 있지만, 이것은 잘못된 생각이다. 다음 (43)의 예를 살펴보자.

> (43) A: 이 책장을 저 쪽으로 옮깁시다.
> B: 그것도 좋겠지만, 그대로 두어도 좋을 것 같은데요.
> A: 그래요. 그렇지만 낮에 해가 너무 직접적으로 들어서요.
> B: 그렇군요. 그 생각은 미처 못 했어요. 그런데 집안이 너무
>   어둡지 않을까요?

(43)에서 대화를 하는 두 사람은 서로 일치되지 않는 의견을 가지고 있고, 자신의 의견을 계속 이야기하고 있다. 그러나 이 대화에서는 불일치 때문에 생기는 갈등이나 대립은 찾아볼 수 없다. 그 이유는 먼저 동의함으로써 상대방과의 일치를 강조하고 불일치하는 내용을 뒤에 말함으로써 동의의 격률을 지키고 있기 때문이다. 이와 같이 먼저 동의하고 난 후에 자신의 의견을 제시하는 방법은 의견의 불일치를 대립으로 연결시키지 않는 좋은 방법이 된다.

정중어법이란 한 마디로 자기 중심적인 생각을 상대방 중심적으로 옮겨서 표현하는 것이고, 자기의 관점에서가 아니라 상대방의 관점에서 표현하려는 것을 말한다. 이것은 다음에서 살펴볼 상대방의 체면을 세우는 원리와 밀접한 관계가 있다.

5.3.2. 체면 세우기 원리

① 체면의 개념

체면이란 공적으로 지켜지는 개인의 자존심을 말한다. 이 자존심은 긍

정적인 것이고, 사회적인 것이다(Goffman, 1967). 우리는 모두 자신의 가치나 자신의 존재에 대한 기대치를 가지고 있는데, 이것은 다른 사람들과의 관계에 있어서 유지되기고 하지만, 손상을 받기도 한다. 체면은 두 가지의 측면이 있는데, 하나는 적극적인 것이고, 다른 하나는 소극적인 것이다. 적극적 체면(positive face)은 자립적, 독립적 주체로서 한 사람의 신분을 인정받고자 하는 욕구인 반면에, 소극적 체면(negative face)은 한 사람이 외부의 간섭이나 부당한 외부의 압력으로부터 벗어나서 자기가 선택한 일을 하는 자유를 누리고자 하는 것, 곧 방해받지 않으려는 욕구를 말한다.

협조적인 대화에서 우리는 상대방의 '소극적 체면'을 손상시키지 않으면서, 적극적 체면을 세워 주려고 노력한다. 서로 대화를 하면서 우리는 상대방의 체면을 손상시킬 가능성이 많기 때문에 항상 상대방의 체면 세우기에 민감하지 않으면 안된다. 다음의 예 (44)를 살펴보자.

(44) A: 그냥 보고만 있으면 어떡해? 얼른 짐을 받아야지.
　　 B: 나는 지금 가만히 있는 줄 아세요? 나도 손에 책이 있다고
　　　　요. 내가 뭐 짐꾼인 줄 아세요?

위의 대화에서 A는 짐을 받아 달라는 요구를 하는데, 이것이 B의 체면을 손상시키고 말았다. B가 먼저 "나는 지금 가만히 있는 줄 아세요? 나도 손에 책이 있다고요."라고 말한 것은 소극적 체면을 손상 받은 것에 대한 반응이고, "내가 뭐 짐꾼인지 아세요?"라고 말한 것은 적극적 체면을 손상시킨 것에 대한 반응이다. 이 상황에서 A가 "너는 체격이 아주 좋아서 이 짐을 들어줄 수 있을 것 같구나."라고 적극적 체면을 세워 주거나, "이렇게 말하면 네 일에 방해가 되겠지만, 날 좀 도와줄 수 있겠니?"와 같이 소극적 체면을 세워 주는 말을 했으면, B의 체면은 손상되지 않았고, 그에 따른 반응도 달라졌을 것이다.

우리는 적극적 체면을 세워 주고, 소극적 체면을 손상시키지 않도록 말하기 위해서 노력해야 한다. 적극적 체면을 세워 주는 것은 나는 상대방을 인정하고 있으며, 좋은 감정을 가지고 있으며, 없어서는 안될 사람으로 소중하게 생각하고 있다는 것을 상대방이 느끼도록 해주는 것이다. 따라서 적극적 체면을 세우는 것은 자기들끼리만 사용하는 소속감을 나타내는 표현을 사용하여 친근하고 가까움을 강조하거나, 상대방의 흥미나 관심을 통해 바람직한 상대방의 역할에 관해 표현하는 것, 그리고 상대방과의 공통적인 영역을 확보해 가는 것 등으로 '유대관계'를 강조하는 것이다. 소극적 체면을 손상시키지 않는 것은 내가 상대방의 개인적 권리를 침해하는 것을 알고 있으며, 그것에 대해 미안하게 생각한다는 것을 공적으로 표현함으로써 상대방을 정당하게 존중한다는 사실을 확인시켜 주는 것이다. 따라서 소극적인 체면을 세우는 것은 독자적 영역을 가질 수 있는 상대방의 권리를 강조하고, 부담을 가질 필요가 없음을 강조하는 것 등으로 '독립'을 강조하는 것이다. 여기서 우리는 제1장에서 언급한 '유대관계'와 '독립'이라는 대화의 원리를 다시 생각하게 된다.

정중어법은 상대방의 적극적 체면을 세워 주고 소극적 체면을 손상시키지 않도록 도와준다. 따라서 정중어법도 '유대관계'를 강조하여 체면을 세워 주는 방법인 결속 정중어법과, '독립'을 강조하여 체면을 세워 주는 방법인 존경 정중어법으로 나눌 수 있다.

② 체면 손상행위의 요인

체면 손상행위(face threatening acts)란 요청을 거절하거나 누군가를 꾸짖는 것과 같은 말을 통하여 상대방의 적극적 체면이나 소극적 체면을 손상시키는 행위를 말한다. 상대방에게 체면 손상행위를 하게 되면, 정상적인 생각을 가진 사람이라면 말하는 사람의 관점에서도 상당한 부담을 느끼게 된다. 이러한 심리적 부담의 크기는 몇 가지의 요인들에 의해 결정이 된다. 그 요인은 청자가 화자에 대해 가지는 힘, 화자와 청자 사이의 사회적 거리, 그리고 상대방에게 주는 부담의 크기 등인데, 이것은 앞서 제4장에서 살펴본 간접 대화행위를 하는 요인과 일치되는 것이다. 이것은 (45)와 같은 규칙으로 표시할 수 있다.

> (45) 체면 손상행위의 강도
>   강도 = 힘 + 사회적 거리 + 부담의 크기

　이러한 요인에 따라 어떤 경우에는 체면 손상행위로 인한 부담이 크고, 어떤 경우에는 체면 손상행위를 하고도 전혀 부담을 느끼지 않기도 하는 것이다. 한 가지 조심해야 할 일은 가족이나 친구와 같이 사회적 거리가 가깝다고 무턱대고 상대방의 체면을 손상시켜서도 안 되고, 또 지나치게 자기 체면 세우기에 급급해서도 안 된다는 것이다. 다음의 예 (46)을 살펴보자.

> (46) A: 야. 너 민수 아니야? 자식, 이게 얼마 만이니?
>   B: 아, 누구시더라? 배용준 씨 아니십니까?
>   이거 정말 오래간만입니다.

　(46)의 대화는 오랜만에 만난 초등학교 동창들 사이의 대화이다. A는 회사 과장으로 어떤 세미나에 참석했다가 그 세미나의 주제 발표자로 나온 B박사를 만나게 되었다. A는 반가운 마음에 어릴 때와 같은 기분으로 B에게 인사를 했고, 이것에 대한 B의 반응은 아주 격식을 갖춘 것이었다. 이 대화에서 누가 누구의 체면을 손상시킨 것일까? 먼저 A가 사용한 사회적 거리에 의한 '유대관계'를 나타내는 언어는 B가 가지고 있는 체면을 손상시켰다. B는 사회적인 위치가 높은 사람으로서 가지는 힘을 의식하고 자신

은 발표자로서 대접을 받고 싶은 마음을 가지고 있었는데, A가 이것을 침해함으로써 자신의 체면이 손상되었다고 받아들일 수 있다. 그래서 오히려 더 격식을 갖춘 말로써 A가 더 가까이 오는 것을 막고 '독립'을 주장하고 있다. 그러나 이러한 B의 태도는 A의 체면을 손상시킨 것이다. B의 말은 A가 전제로 했던 가까운 관계를 무시하는 것이고, 이것 때문에 오히려 자신이 B의 체면을 손상시킨 것이 되어 버린 책임까지도 지게 되었기 때문이다. 일차적으로는 서로의 힘과 사회적 거리를 잘못 계산한 A가 체면을 손상시켰지만, B의 태도가 어떠했느냐에 따라 A의 말은 자연스럽게 수용될 수도 있었다는 것을 생각하면, 오히려 B가 더 A의 체면을 손상시킨 것이다.

③ 체면 세우기의 책략

대화 상황에 따라 체면 손상행위를 하게 되는 경우는 다음 (47)과 같이 여러 가지 단계로 나타날 수 있다.

> (47) 체면 손상행위의 단계
> 1단계: 보상적인 표현 없이 노골적으로 체면 손상행위를 하라.
> 2단계: 체면 손상행위를 하려면 적극적 정중어법을 사용하라.
> 3단계: 체면 손상행위를 하려면 소극적 정중어법을 사용하라.
> 4단계: 체면 손상행위를 겉으로 드러내지 않고 암시적으로
> 　　　　하라.
> 5단계: 체면 손상행위를 하지 말라.

여기서 보상적인 표현이란 대화하는 사람들 사이의 안정감을 높이기 위한 것으로 체면의 손상을 최소화하거나 방지하는 행동을 말한다. 따라서 적극적 정중어법이나 소극적 정중어법은 모두 보상적인 표현이다. (47)의 내용을 상대방에게 만 원을 빌리는 요청으로 바꾸어 생각해 보면 (48)과 같다.

(48) 1단계: 나 만 원만 빌려줘.
     2단계: 선배님, 만 원만 빌려주실 수 있으세요?
     3단계: 이런 부탁을 해서 대단히 죄송하지만, 만 원만 빌려주
            시겠어요?
     4단계: 어 저런, 지갑에 돈이 한 푼도 없네.
     5 단계: (침묵)

여기 있는 책략들은 5단계를 제외하고는 정중함의 정도에 따라서 순위
가 결정된 것이다. 체면 손상행위의 강도가 높으면 높은 순위를 선택해야
하고, 강도가 낮을수록 더 낮은 순위를 선택하면 된다. 각각의 책략들을
자세히 살펴보자.

첫째, 보상적인 표현 없이 노골적으로 체면 손상행위를 하는 경우를 다
음의 예 (49)를 통해 살펴보자.

(49) a. 꾸물거리지 말고 빨리 나오세요.
     b. 등 좀 두드려라.
     c. 이 과자 먹어.

(49)의 예들은 모두 직접적인 명령이어서 상대방에게 체면 손상행위를
하고 있는 표현들이다. 그러나 (49)a와 같이 비상 사태에는 보상적인 표현
없이 노골적으로 직접 명령을 하여도 이것이 상대방의 체면을 손상시키
지도 않는다. 회사에 불이 났는데 "사장님, 번거로우시겠지만 잠시 밖으
로 나오시지 않으시겠습니까?"라고 말하는 사람은 아무도 없다. 또한 국
제 전화로 이야기하는 경우와 같이 시간이 제한되어 있는 경우에도 이 책
략은 유효하다. (49)b는 상대방에게 부담이 적고, 할머니가 손자에게 말하
는 것과 같이 상대방에 비해 월등히 큰 힘을 가지고 있는 경우, 그리고
아주 가까운 관계에서도 이러한 책략이 적용될 수 있음을 보여 준다. 또

한 (49)c와 같이 상대방에게 유익하고 이익이 된다고 생각하는 경우에도 이 책략은 적용될 수 있다.

둘째, 체면 손상행위를 하려면 적극적 정중어법을 사용해야 하는 경우를 생각해 보자. 이것은 상대방의 인정받고자 하는 욕구인 적극적 체면을 세워 주어야 하는 경우이다. 다음 (50)의 대화를 살펴보자.

    (50) A: 이거 정말 죄송하게 되었습니다.
         B: 아닙니다. 우리가 어디 한두 번 만난 사이입니까?
           게다가 고의로 그러신 것도 아니고요.
           일을 하다 보면 누구나 그런 경우를 겪게 되는 거지요.

(50)의 예에서 B는 A의 적극적 체면을 세워 주기 위해 "우리가 어디 한 두 번 만난 사이입니까?"와 같이 소속감을 나타내는 표현을 통하여 친근함을 강조하고, "고의로 그러신 것도 아니고요."와 같이 상대방의 역할에 대한 변명을 하고, "누구나 그런 경우를 겪게 되는 거지요."와 같이 공통적인 영역을 확보하여서 상대방에게 결속 정중어법을 사용하고 있다.

셋째, 체면 손상행위를 하려면 소극적 정중어법을 사용해야 하는 경우를 생각해 보자. 이것은 상대방의 간섭받지 않으려는 욕구인 소극적 체면을 세워 주어야 하는 경우이다. 다음 (51)의 대화를 살펴보자.

    (51) A: 지난 번 약속에는 나오지 않으셨더군요.
         B: 너무 죄송해서 뭐라고 드릴 말씀이 없네요.
           솔직히 말씀 드리자면 제가 깜빡 약속을 잊고 말았어요
         A: 그러셨군요.
         B: 저어, 부담스러우실 거라고 생각은 되지만, 혹시 시간을
           조금만 내 주실 수 있으시다면 꼭 한 번 다시 만나 뵙고 싶
           어요. 그렇게 해 주신다면 정말 감사하겠습니다.

(51)의 대화는 약속을 지키지 못한 B와 그것 때문에 기분이 상한 A 사이에서 오고간 것이다. B는 자신의 행동이 A의 체면을 손상시킨 것이라고 생각하기 때문에 다시 만나고 싶다는 요청을 하면서 상대방의 소극적 체면 세우기를 위해 노력하고 있다. 여기서 B가 사용하고 있는 언어를 통해 소극적 정중어법인 존경 정중어법의 방법을 찾을 수 있다.

① 간접 대화행위로 요청을 표현한다. (51)에서는 "부담스러우실 거라고 생각은 되지만, 시간을 조금만 내 주실 수 있으시다면 꼭 한 번 다시 만나 뵙고 싶어요."와 같이 화자 자신의 소망을 나타내는 형식으로 요구를 표현함으로 간접 대화행위를 하고 있다.
② 말 사이에 주저할 때 사용하는 대화표지를 사용한다. (51)에서는 '저어'를 사용하고 있는데, 이 밖에도 '응, 있잖아요, 설마, 아마도, 어쩌면' 등과 같은 말들도 사용된다.
③ 상대방의 부담을 줄이기 위한 표현을 사용한다. (51)에서는 '혹시, 조금만, 한 번' 등과 같은 말을 사용하고 있다.
④ 사과하는 말을 하거나 용서를 구하는 말을 한다. (51)에서는 "너무 죄송해서 뭐라고 드릴 말씀이 없네요."와 같은 표현으로 사과를 하고 있다.
⑤ 상대방의 행동이 나에게 베풀어주는 것임을 강조하는 말을 한다. (51)에서는 "그렇게 해 주신다면 정말 감사하겠습니다."와 같은 표현을 통해 그런 행동을 해 주는 것은 나에게 베풀어주는 것이라는 뜻을 전달하고 있다.

소극적 체면을 손상시키지 않는 것은 내가 상대방의 개인적 권리를 침해하는 것을 알고 있으며, 그것에 대해 미안하게 생각한다는 것을 공적으로 표현함으로써 상대방을 정당하게 존중한다는 사실을 확인시켜 주는 것이다. 따라서 소극적 체면을 세우는 것은 독자적 영역을 가질 수 있는 상대방의 권리를 강조하고, 부담을 가질 필요가 없음을 강조하는 것 등으로 '독립'을 강조하는 것이다.

넷째, 체면 손상행위를 겉으로 드러내지 않고 암시적으로 하는 경우를 생각해 보자. 이것은 체면 손상행위가 체면 손상행위로 인식되지 않도록 한다는 것을 말하며, 누군가에게 어떤 요청을 하면 상대방이 거북하게 생각할까 봐 혼자서 슬쩍 이야기하고 지나가는 것과 같은 경우이다. 다음의 예 (52)를 살펴보자.

> (52)　A : 와, 그 아이스크림 정말 맛있게 생겼다.
> 　　　 B-1: 그래, 이 회사가 아이스크림은 정말 잘 만들어.
> 　　　 B-2: 그래, 이것 좀 같이 먹자.
> 　　　 B-3: 그래? 그럼 너도 하나 사 먹어.

(52)에서 A는 "아이스크림을 좀 나누어 먹자."는 요청을 암시적으로 표현하였다. 이것을 B-1처럼 아이스크림에 관한 이야기로 받아넘기어도 서로의 체면에 손상을 가져오지 않는다. A의 말은 요청이 아니기 때문에 B-1의 체면을 손상시킬 위험이 없기 때문이다. B-2처럼 A의 의도에 맞게 말을 하더라도, 이것은 A의 요청이 아니고, B-2의 요청으로 바뀌기 때문에 체면의 손상을 가져오지 않는다. 그러나 B-3처럼 상대방의 암시적 요청을 명시적으로 거절하는 경우에는 상황이 다르다. B-3은 A가 왜 그런 말을 했는지 진짜 이유를 감지했다는 것을 보여 준다. 이 경우 상대방이 암시적으로 말한 효과는 없어지고, 서로의 체면을 손상시킨 결과를 가져온다.

체면 손상행위를 암시적으로 하는 경우에는 상대방에게 힌트를 주거나, 은유적인 표현을 사용하거나, 모호한 표현을 사용하거나, 말을 중간에 생략해 버리는 방법들을 사용한다.

다섯째, 체면 손상행위를 하지 않는 경우이다. 이것은 자기가 말을 하는 것이 명백하게 상대방의 체면을 손상시키는 행위가 된다는 것을 알 때 아무 말도 하지 않는 것과 같은 경우이다. 이 경우는 말로 표현되는 부분이 없기 때문에 우리가 더 이상 이야기할 필요가 없을 것이다. 안으로 불만이 가득 차 있지만 참고 말하지 않는 것, 위험을 감수하면서까지 답변을 거부하고 침묵을 지키는 것 등은 모두 어떤 말이라도 하면 그것이 상대방의 체면 손상행위가 된다는 것을 명백히 알기 때문에 나타나는 현상들이다.

이렇게 보면 체면 세우기란 '유대관계'를 강조하는 적극적 체면을 세워 주고, '독립'을 강조하는 소극적 체면을 손상시키지 않는다는 것이다. 이것은 상대방과 나 사이의 적당한 거리를 찾아내고 유지하는 작업이기도 하다.

화법에서의 언어 예절은 상대방과의 인간관계를 고려하여 마땅히 지켜야 할 요소이다. 상대방의 위치에 맞게 불러 주고, 높여 주고, 정중하게 말하는 것은 상대방에 대한 기본적인 예의에 해당하는 것이다. 따라서 정확한 호칭을 사용하고, 올바른 높임법을 사용하는 것과 함께 상대방을 존중하고 체면을 세워 주려는 생각을 가지는 것은 인간관계를 바탕으로 이루어지는 화법에서는 무엇보다 중요한 일이다. 상대방을 어떻게 대접하느냐 하는 것은 자신의 교양을 나타내는 척도가 된다. 이 말은 자신의 인격이 바탕이 되어서 상대방을 존중하고 예절을 갖추는 행동이 나오게 된다는 말이다.

그러나 더욱 중요한 것은 언어가 인격을 반영하는 것뿐만 아니라 인격을 갖추어 나가도록 도와주는 도구나 수단이 되기도 한다는 점이다. 말은 생각의 반영물이지만, 말이 생각을 만들어 가는 도구가 되는 것과 같은 이치이다.

또한 예절이 가장 필요한 것은 가까운 사이에서라는 점도 반드시 생각해야 한다. 가깝다는 이유로 함부로 부르고, 정중어법을 지키지도 않으며, 습관적으로 체면손상행위를 한다면 가깝다고 느껴지던 그 관계에 문제가 생길 수밖에 없다.

올바른 언어 예절을 갖추는 것은 자신의 인격을 나타내 보이는 방법이 되는 것과 동시에, 자신의 인격을 연마해 나가는 좋은 방법이 된다는 것을 생각할 때, 아무리 가까운 사이에서라도 예절을 갖추어 말하고자 하는 노력이 필요하다.

1. 다음 대화를 읽고 호칭어를 사용할 때 주의해야 할 점에 대해 이야
   기해 보자.

   영자: 몇 살이에요?
   삼순: 글쎄요. 나이가 중요한가요?
   영자: 중요하죠. 그래야 호칭을 정하죠.
   삼순: 서른이에요.
   영자: 오오~ 꺾어진 육십? 나보다 두~살이나 많네?
   　　　제일 연장자잖아?
   삼순: ……．
   영자: 우리 모두 왕언니를 환영하는 뜻에서 박수~
   　　　　　　　　　(TV 드라마 「내 이름은 김삼순」 중에서)

2. 다음의 기사 내용을 읽고 바람직한 호칭어 사용에 대한 자신의 견해
   를 이야기해 보자.

> 　가족끼리 부르는 호칭 중 일부가 성 불평등적인 의미를 담고 있다는
> 주장이 제기됐다. 한국여성민우회는 인터넷 사이트(hoho.womenlink.
> or.kr)를 통해 '며느리'는 기생(寄生)한다는 뜻의 '며늘'과 '아이'가 합쳐
> 진 말로 '내 아들에게 딸려 기생하는 존재'라는 말이며 '올케'는 '오라
> 비의 겨집(계집의 옛말)'에서 유래했다고 밝혔다. 남편의 여동생이나
> 남동생을 호칭하는 '아가씨'와 '도련님'도 옛날 노비가 상전을 높여
> 부르던 용어라는 것이다. 민우회 측은 "대안적 호칭이 나와 남녀가
> 서로 존중하는 관계를 만들기 바란다."고 밝혔다.
>
> 　　　　　　　　　　　　　　　　　　　(동아일보 2007. 1. 3.)

3. 다음 대화에서 잘못 사용된 호칭어나 지칭어를 고쳐보자.

    (1) (남편에게) 오빠, 나 물 좀 줘.

    (2) (시누이에게) 고모, 고모부는 어제 오실 거예요?

    (3) (시동생에게) 동건 씨, 고모와 같이 가요.

    (4) (다른 사람에게 자기 아내를) 이쪽은 제 부인입니다.

    (5) (아내의 남동생에게) 현우야, 너 요즘 뭐하니?

4. 다음 예문을 높임법에 맞게 고쳐보자.

    (1) 선생님, 조교언니께서 오라셔요.

    (2) 할머니는 얼마 전부터 다리가 편찮으시다.

    (3) 선생님이 그 책을 나에게 주었어요.

    (4) 그 분은 우리 회사에 있으신 분입니다.

    (5) 지금부터 회장님의 말씀이 계시겠습니다.

    (6) 팀장님께서는 지금 자리에 안 계십니다. 사장님.

    (7) 팀장님, 사장님이 내일 아침까지 보고서 작성해 놓으랍니다.

    (8) 요새는 할아버지가 손수 진지를 해 드신다고 했다.

(9) 과장님, 사무실 달력이 아주 멋지십니다.

(10) 아저씨는 살림이 넉넉하다.

5. 친구에게 자신이 생각하기에 가장 정중하다고 생각하는 표현으로 부탁하는 말을 해 보자. 상대방의 반응과 자신의 느낌에 대하여 말해 보자.

6. 텔레비전 오락 프로그램을 보고 언어 예절에 어긋나게 말하는 사례를 찾아 어떤 문제점을 나타내고 있는지 발표해 보자.

II

내용에 따른 화법

6. 설명하기

의사소통의 중요한 기능 가운데 하나가 내가 알고 있는 정보를 상대방에게 전달하는 것이다. 사람은 새로운 정보를 접하게 되면 그것을 누군가에게 전달하고 싶은 욕구를 강하게 느낀다. 문명의 발달 속도가 매우 빠른 현대 사회에서는 하루에도 수 없이 많은 정보가 쏟아져 나오기 때문에 정보 전달과 공유의 중요성은 더 커졌다. 따라서 이 장에서는 설명의 원리와 방법, 그리고 이해하기 쉽게 설명하기 위해 주의해야 할 내용에 대해 살펴보기로 한다.

6.1. 설명의 원리

설명(說明)은 미지의 사실이나 아직 이해되지 않고 있는 사실의 의미를 상대편이 잘 알 수 있도록 상세하고 분명하게 밝히어 말하는 것이다. 상대방이 잘 알 수 있게 설명하는 데는 다음과 같은 기본적인 원리가 적용된다.

① 정보량의 원리

정보를 전달할 때에는 청자가 한 번에 받아들일 수 있는 정도의 정보로 양을 제한해야 한다. 하나의 정보를 제공하게 되면 거기에 대해 부연 설명하거나 상대방과 상호교류가 될 수 있도록 하는 것이 많은 양의 정보를 제시하는 것보다 효과적이다. 예를 들면, 두 개의 새로운 항목에 대해 말하게 된다면 무조건적으로 다섯 개의 항목을 늘어놓는 것보다 그 내용을 설명하고 그것과 관련된 구체적인 예를 비유나 그림으로 설명하는 것이 낫다.

② 관련성의 원리

청자는 자신에게 필요하거나 자신이 가지고 있는 목적에 도움이 된다고 생각하는 정보만 기억한다. 강의 내용에 대해서도 시험을 보거나 학업에 관련된 것만 유용하다고 평가하는 학생들처럼 청자는 자신의 관심과 관련된 정보를 주로 기억한다. 그러므로 청자가 자신의 설명에 귀를 기울이게 만들고 싶으면 청자의 욕구, 필요, 목표와 관련된 내용으로 구성해야 한다.

③ 적절성의 원리

청자는 화자가 적정한 수준에서 이야기할 때 최적의 정보를 얻게 된다. 너무 간단하면 지루하게 여기고 너무 철학적으로 이야기하면 혼란스러워 이해하지 못할 수도 있다. 청자는 화자의 설명을 한 번만 듣고 이해해야 하기 때문에 전문적인 용어를 사용하는 것은 자제해야 한다. 어려운 용어보다는 실생활에서 사용하는 이해하기 쉬운 어휘를 선택하여 말하는 것이 좋다.

④ 정보성의 원리

사람들은 이미 알고 있는 것에 대해서는 쉽게 받아들이고 오랫동안 기억한다. 그러므로 새로운 정보를 제공할 때에는 오래된 것으로 연결시켜 설명한다. 낯선 것에서 친숙한 것으로, 경험하지 못한 것을 경험한 것으로, 맛보지 못한 것에서 맛본 것으로 설명하는 것이다. 듣고, 보고, 말해보고, 맛보고, 느낄 수 있도록 여러 가지 감각을 이용하여 새로운 정보를 강조한다면 청자는 오래도록 기억에 남길 수 있을 것이다. 한 번도 경험하지 못한 것이라고 하더라도 이러한 방법을 이용하면 다른 사람들을 좀더 쉽게 이해시킬 수 있게 된다.

⑤ 추상성의 원리

설명의 내용이 너무 추상적이거나 너무 구체적이지 않도록 한다. De Vito(1994)에서는 추상적인 설명의 방법과 구체적인 설명의 방법을 출판의 자유에 대한 설명을 예로 들고 있다. 출판의 자유에 대해 추상적으로 설명할 때, 공공의 정보 획득의 중요성에 대해 이야기하면서 출판의 자유에 대해 설명할 수 있지만, 권리장전을 예로 들거나 민주주의의 보존을 위한 출판의 자유와 관련지어서 이야기 할 수도 있다. 이런 예들은 비교적 높은 수준의 추상성에서 말할 수 있는 것이다. 이와 반대로 출판의 자유를 구체적인 사례를 들어 이야기할 수도 있다. 지방신문이 시의회의 비판적인 기사를 연재하는 것에 대해 어떻게 정지당했는지, 시장에 대해 비판적인 글을 쓴 기자가 왜 해고되었는지 등은 아주 구체적인 예이다.

구체성이 결여된 높은 수준의 추상성이나 추상성이 완전히 결여된 구체적인 것은 추상적인 것과 구체적인 것을 적절히 섞어 병용하는 것보다 효과적이지 못하다.

6.2. 설명의 방법

설명의 일반적인 방법에는 정의, 예시, 인용, 비교·대조, 분류, 분석 등이 있다.

① 정의

'정의(定義)'는 어떤 개념의 내용이나 용어의 뜻을 다른 것과 구별할 수 있도록 명확히 밝혀 규정하는 것이다. 논리학에서는 개념이 속하는 종류를 들어 그것이 체계 가운데 차지하는 위치를 밝히고, 같은 종류에 속하는 것 가운데 구별되는 특징을 내세워 그 개념을 다른 것과 구별하는 것을 정의라 한다. 예를 들어 '사람은 이성적인 동물이다.'라는 정의는 사람은 이 세상에서 동물의 종류에 속하는 것이라는 체계를 정해놓고, 동물 가운데서 '이성적'인 면이 다른 동물과 사람을 구별하는 특징이라고 설명하는 것이다.

이러한 정의의 방법은 다른 사람들이 모르는 어휘를 질문을 했을 때 대답을 하면서 기본적으로 사용하는 방법이다. 특히 어린아이들이 책을 읽다가 모르는 단어가 나오면 부모에게 물어보게 되는데, 이때 정의의 방법으로 설명을 시작하는 것이 일반적이다.

> (1) 아이: (삼국지 만화를 읽고 있다가) 엄마 , 부장이 뭐야?
> 엄마: 어디에 부장이 나와?
> 아이: 여기, 관우의 부장이 돼서 …….
> 엄마: 응, 그때 부장은 부하 가운데 제일 높은 사람을 말하는 거야.
> 아이: 그럼 부하는 뭐야?
> 엄마: 부하는 자기 아래에 있는 사람이라서 자기가 심부름을 시킬 수 있는 사람이야. 그러니까 부장은 관우 장군의 군대에서는 관우 다음에 높은 사람이지.

(1)에서 보는 바와 같이 아이가 질문한 '부장(副長)'에 대해 부장은 부하 가운데 가장 높은 사람이라고 설명하였고, '부하(部下)'에 대해서는 자기보다 아래에 있는 사람이라고 설명하였다. 이때 주의할 것은 듣는 사람의 수준을 생각해서 설명하는 것이다. (1)에서는 청자가 어린아이이기 때문에 아이의 수준에 맞는 어휘를 사용하여 설명하고 있다. '부장'이나 '부하'를 설명할 때 '지위가 낮은 사람'이라고 하면 어린아이는 그 '지위'를 이해하지 못하여 제대로 알아들을 수 없기 때문이다.

특히 개념어에 대한 설명은 추상적이면서 어려운 내용이 많기 때문에 개념에 대하여 정의하며 설명하는 것은 쉽지 않다. 되도록이면 쉬운 용어를 사용하여 설명할 수 있도록 노력하는 것이 필요하다.

② 예시

설명을 할 때 가장 쉽게 이해할 수 있는 방법으로 예시가 있다. 구체적인 사례를 들어 이야기 하면 설명하고자 하는 내용을 쉽게 이해할 수 있게 된다.

> (2) 오히려 말없이 하는 행동에 대해서 더 편하게 생각한 적도 있는 거 같아요. 예를 들어서 전에는, 지하철표를 하나 끊으려면 역 이름 말하면서 돈을 냈죠? 그래서 예를 들면 '경복궁 역이요.' 이러면서 얘길 한다든가, 아니면 '일구간이요.' 하고 돈을 냈어요. 근데 요즘은 자동판매기가 다 있어서 동전만 집어넣으면 무조건 표가 그냥 나오죠. 사람들은 동전만 있으면 매표소에 얘기하지 않고 그냥 자동판매기를 이용하잖아요.
>
> (연세 구어 전사 말뭉치 중에서)

> (3) 아이: 엄마, 이 은행잎은 왜 노랑색이야?
> 엄마: 응 그건 말이야 ……. 사람들 머리색이 무슨 색이지?
> 아이: 검은색.

엄마: 그럼 할머니 머리색은?

아이: 흰색.

엄마: 사람이 나이가 들면 머리카락색이 검은색에서 하얀색으
　　　로 바뀌는 것처럼 녹색인 은행잎도 나이가 들어서 노란
　　　색으로 바뀐 거야.

아이: 응, 그렇구나.

(2)의 예에서 보면, '말없이 하는 행동을 더 편안해한다'는 내용을 설명하기 위해 '지하철에서 표 구입하는 것'을 예로 들어 설명하고 있다. 이러한 구체적인 예는 '말없이 하는 행동을 더 편안해한다'는 표현을 이해하는데 보조적인 역할을 한다. (3)에서도 나뭇잎의 색이 변하는 것을 이해하지 못하는 아이에게 사람들의 머리카락 색깔이 변하는 것을 예를 들어 설명해 주면 아이가 쉽게 이해할 수 있다. 이와 같이 이해하기 어려운 내용을 쉽게 이해하는 데는 예시의 방법이 적절하다.

또한 예를 들어 설명하는 것은 표현을 상당히 구체적으로 만들어 준다.

(4) a. 외국어고등학교와 일반고등학교는 무엇이 다른가요?
　　 b. 외국어고등학교와 일반고등학교는 무엇이 다른가요? 예를
　　　　들면 배우는 과목이나 수업 방식이 어떻게 다른가요?

(4)a보다 (4)b가 답을 하기 쉬운 질문이다. 그 이유는 (4)a는 질문의 범위가 광범위하여 무엇부터 대답해야 할지 막연한데 반해 (4)b에서는 예를 든 내용으로 질문을 구체화시켰기 때문에 대답도 쉽게 할 수 있게 된다.

③ 인용

인용은 명언이나 그 분야 전문가의 말을 이용해서 설명하는 방법이다. 특히 전달하려는 내용과 관련 있는 전문가의 말을 인용하여 설명하면 듣

는 사람에게 타당하고 믿을 만한 정보로 받아들여지게 하는 장점이 있다. 특히 숫자와 통계를 인용하는 것은 상대방에게 신뢰를 주며 설명의 효과도 높일 수 있는 방법이다.

> (5) 그래서 글로 써보는 것이 사고력을 좀 더 체계 있게 만드는데 아주 유용한 방법이 될 수 있죠. 이 글에서 저자는 "현대사회에서 요구하는 창의력 표현력 순발력 등의 요건들은 모두 사고력과 관련되는 것이고, 사고력을 기르는 가장 좋은 방법은 바로 글을 자꾸 써 보는 것이다."라고 말을 하네요.
>
> (연세 구어 전사 말뭉치 중에서)

(5)에서 보는 바와 같이 '글을 쓰는 것은 사고력 증진에 효과적인 방법이다'를 설명을 하기 위해 글속에 직접 표현된 부분을 인용하여 설명하고 있다. 특히 대중연설과 같은 말하기에서는 인용할 만한 내용을 자료로 준비하여 설명하면 청중의 흥미를 끌기도 쉽고 청중이 이해하기도 쉬운 말하기가 될 수 있다.

④ 비교·대조

유사점과 차이점을 설명할 때는 비교와 대조의 방법을 사용하면 된다. 유사점에 초점을 두고 설명을 하는 방식은 비교이고, 차이점에 초점을 두고 설명을 하는 방식은 대조이다.

> (6) A: 소비자보호법과 공정거래법은 어떤 점에서 관련이 있는 거야?
>
> B: 소비자보호법과 공정거래법은 사업자가 거래상의 우월한 지위를 남용하는 것을 규제하여 소비자를 보호한다는 점과 공정거래위원회를 집행기관으로 하고 있다는 점에서 같아.

(7) A: 왜 남자와 여자는 자꾸 대화를 하면서 싸우게 되지?

B: 응 그건, 남자와 여자의 대화 목적의 차이 때문이야. 남자는
문제를 해결하고 정보를 얻기 위해 대화를 하고, 여자는 공
감을 얻고 친해지기 위해 대화를 하기 때문에 서로 충돌하
기가 쉽지.

(6)은 비교의 방법으로, (7)은 대조의 방법으로 설명을 하고 있다. 비교
와 대조의 방법은 두 가지를 같이 놓고 설명하는 방식에서 같이 적용되는
경우가 많다. 차이점을 밝힌다고 할 때, 대조의 방법만 이용하면 한계가
있다. 이때 비교와 대조의 방법을 모두 사용하여 설명하면 그 차이를 좀
더 명확하게 밝힐 수 있다.

⑤ 분류

분류는 같은 종류에 속하는 것을 어떠한 기준으로 구분하는 방법이다.
방대한 주제에 대한 설명에서는 주제를 세분화하여 전달하면 구체적인
내용을 전달할 수 있다. 예를 들어 '지진'에 대한 설명을 할 때는 '지진의
발생 원인, 지진이 우리에게 미치는 피해, 지진이 일어났을 때의 대피 요
령' 등으로 분류해서 설명하는 것이다.

(8) A: 이번 동남아 지진 피해를 보니까 지진이 굉장히 무서운 재
앙이더라고요. 근데 우리가 지진에 대해 아는 것이 너무 없
는 것 같아요.

B: 우리나라도 지진 예외 지역이 아니니까 지진에 대해 여러
가지 알아두면 도움이 될 거예요. 지진이 발생하는 원인이
무엇이고, 지진이 우리에게 미치는 피해는 무엇인지, 그리
고 지진이 일어나면 어떻게 피해야 하는지 등에 대해 설명
해 볼게요…….

(8)과 같이 지진을 여러 부류로 나누어 원인, 영향, 대피요령 등에 따라 낱낱이 설명해 나가는 것이 분류의 방법이다. 분류하여 설명하는 방법은 상대방이 원하는 정보를 좀 더 상세하고 구체적으로 전달할 수 있다는 장점이 있다.

⑥ 분석

분류가 어떤 기준을 적용하여 동등한 지위로 종류를 구분해 내는 것이라면 분석은 구조적으로 그 성분을 나누는 것이다. 예를 들어 지진이 우리에게 미치는 피해를 인명 피해, 재산 피해 등으로 나누는 것은 분류의 방법이지만, 지진이 우리에게 미치는 영향을 '사람을 죽게 한다, 정신적으로 사람을 황폐화시킨다, 가족을 잃은 고통을 겪게 한다. 삶의 터전을 잃게 만든다, 국가의 경제구조를 어렵게 한다' 등으로 구분하는 것은 분석을 한 것이다.

> (9) A: 애 방학 숙제로 박물관을 가야 하는데, 괜히 고생이나 하는
>   건 아닌지 몰라.
>   B: 그렇게 생각하지 말고, 이왕이면 재미있게 다녀올 생각을
>   해 봐.
>   A: 재미있게 보내는 방법이 있어?
>   B: 재미있다고 생각하면 재미있는 거지. 우선 박물관을 제대로
>   즐길 줄 아는 자세부터 필요하겠다. 박물관을 제대로 즐기
>   려면, 먼저 박물관을 하루에 다 보겠다는 욕심을 버려야 하
>   고, 아이의 숙제를 위해 억지로 가는 것이 아니라 네가 먼
>   저 즐길 마음의 준비를 하고 가면 좋지. 그리고 애한테 주
>   입식으로 가르치려 들지 말고 아이가 충분히 받아들일 시
>   간적인 여유를 주면서 다녀 봐. 그러면 애가 얼마나 좋아하
>   는지 아니? 애가 좋아하면 너도 기분이 좋아질 거야.

(9)의 예에서 보는 바와 같이 분석의 방법도 의사소통의 상황에서 우리가 쉽게 이용하는 방법이다. 그러나 분석은 논리적인 구조화가 필요한 것이어서, 평소에 논리적으로 사고하는 훈련을 함께 해야 할 뿐만 아니라 정보를 논리적으로 구조화하는 훈련도 해야 능숙하게 사용할 수 있는 방법이다.

설명하는 방법은 전달하려는 정보의 내용에 따라 다르게 사용하려는 노력이 필요하다. 시기나 순서와 관련된 정보를 전달할 경우에는 시간 순이나 단계적인 진행 방식으로 정보를 전달하는 것이 효율적이다. 방대한 주제에 대한 설명에서는 주제를 세분화하여 전달하면 좋다. 유사점과 차이점을 설명할 때에는 비교-대조의 방법을 사용하는 것이 효과적이다.

대상에 대한 설명은 그 대상에 대한 상세한 묘사를 하는 것이 좋고, 제품의 작동법이나 서류 작성법과 같은 과정에 대한 설명은 첫째, 둘째, 셋째와 같이 단계별로 나누어 설명을 하는 것이 바람직하며, 사건에 대한 설명은 사건이 일어난 장소에 대한 설명과 함께 사건이 일어난 시간 순서대로 설명을 하는 것이 효율적이다. 개념에 대한 설명은 추상적면서 어려운 내용이 많기 때문에 개념을 쉽게 이해할 수 있도록 예를 들어서 설명하고, 통계 수치 등을 이용하면 객관적인 증거를 덧보태는 것이 되어 내용의 신뢰도를 높일 수도 있다.

위에서 제시한 정의, 예시, 인용, 비교와 대조, 분석, 분류의 설명 방법은 한 번에 한 가지만 적용되는 것이 아니라 필요에 따라 이들을 함께 적용하여 설명에 이용하면 정보를 더 효과적으로 전달할 수 있다. 예를 들면, 개념에 대한 설명을 할 때는 정의와 예시를 함께 사용하고, 폭넓은 주제를 설명할 때는 분석과 분류를 함께 사용한다. 설명해야 하는 대상에 따라 설명의 방법을 다양하게 활용하면 정보의 전달 면에서 효용성이 높아지게 된다.

6.3. 이해하기 쉽게 설명하기

상대방의 설명을 듣고 쉽게 이해한 경우도 있지만, 도대체 무슨 말을 하고 있는지 알아듣기 어려운 경우도 있었을 것이다. 무엇이 설명을 어렵게 하고 쉽게 하는가?

상대방이 이해하기 쉽게 설명한다는 것은 상대방의 기억 구조 속에 쉽게 저장이 되도록 한다는 것과 관계가 있다. 인간의 기억에 관해 연구한 Atkinson & Shiffrin(1968)에서는 기억의 구조를 세 단계로 나누었다. 제일 먼저 우리가 보고 듣고 느낀 정보는 감각등록기(sensory register)로 들어가고, 감각 등록기에 있는 정보 중 일부가 다시 단기기억으로 넘어가고, 이 중의 일부가 장기기억에 저장된다.

감각등록기에서 단기기억으로 넘어가는 과정을 '주의'(attention)라고 하는데, 놀랍게도 단기기억 내에 어떤 정보가 떠 있는 시간은 불과 18초에 불과하다(Peterson & Peterson, 1959). 이 짧은 기간 동안에 장기기억으로 넘기기 위해서는 특별한 과정이 필요하다.

후지사와 고지(2002)에서는 '설명'을 상대가 어떤 일의 내용이나 이유 등을 알기 쉽도록 밝혀서 말하는 것이고, '알기 쉽다'는 말은 이야기하는 사람의 의도를 정확하게 이해하는 것이라고 정의하였다. 그에 따르면 '알기 쉬운 설명'은 뇌의 단기기억 영역인 '뇌내 관소'를 통과하기 쉬운 설명이라고 하였다. 정보가 단기기억 영역을 통과해서 뇌속 정리함(장기 기억)의 어떠한 구획에 보관되는 순간, 사람들은 '알았다'고 깨닫고, 반대로 어떠한 정보를 뇌내 관소에 분류할 수 없을 때에는 뇌속 정리함에 보관할 수 없기 때문에 '이해할 수 없다'는 말을 하게 된다는 것이다. 따라서 이해하기 쉬운 설명이란 뇌내 관소를 쉽게 통과하여 뇌속 정리함에 쉽게 보관되는 설명이라는 뜻이다.

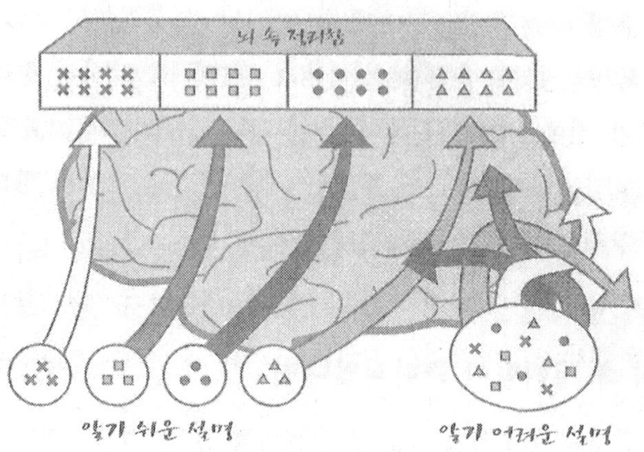

그림 1. 알기 쉬운 설명(후지사와 고지, 2002)

　단기기억은 듣는(acoustic) 정보와 관련이 많다. 시험 치기 전에 첫 글자만 따서 입으로 반복하면 계속 단기기억에 머물 수 있다. 운율을 맞춰 암송한 것은 단기기억에 잘 머문다. 단기기억을 장기기억으로 옮기기 위해서는 몇 가지 방법이 필요하다. 첫 번째 방법은 반복하는 것이다. 시험 공부할 때 반복해서 공부한 것이 오랜 시간이 지난 뒤에도 저장되어 있다. 또 다른 방법은 변환(coding)하는 것이다. 변환은 단기기억에 떠 있는 정보를 장기기억 내의 정보와 관련을 짓는 것이다. 단기기억에 들어 온 정보가 장기기억으로 넘어가기 위해서는 반복을 하거나 기존에 알고 있던 것과 연관을 지어야 한다.

　단기기억 장치를 쉽게 통과하여 장기기억으로 저장되기 쉬운 설명의 방법에 대해 후지사와 고지(2002)에서 제시한 내용을 중심으로 살펴보면 다음과 같다.

　첫째, 상대방이 이해할 수 있는 시간을 주며 천천히 말해야 한다. 처음 들은 정보를 한꺼번에 다 이해하기는 것은 어렵다. 빠른 시간 내에 많은 설명을 한다고 상대방의 이해를 돕는 것이 아니다. 새로운 정보를 한 번에 하나씩 처리한다고 생각하고, 처리하는 시간을 주어야 한다. 곧 듣는 사람의 뇌가 상대방이 설명하고 있는 내용에 익숙해지고, 그 내용을 처리할 수 있는 시간을 주어야 하는 것이다.

내용 구분이 되는 부분에서는 잠시 쉬면서 말해야 한다. 내용별로 단락을 나눌 때, 핵심을 말하고 난 후에는 상대방이 정보를 처리할 수 있는 간격을 두었다가 다음 설명을 하는 것이 좋다. 복잡한 개념을 설명할 때는 의미가 구분되는 부분에서 조금 쉬었다가 다음을 진행하는 것이 상대방의 이해를 돕는다. 따라서 설명을 할 때는 너무 급하게 쉬지 않고 말하는 것보다, 하나의 정보를 제시하고 여유를 두고, 또 하나의 정보를 제시하는 말하기를 하는 것이 좋다.

둘째, 설명의 첫머리에서 개요를 먼저 말한다. 설명의 시작 부분에서 설명할 내용의 큰 틀을 먼저 천천히 제시하면, 듣는 사람은 그 설명이 기억될 뇌속 정리함을 준비하게 된다. 큰 틀의 제시를 통해 두뇌가 세부 사항을 받아들일 준비를 할 수 있다는 것이다.

> (10) A: 오늘은 어떻게 하는 것이 제대로 된 글쓰기를 할 수 있는
>   것인가에 관한 기본적인 사항 몇 가지만 말씀을 드리도록
>   할게요. 첫 번째 보면 "좋은 언어표현이어야 한다."라고 돼
>   있죠? 좋은 언어표현에서 '좋은'이란 말이 붙었어요. 그 좋
>   은'이란 말이 붙었다는 것을 보면, 뭔가 제대로 된 어떤 규
>   칙이라는 것. 또는 법칙이 그 안에 숨어 있을 거 같은데,
>   (연세 구어 전사 말뭉치 중에서)

(10)의 예는 강의에서 사용된 것으로, 글을 잘 쓰기 위한 것에 대한 내용에 대해 설명하겠다는 개요를 밝히고 있다. 이러한 방법은 학생들의 머릿속에 글을 잘 쓰는 방법에 대한 세부사항을 받아들이는 준비를 시키는

것이 된다. 전체 개요를 먼저 밝히고 세부사항을 설명하는 것이 이해하기 쉬운 설명이 된다.

셋째, 추상적인 설명과 구체적인 설명이 조화를 이루어야 한다. 이 방법은 설명의 원리 가운데 '추상성의 원리'와 연결되는 것으로, 설명의 내용이 너무 추상적이어서도 안 되고 너무 구체적이어서도 안 된다.

> (11) 부하직원이 올린 기획서를 다시 돌려주면서
> A-1: 이 기획서를 좀더 알기 쉽게 작성해 와요.
> A-2: 이 기획서에서 다른 부분은 괜찮은데, 이 일을 하는 목적이 분명하지 않아요. 서두에서 이 계획의 목적을 명확하게 짚고 넘어가면 좋겠어요.

(11)에서 A-1의 설명은 구체적이지 않아서 상대방이 무엇을 어떻게 고쳐야 하는지 판단하기가 쉽지 않다. 하지만 A-2는 무엇을 고쳐야 하는지가 분명하기 때문에 쉽게 기획서를 수정할 수 있게 된다.

구체적이지 않은 설명은 이해하기 어렵다. 그러나 모든 설명에 구체적인 것만 있어서는 안 된다. 추상적인 개념과 구체적인 사실이 조화를 이룰 때 이해하기 쉬운 설명이 된다.

넷째, 정보를 구조화해야 한다. 설명은 정보를 단순하게 전달하는 것이 아니라, 사전에 정리하고 가공해서 듣는 사람에게 건네 주는 것이다. 무엇을 먼저 제시하고, 무엇을 나중에 제시할 것인지를 고려한 말하기가 이루어져야 한다. 뇌내 관소의 핵심적인 작업은 정보를 분류하여 뇌속 보관함에 전달하는 것인데, 설명을 할 때 정보를 정리하고 구조화해서 하면 기억하는 것이 용이해 진다. 정보를 구조화하는데 필요한 사항들은 다음과 같다.

> (12) 정보를 구조화하는 방법
> a. 중복이나 군더더기 표현을 피한다.

        b. 항목을 체계적으로 분류한다.
        c. 대등 관계, 대조 관계, 종속 관계 등을 명시한다.
        d. 요점을 명시한다.

중복이나 군더더기 표현을 피해야 한다. 중복이나 군더더기 표현은 글을 쓸 때보다 말을 할 때 더 많이 나타나는 특징인데, 중복이나 군더더기 표현이 많으면 상대방이 이해하기 어렵다는 것을 알고, 되도록이면 간결하게 설명하도록 노력해야 한다.

    (13) a. 우리 회사에는 지금까지 영어를 일본어로 자동 번역하는
            것에 이어서 독일어를 일본어로 자동 번역, 그리고 마지막
            으로 중국어를 일본어로 자동 번역하는 소프트웨어 개발
            및 판매의 실적이 있습니다.
        b. 우리 회사에는 외국어를 일본어로 자동 번역하는 소프트
            웨어의 개발 및 판매의 실적이 있습니다. 지금까지 영어,
            독일어, 중국어에 대한 개발이 이루어졌습니다.

(13)a에서는 중복되거나 군더더기 표현이 많다. 이것을 (13)b와 같이 간결하게 고치면 상대방이 이해하기 훨씬 쉬워진다.

항목을 체계적으로 분류하는 것은 주제, 하위 주제, 하위 주제에서의 세부 사항 등의 위계를 설정하고 설명을 할 때 반영을 해야 하는 것이다. 설명할 주제가 무엇인지를 알려 큰 틀을 제시하고, 큰 틀 속에서 하위 주제를 분류하고, 분류한 하위 주제를 자세하게 설명하는 방법을 채택하여야 한다. 항목의 분류는 항목 사이의 상호 관계를 표시해 주는 표현을 적절히 사용하면 효율적이다. 항목을 나열할 때는 첫째, 둘째, 셋째와 같이 단계별로 나누어서 설명하는 방법을 이용한다.

정보의 구조화를 위해서는 요점이 명시되어야 한다. 전달하는 정보에서 핵심이 되는 사항을 명확하게 제시한다면 상대방이 쉽게 이해할 수 있

다. 설명의 처음 부분에서 요점을 제시하고, 마지막 부분에서 요점을 다시 확인시켜 주면 설명된 내용을 쉽게 받아들일 수 있게 된다.

다섯째, 논리적으로 말해야 한다. 상대방을 설득하는 말하기뿐만 아니라 설명하는 말하기도 논리적으로 이루어져야 한다.

> (14) a. 상자 속에는 빨간 구슬과 흰 구슬이 하나씩 들어 있다. 빨
> 간 구슬을 꺼내면 상자에는 빨간 구슬만 남아 있게 된다.
> b. 상자 속에는 빨간 구슬과 흰 구슬이 하나씩 들어 있다. 빨
> 간 구슬을 꺼내면 상자에는 흰 구슬만 남게 된다.

(14)a와 같이 논리적으로 앞뒤가 맞지 않는 설명은 기억 속에 저장되지 않고, (14)b와 같이 정확한 설명만이 상대방에게 받아들여져서 기억하게 한다.

여섯째, 공적인 자리에서 설명할 때는 메시지를 기억하게 할 보충 자료를 사용하는 것이 효과적이다. 사람들이 학습에서 사용하는 감각은 미각이 1%, 촉각이 1.5%, 후각이 3.5%, 청각이 11%, 시각이 83%를 차지한다(Berko, Wolvin & Wolvin 1998). 따라서 정보를 기억하게 하는 가장 좋은 방법은 내용을 보고 듣게 하는 것이다. 자료가 없으면 설명할 내용을 기억하게 하는데 한계가 있다. 정보를 기억하게 하는 가장 좋은 방법이 시각적 자료를 이용하는 것이어서 그림이나 도표 등을 이용하여 정보를 전달하면 설명의 효과가 매우 커진다.

설명을 효과적으로 하려면 듣는 사람의 수준을 고려해야 하고, '이것도 몰라'하는 것처럼 상대방을 무시하는 발언을 해서는 안 된다. 또한 모르는 정보에 대해서는 정직하게 모른다고 대답하는 것이 좋다. 잘못된 정보를 알려주면 오히려 상대방이 곤란한 일을 당할 수도 있게 된다. 예를 들어, 잘 모르는 버스 정류장을 엉뚱하게 알려주어 상대방을 추운 길거리에

서 헤매게 하는 것보다는 잘 모르겠으니 다른 사람에게 물어보라고 말하는 것이 더 바람직하다.

　설명을 제대로 하기 위해서는 친절한 마음이 전제되어야 한다. 남에게 정보를 주고 싶어 하는 마음도 있지만 한 편으로는 다른 사람에게 정보를 준다는 것이 나의 시간과 에너지를 소모하는 것으로 생각되기 때문이다. 따라서 설명을 잘 하려면 먼저 상대방의 관점에 맞추어 상대방을 배려하는 마음이 수반되어야 한다.

1. 다음의 설명 내용을 참고하여 길 안내하기를 실습해 보자.

길 안내하기는 공간적인 순서와 시간적인 순서를 따라야 하고, 지형 지물에 대한 구체적인 사항이 포함되어야 한다.

(1) A: 서점을 가려면 어떻게 가야 하나요?
   B: 길 아래쪽으로 내려가다가 오른쪽으로 도세요.

(2) A: 서점을 가려면 어떻게 가야 하나요?
   B: (손짓으로 방향을 가리키며) 이쪽 방향으로 500m 정도 내려가다 보면, 모퉁이에 피자가게가 있습니다. 그 피자가게를 끼고 오른쪽으로 돌면 서점 간판이 보일 것입니다.

위의 대화에서 (1)보다는 (2)가 더 구체적으로 길을 안내하는 설명을 하고 있다. 길을 안내할 때에는 방위(동서남북, 왼쪽, 오른쪽)에 대한 자세한 설명, 주변 건물에 대한 이름·크기·모양 등의 세부 묘사 등이 포함되어야 한다. 지도를 보면서 설명해 주는 방법도 좋지만, 지도 읽기에 익숙하지 않은 사람에게는 큰 건물을 중심으로 설명해주는 방법이 좋다. 시간과 공간에 대한 순차적인 안내와 함께 헷갈릴 수 있는 지점에 대해서는 구체적인 설명이 반드시 이루어져야 한다.

---

(1) (타과 학생에게) 강의실에서 자신의 학과사무실까지 안내하기
(2) (가족에게) (집에서) 학교까지 찾아오는 길 안내하기
   (친구에게) (학교에서) 집까지 찾아오는 길 안내하기

2. 아래의 시는 어떤 설명의 방법을 사용하고 있는지 살피고, 이런 방법
   을 선택한 이유에 대해서도 생각해 보자.

사랑이란 예를 들면 이런 거야

지병주

예를 들면 이런 거야.
좌석버스인데도 좌석이 없어
흔들리는 손잡이에 피곤한 몸 맡길 때도
널 만나고 돌아오는 길이라면
피곤하지 않은 거야

예를 들면 이런 거지
그 버스 가는 길이 너무도 막혀
집에 가는데 한 시간이 걸렸어도
널 만난 시간이 두 시간이라면
두 시간 정리하기에 한 시간은 짧은 거야

예를 들면 끝도 없어.
그런 게 사랑이야
좌석버스 하나로도 애깃거리가 되듯
유치한 발상도 맛있게 느껴지듯
아지랑이 같이, 겨울 냄새 같이,
그렇게 널 느끼는 거야.

3. 아래 예문의 문제점을 설명하기와 관련지어 논의해 보자.

> 여행을 갔다가 만난 여자와 1년 후에 파리 기차역에서 만나기로 약
> 속한 남자가 있었다. 그 사람은 1년 후에 파리 기차역에서 그녀를 기다
> 렸다. 하지만 그 여자는 나타나지 않았고, 이 남자는 여자가 꼭 올 것으
> 로 믿고, 그 때부터 기차역에서 신문을 팔면서 여자를 기다리고 있었다.
> 그 이후 1년에 두 사람은 우연히 그 기차역에서 만나게 되었다. 그런데
> 놀라운 것은 그동안 남자는 기차역 안에서, 여자는 기차역 밖에서 무려
> 1년을 기다린 것이었다.

4. 자신의 전공분야와 관련한 개념이나 용어를 하나 선택하여 비전공자
   들에게 설명하는 말하기를 해 보고, 자신의 설명에 대해 평가해 보자.

5. 설명하기 어려웠던 경험을 떠올려보고, 무엇 때문에 어려웠는지를
   발표해 보자.

7. 설득하기

설득은 화자 자신이 옳다고 믿거나 바라고 있는 것을 상대방에게 납득시키고 그 과정에서 상대방의 태도나 행동에 영향을 끼치어 결과적으로 자신이 원하는 방향으로 상대방을 변화시키려는 목적을 가지고 있는 화법의 한 유형이다.

설득은 일상적인 대화 상황뿐만 아니라 대중 연설과 같은 공적인 말하기에서도 필수적으로 사용되는 방법이다. 우리 주변에서 쉽게 볼 수 있는 연설이나 광고는 대표적인 설득의 예가 된다. 설득의 메시지에는 화자의 주장이 담겨있으며 그 주장을 뒷받침할 만한 근거도 포함되어 있어야 한다. 또한, 설득은 상대방에게 무엇인가를 요구하는 말하기이기 때문에 인간관계의 측면에서도 특히 주의를 기울여야 한다. 사람들이 전달하려고 하는 메시지의 대부분은 상대방의 태도와 신념, 심지어 행동까지도 변화시키려는 것이다. 우리는 상대방을 설득하려고 노력하기도 하지만 상대방에게 설득되기도 한다. 상대방에게 동의를 얻어내고 행동의 변화를 일으키며 나아가 눈에 보이지 않는 신념이나 이념까지도 동화시키는 것이 성공하려면 설득의 원리와 요소가 반영된 방법을 적절하게 활용하는 것이 필요하다.

우리가 다른 사람에게 영향을 끼치듯이 다른 사람도 우리의 행동에 어떠한 영향을 끼치고 있다. 설득에 대해 이해하는 것은 상대방에 대해 더 많이 이해하게 되는 것이므로 이와 같은 연구는 인간 이해의 측면에서도 필요하다. 따라서 이 장에서는 설득의 구성요소와 원리, 그리고 설득의 방법에 대해 살펴보기로 한다.

7.1. 설득의 구성요소와 원리

의사소통은 인간행위의 핵심이며, 일반적으로 음성적으로나 비음성적 메시지로 표현된 느낌이나 생각을 주고받고 이해하는 과정의 총체이다. 화자가 타당한 근거를 가진 메시지를 이용해서 청자를 동화시킬 때 비로소 설득이 이루어질 수 있으며 이 과정은 의사소통의 과정과 동일하다.

7.1.1. 설득의 구성요소

우리가 사용하는 언어적 의사소통의 과정을 구성하고 있는 대표적인 요소는 화자, 청자, 메시지이다. 설득은 의사소통의 한 유형이기 때문에 설득 화법의 구성요소는 의사소통의 구성요소와 일치한다. 전영우(1990: 244)에서도 아리스토텔레스의 수사학을 근거로 하여 설득의 구성요소로 화자, 청자, 메시지를 들고 있다. 설득을 하기 위해서는 우선적으로 화자의 역할이 중요하고 둘째로는 청중의 마음을 모아야 하며 셋째는 증명할 수 있는 내용의 말을 해야 한다고 하였다. 화자의 역할 중에서는 특히 화자가 신뢰할 수 있는 사람인가 하는 것이고 청중의 마음을 모은다는 것은 청자가 설득의 요구를 받아들일 수 있을 만큼 감동을 주어야 한다는 것이다. 또한 증명할 수 있는 말을 해야 한다는 것은 설득하려고 하는 메시지가 논리적으로 타당해야 한다는 것이다.

① 화자

화자는 설득의 핵심적인 요소이다. 그리스의 철학자 아리스토텔레스는 설득의 필요한 요소로 화자의 인격과 관련된 에토스(ethos), 화자의 정서적 호소에 해당하는 파토스(pathos), 화자의 논리적 뒷받침이 되는 이성에 해당하는 로고스(logos)가 갖추어져야 한다고 하여 화자의 역할에 관해 특히 강조하였다. 화자가 어떤 사람인가에 따라 전달하는 메시지가 받아들여질 수도 있고 그렇지 않을 수도 있다. 일반적으로 사람들은 믿을만하다고 여기는 화자에게 설득을 잘 당하고 일반인의 말보다는 전문적인 지식을 가지고 있는 사람에게 설득당하기 쉽다. Cialdini(1985)에서는 화자의 신뢰성과 관련된 예를 환자의 투약 과정에서 나타나는 실수를 통해 설명하고 있다. 미국에서는 매일 평균 12%의 투약 실수가 발견되는데 수많은 투약 사고에서 공통적으로 발견되는 현상은 병원의 환자, 간호사, 약사, 인턴, 레지던트들이 담당 주치의의 처방전을 아무 의심 없이 받아들이고 있다는 점이다. 담당 의사의 권위에 대한 신뢰가 사람들을 설득시킨 것인데, 이처럼 화자에 관한 정보가 청자에게 큰 영향을 끼쳐서 설득의 성패를 좌우하게 된다.

믿을 만하다는 것은 화자의 신뢰도와 관련된 문제이다. Berko, Wolvin & Wolvin(1998)에서는 화자의 신뢰성을 구성 요소로 능력, 카리스마, 인격을 제시하고 있다.

첫째, **능력**은 그 사람이 가진 지식, 지혜, 권위 등을 뜻하는 것이다. 상대방을 설득하려면 말하는 분야에 대한 정보가 충분해야 하며, 그 문제에 대해 올바른 판단력을 가지고 있어야 하며, 자신의 견해를 뒷받침할 수 있는 전문적인 의견을 제시할 수 있어야 한다. 예를 들어 판매사원이 상품에 대한 정보를 제시하면서 상품의 사용에 대해 제대로 이해하고 있지 않다면 사람들에게 그 상품을 팔 수 있는 기회는 없게 된다. 또한 정보가 충분하지 않아 구매자들의 질문에 제대로 답을 하지 못했다면 역시 판매원으로서의 능력이 부족한 것이고, 상대방을 설득하지 못한다. 또한 상대방을 설득시키기 위해서는 자신의 삶의 지혜가 드러나도록 표현하는 것이 좋다. '내 경험에 의하면……, 내가 관찰한 결과로는……' 등의 표현을 사용하면서 자신의 경험을 바탕으로 지혜롭게 대처한 상황을 설명하면 나는 신뢰할 만한 사람이 되고, 상대방을 설득하기가 쉽다. 신뢰성을 얻는 또 다른 방법은 다른 사람의 지식을 인용하는 것이다. 화자 자신이 설득하려고 하는 분야의 전문가가 아니라면, 그 분야에서 인정받는 전문가의 의견을 인용함으로 자신의 주장을 강화할 수 있을 것이며 메시지의 타당성도 확보할 수 있게 된다.

둘째, **카리스마**가 있다는 것은 박력 있고, 사려 깊으며, 열정적이고 거짓이 없다는 것이다. 카리스마는 대중을 마음으로 따르게 하는 뛰어난 능력이나 자질을 말하는데, 카리스마를 지닌 사람은 흥미를 강하게 불러일으키고, 다른 사람들을 동조하게 하는 능력을 가지고 있다. 강한 카리스마를 가지고 있는 화자는 다른 사람의 주의를 끌게 된다. 카리스마는 신뢰의 또 다른 특징으로 나타나는 것이다.

셋째, **인격**을 갖추는 것이다. 화자의 인격은 상대방에게 믿음이 생기게 한다. 높은 인격을 소유하고 있다는 것은 상대방에게 신뢰를 줄 수 있다는 뜻이다. 인격이 높은 사람은 정직하고, 공명정대하며, 상대방을 먼저 배려할 줄 아는 자세를 가진 사람이다. 따라서 설득을 잘 하려면 인격을 발전시키도록 노력해야 한다.

설득을 하는 데에 있어서 화자가 갖추어야 할 가장 중요한 요소는 상대방으로부터 신뢰를 얻어 내는 것이다. 곧, 인격적으로 존경받는 화자가 설득하려고 하는 메시지에 대해 전문적인 지식을 가지고 있으며 사려 깊고 열정을 가지고 있으면 상대방을 잘 설득할 수 있는 요건을 갖춘 것이라 할 수 있다.

② 청자

설득은 일방적인 메시지의 전달 과정이 아니라 청자의 이해와 동의를 필요로 한다. 화자가 아무리 훌륭한 능력을 갖추고 있더라도 청자에게 받아들여지지 않으면 설득은 이루어질 수 없다. 청자의 욕구, 흥미와 관심도, 인지적 수준, 성별, 친밀함의 정도 등에 따라 결과가 달라지기 때문에 설득을 하기 위해서는 청자에 대한 고려가 필수적이다.

청자에 대해 고려해야 할 요건은 크게 두 가지로 나눌 수 있는데 하나는 청자의 욕구에 대한 것이고 다른 하나는 청자와의 심리적인 일치감이다. 제1장에서 살펴본 바와 같이, Maslow(1954)에서는 모든 인간이 본능적인 욕구를 가지고 있는데 그 종류로는 생리적 욕구(physiological needs), 안전의 욕구(safety needs), 소속과 애정의 욕구(belong and love needs), 자기 존중의 욕구(esteem needs), 자아실현의 욕구(need for self actualization)가 있다고 하였다. 청자를 심리적으로 자극하려면 상대방의 욕구의 수준을 파악하는 것이 중요하다. 곧 효과적인 설득이 되기 위해서는 화자가 기대하는 설득의 내용이 청자의 욕구 단계에서 선택될 수 있는 것이어야 한다.

첫째, 청자의 욕구 수준이 어느 정도인지 파악하는 것이 중요하다. 특정한 행동이나 삶의 방법을 강화시키거나 개발하거나 변화시키게 하는 것이 설득의 목적이므로 청자가 필요로 하는 것이 무엇인지 인식해야 한다. 욕구 수준을 결정하고 그에 맞출 수 있다면 청자에게 동기부여가 되어 쉽게 설득할 수 있는 바탕이 만들어진다.

둘째, 청자와의 심리적 일체감도 설득을 할 때 고려해야 하는 요건 중의 하나이다. 청자의 호응을 얻어내는 심리적인 일체감은 Maslow의 욕구 단계설에 바탕을 둔다. 청자와 감성과 심리적인 면에 호소하여 상대방과 일체감을 얻어내는 방법은 상대방을 설득하는 강력한 수단이 된다. 한 예로 1968년 케네디 대통령이 인디아나폴리스의 흑인 거주 지역에서 연설

을 하기 몇 시간 전에 흑인 인권운동가 마틴 루터 킹 목사가 백인에 의해
암살되었다. 흑인들의 분노를 걱정한 주변 사람들은 연설을 만류했지만,
그는 오히려 다음과 같은 내용을 포함하여 성공적인 연설을 했다.

> (1) 여러분은 지금 분노로 들끓고 있습니다. 저는 여러분에게 한
> 마디만 꼭 말씀드리겠습니다. 저도 여러분과 똑같은 감정을
> 느끼고 있다는 것입니다. 제 가족도 암살당했습니다. 암살범은
> 백인이었습니다. (Carnegie, 1937)

청중의 감성을 자극하는 이 말을 통해 케네디는 청중들의 열렬한 호응
을 이끌어냈다. 이와 같이 청중의 감성을 자극하는 것은 상대방을 설득하
는 강력한 무기가 된다. 청자에게 감동을 주거나 심리적인 호소에 의존하
기 위해서는 상대방에 대한 관찰과 분석이 중요한 요인이 된다.

또한 청자가 비언어적으로 나타내는 심리적인 태도에 대해 살펴보는
것도 필요하다. 상대방의 무관심, 반발, 무시 등의 부정적인 반응이 나타
나지 않는지 살펴보며, 청자와 일치되고 있는지 확인하여 설득을 위한 설
득이 아니라 상대방의 입장을 고려한 설득이 되도록 해야 한다.

③ 메시지

메시지의 내용과 구조도 설득에 영향을 끼치는 요소가 된다. 어떤 방법
으로 메시지를 구성하느냐에 따라 설득의 결과가 달라질 수 있으므로 명
쾌하게 전달할 수 있도록 해야 한다. 설득의 과정은 화자가 자신이 가진
힘이나 권위를 이용해서 강압적으로 상대방을 움직이게 하는 것이 아니
라 청자 스스로 판단하여 이해할 수 있도록 해야 한다. 그러므로 설득의
메시지는 다음의 두 가지 요소를 갖추어야 한다.

첫째, 설득의 메시지는 논리적으로 타당해야 한다. 논리적인 메시지는
분명한 논거를 가지고 있어서 설득의 타당성을 뒷받침해 줄 수 있다. 메

시지는 적합성과 신뢰성을 갖추어야 한다. 적합성은 메시지가 논리적인 비약이 없어야 한다는 것이고, 신뢰성은 설득의 근거 자체가 믿을 수 있어야 한다는 것이다. 권위 있는 사람의 말을 인용하거나 유명한 책의 내용을 인용하는 것, 객관적으로 드러난 수치를 제시하는 것 등은 메시지에 대한 신뢰성을 갖추기 위한 것이다.

> (2) 앨버트 하버드 박사는 돈과 명예를 얻을 수 있는 길에 관하여 다음과 같이 말하였습니다. "돈과 명예를 얻을 수 있는 길은 진취적인 태도이다." 진취적인 태도란 요구받지 않은 가운데 어떤 일을 시작하는 것입니다. 여러분은 진취적인 태도를 가지고 있습니까? (Carnegie, 1937)

(2)는 청중에게 진취적 태도를 갖도록 설득하려는 연설이다. 화자는 자신의 말을 시작하기 전에 '앨버트 하버드'라는 유명인의 말을 인용하여 자신뿐만 아니라 전문가도 같은 의견을 가지고 있다는 것을 강조함으로써 메시지의 타당성을 확보하려고 한다.

둘째, 메시지를 받아들일 수 있도록 설명해야 한다. 설득에는 화자의 주장이 담겨있으므로 그 주장을 뒷받침 할 수 있는 충분하고도 분명한 근거가 뒤따라야 한다. 화자는 자신이 무엇을, 왜 설득하려고 하는지 설명할 수 있어야 하며 설득의 메시지 안에 이와 같은 내용이 포함되어야 한다. 상대방을 설득하려는 이유를 메시지 속에서 기꺼이 설명하고 논증하려는 태도가 필요하다. 구현정 외(2005: 343)에서는 자신의 입장을 논리적으로 기꺼이 설명하려는 태도를 논쟁성이라 하고 특히 토론과 같은 설득의 상황에서는 적극적으로 길러야 하는 자질이라고 하였다. 설득을 하다보면 상대방과 서로 의견이 일치되지 않는 경우가 있는데 이때는 상대방의 입장에서 한 번 더 생각해 보고 논리적으로 설득할 수 있도록 노력해야 한다.

　이상 설득의 구성요소로 화자, 청자, 메시지에 대해 살펴보았다. 상대방을 설득하기 위해서는 이 세 가지 요소가 조화를 이루어야 한다. 화자가 준비한 설득의 메시지만 일방적으로 전달해서는 안 되며 상대방의 반응을 예상하면서 청자의 욕구 수준을 충족시킬 수 있는 것인지, 논리적으로 타당한 설득을 하려는 것인지 화자 자신에 대한 점검도 필요하다.

7.1.2. 설득의 원리

　설득은 다른 사람을 변화시키려는 목적을 가지고 있다. 상대방을 자신의 의지대로 움직이게 하기 위해서는 설득을 가능하게 하는 원리를 이해하고 그 원리에 따라 가장 효과적인 방법을 모색하여야 한다. 설득의 기본이 되는 원리로는 상호성의 원리, 공손성의 원리, 일관성의 원리를 들 수 있다.

　첫째, 상호성의 원리는 설득 화법이 다른 화법의 유형과 같이 상호의존적인 성격을 가지고 있음을 보여준다. 자신의 주장만 일방적으로 늘어놓거나 상대방에게 설득을 강요하는 것은 바람직한 설득이라고 할 수 없다. 설득은 화자가 청자와 더불어 설득의 메시지를 구성해 나가며 청자의 반응에 따라 그 내용과 방법을 수정하거나 조정하는 과정이다. 그러므로 설득을 할 때에는 일방적으로 지시하는 것이 아니라 기꺼이 이해시키기 위해 상대방을 끌어들이려는 노력이 필요하다.

　둘째, 공손성의 원리는 상호성을 전제로 한다. 공손하다는 것은 자기중심적인 생각을 상대방의 관점에서 표현하는 것으로 설득에 참여하는 화자와 청자 사이의 인간관계와 관련된 원리이다. 이 원리는 설득을 하는 과정 속에서 일어날 수 있는 갈등이나 대립을 최소화함으로써 화자와 청자 사이의 교류와 상호작용을 용이하게 한다. 상대방의 체면에 손상을 입히지도 않고 욕구 수준도 만족시키는 설득이 되려면 자신이 말이 상대방에게 미칠 영향을 고려해야 하며 이 때 필요한 것이 공손이다.

셋째, 일관성의 원리는 설득하고자 하는 메시지와 관련된 원리이다. 설득의 메시지를 전개하는 데에 있어서 타당하고 논리적이고 진실해야 상대방을 설득할 수 있다. 화자 자신도 확신할 수 없는 내용을 설득하려고 하거나, 근거가 적절하지 않으면 그 말은 설득력을 지닐 수 없다. 그러므로 설득하려는 메시지에 대해 적절하고 구체적인 근거를 제시하여야 하며 화자 자신이 설득의 목적을 분명히 해야 한다.

7.2. 설득의 방법

설득은 상호작용을 바탕으로 이루어지며, 이 상호작용은 설득의 구성 요소인 화자, 청자, 메시지를 중심으로 나타난다. 그러므로 설득의 방법은 화자와 청자 사이의 관계를 통해 나타나거나 화자가 전달하려는 메시지를 통해 이루어질 수 있다.

7.2.1. 화자 중심적 방법

화자 중심적 방법은 화자 자신이 가진 권위나 지위를 이용하여 상대방을 설득하려는 것이다. 화자가 자신의 신념이나 바람 등을 청자에게 실현시키기 위해서는 화자가 가진 능력에 의존하게 된다. 화자가 가진 능력은 그 사람의 지식, 권위, 힘 등이다. 화자의 권위나 지위를 이용하는 방법의 유형에는 보상이나 체벌을 제시하는 방법, 과시하는 방법, 화자의 희망이나 바람을 제시하는 방법 등이 있다.

첫째, 보상과 체벌은 화자가 청자에게 영향을 미치는 힘의 표현이다. 보상은 화자의 힘이 긍정적으로 영향을 끼치는 경우이고 체벌은 부정적인 영향을 끼치는 경우이다.

　(3) A: 미역이 얼마나 몸에 좋은데 안 먹니?

　　　 B: 난 미역이 미끌거려서 싫어요.

　　　 A: 이거 다 먹으면 아이스크림 먹게 해줄게. 좋지?

　　　 B: 정말요? 좋아요. 그럼 나 먹어요.

　(3)의 A는 청자에게 어떤 보상을 해 줄 수 있는 지위를 갖추고 있을 때 사용할 수 있는 설득의 방법을 이용하고 있다. 싫어하는 음식을 먹으면 그 보상으로 원하는 것을 들어주는 방법은 상대방을 쉽게 설득할 수는 있지만 지속적인 행동의 변화를 일으키기는 어렵다.

　Dawson(1992)에서는 대가나 포상과 같은 보상을 약속하면 상대방을 신속하게 설득할 수 있다는 장점이 있지만 비용이 많이 든다는 단점을 지적하고 있다. 또한 좀더 나은 결과를 기대하기 위해서는 보상의 강도를 점점 높여야 한다는 점도 한계로 지적할 수 있다. 그러므로 상황에 따라 보상과 체벌을 병행하면 훨씬 더 강력한 설득의 효과를 얻을 수 있게 된다. 예를 들면, 교사가 학생을 설득할 때 학생에게 공포나 닥칠 위험을 예고하고 위험한 상황이 발생하지 않기 위해서는 지금 추천하는 방법을 따라야 한다는 식으로 설득하는 경우이다(박경현 2003: 209).

　둘째, 과시는 화자가 자신의 신분이나 지식의 정도, 가지고 있는 전문적인 지식, 능력 등을 강조하여 말하는 것으로 화자의 신뢰도를 높여 설득하려는 방법이다. 사람들은 상 받은 상품, 큰 체구, 높은 직책, 우아한 옷차림에 약하다. 광고에서 전문가나 유명인을 내세우는 것도 같은 이유이다.

　(4) A: 똑같은 안마의자 같은데 또 사셨어요?

　　　 B: 이건 전에 쓰던 것과 다르대. 정형외과 의사가 광고하는 거
　　　　　 잖니? 지난 번 건 진동이 너무 강해서 좀 아팠는데 이건 다
　　　　　 르다. 역시 의사가 광고하는 게 믿을 만해.

　　　 A: 네.

(4)의 자료에서 보면 광고 모델이 의사라는 이유가 청자에게 신뢰감을 주었음을 살필 수 있다. 뿐만 아니라 상대방을 설득할 때도 전문가라는 것을 강조하여 모델의 인지도를 이용하여 설득하고 있음을 볼 수 있다.

Cialdini(1985)에서는 사람들이 화자의 옷차림과 같은 외형적이 부분에서도 영향을 받는다고 하였다. 무단횡단 금지 표지판 앞에서 실험을 한 결과 좋은 양복을 입은 신사가 무단횡단을 하면 따라가는 사람이 많은데, 초라한 옷차림을 한 노인이 같은 행동을 했을 때는 사람들이 따라하지 않았다. 이와 같은 실험을 통해 화자의 설득 능력은 무형적인 요소뿐만 아니라 외모와 같은 외부적인 요소도 영향을 끼친다는 것을 알 수 있다.

셋째, 화자의 소망을 제시하는 방법은 청자에게 설득을 강요하는 것이 아니라 부탁을 하는 것과 같은 표현이 되어 설득이 주는 강한 느낌은 약화시키고 오히려 설득의 효과가 커지게 하는 방법이다. 이것은 청자의 변화된 생각이나 행동보다는 그 행동 뒤에 나타나는 화자의 만족도를 강조함으로 그 내용을 수용하는 것이 화자에게 긍정적인 변화를 주는 것으로 생각하게 한다.

> (5) A: 엄마, 나 놀이터 가서 놀다 와도 돼요?
> B: 철수야, 엄마는 철수가 숙제 먼저하고 놀았으면 좋겠어.
> 놀다 와서 숙제하려면 힘들잖아.
> A: 엄마, 엄마는 내가 숙제 먼저 하는 게 좋아?
> B: 응, 엄마는 철수가 그렇게 했으면 좋겠어.
> A: 엄마가 좋으면 나도 좋아. 그럼 숙제 먼저 할게.

(5)의 대화를 보면, 엄마가 아이를 설득하기 위해 사용한 방법은 자신의 소망을 표현하는 방법이다. 화자 자신의 소망을 말하는 것은 아이에게 일방적으로 행동의 변화만을 요구하는 것이 아니라 그 행동으로 인해 엄마가 받는 긍정적인 결과까지 강조할 수 있다. 곧 설득되어 나타난 청자의 변화된

행동은 오히려 화자에게 혜택을 줄 수 있는 것이라는 느낌을 주게 한다.

7.2.2. 청자 중심 방법

청자 중심의 방법은 화자가 청자에 대한 친밀감을 나타냄으로써 상대 방을 설득의 과정 속에 끌어들이는 것이다. 설득 화법은 일상의 대화보다 청자의 이해와 변화를 요구하여 청자에게 부담을 줄 수 있기 때문에 상대 방의 체면이 상하지 않게 하는 것이 중요하다. 청자 중심 설득 방법의 유형으로는 호의 베풀기, 친밀감 조성하기 등이 있다.

첫째, 호의 베풀기는 화자가 청자에게 호의를 먼저 베풀어 설득할 수 있는 여건을 조성하는 것이다. 호의 베풀기는 상호성에 바탕을 둔 것으로, 대부분의 사람들은 다른 사람이 베푼 호의를 갚아야 한다는 생각을 하고 있다는 데에서 출발한다. 상대방에게 식사 대접을 받았으면 자신은 후식 이라도 사야 한다는 생각을 가지게 되고, 상대방에게 선물을 받으면 자신 도 그 사람에게 선물을 해야 한다고 생각한다. 따라서 상대방의 도움을 받으려고 할 때 내가 먼저 도와주고, 상대방으로부터 호의를 받으려면 내 가 먼저 베풀어야 한다.

> (6) A: 점심 안 드셨죠? 같이 드실래요? 제가 사 드릴게요.
> B: 안 그러셔도 되는데요.
> A: 아니에요. 저도 점심 안 먹었거든요. 같이 드세요.
> B: 네 그럼 같이 가세요.
> (점심을 먹고 나서)
> B: 잘 먹었어요. 커피는 제가 살게요. 커피 드실 시간 있으세요?
> A: 아, 네. 그럼 커피 마시러 갈까요?

(6)과 같은 대화는 일상생활에서 흔히 접하게 된다. 내가 청자에게 먼저 호의를 베풀면 대개의 경우 청자는 그에 상응하는 보답을 하고자 한다.

그러므로 상대를 설득하기 위해서는 내가 먼저 상대방에게 혜택을 베풀
어야 한다.

> (7) 이순신: 새로 건조한 판옥선 두 척입니다. 도독께 드리고자 합
> 니다.
> 진 린: 저의가 뭐요?
> 이순신: 나는 도독께서 이 판옥선을 더럽히지 않을 장수라는
> 것을 믿고 있소이다. 전장에서 무기를 나누는 것은 목
> 숨을 나누는 것과 진배없는 일, 나는 도독과 목숨을
> 나누고자 하오이다.
> 진 린: 껄껄껄
> (TV 드라마 「불멸의 이순신」 중에서)

(7)에서 이순신이 명나라 장수를 설득하기 위해 시작한 방법은 상대방
에게 배를 선물로 주는 호의를 베푸는 것이다. 또한 그 호의는 목숨을 나
누는 의미를 가지고 있다는 것을 설명한다. 목숨만큼 소중한 무기를 상대
에게 준다는 호의 베풀기를 통해 상대방의 마음을 움직이게 하는 설득의
요소가 되도록 한다.

상대방에게 혜택을 베풀어 설득하는 방법의 또 다른 유형은 어떤 요구
를 할 때 무리한 요구를 먼저 하는 방법으로 '얼굴 들이밀기 전략
(Door-in-the-Face Technique, De Vito, 1994)'이다. 이 방법은 청자가 들어줄
수 없을 만큼 무리한 요구를 먼저하고 상대방이 거절을 하면 그 다음에는
상대방이 들어줄 만한 부탁을 하는 것이다.

> (8) A: 저 미안한데, 나 노트북 좀 며칠 빌려 줄래?
> B: 어쩌지, 나도 계속 일이 있어서 좀 곤란하다.
> A: 그럼 나 내일 오후 강의에 프레젠테이션이 있는데, 그 때만
> 이라도 좀 쓸 수 있을까?
> B: 그래, 그럼 그렇게 해.

(8)과 같이 큰 요구를 먼저 하고 작은 요구를 하는 방법이 설득에 효율적이다. 사람들은 상대방의 요구를 들어주지 않았을 때 미안한 마음을 갖게 된다. 이 미안함을 이용하여 작은 요구를 들어주게 만드는 것이다. 상대방에게 돈 만 원을 빌리고 싶은 때, 먼저 "나 십만 원만 빌려 줄래?"하고 말을 꺼냈다가 상대방이 곤란해 하면, "그럼 만 원만 빌려 줘."라고 하면 쉽게 목적을 달성할 수 있게 된다.

이와 반대의 경우도 생각해 볼 수 있다. 이와 같은 방법을 '발 들여놓기 전략(Foot-in-the-Door Technique, De Vito, 1994)'이라고 하는데 사람들은 대개 작은 요청에 대해 응하게 되면, 더 큰 요구도 들어줄 수 있다는 것과 관련된다. 이때 처음에 하는 요청은 동의를 얻기 위한 정도의 작은 수준의 것이어야 한다. 처음부터 너무 큰 요구를 했다가 거절당하게 되면 정말로 원하는 요구는 꺼낼 수 없게 된다.

    (9) A: 야, 나 좀 급해서 그런데 노트북 잠깐만 사용하게 해 줄래?
        B: 응, 그래.
       (10분 후에)
        A: 고마워. 급한 거 해결했다. 네 덕분이다.
        B: 일이 해결됐다니 다행이구나.
        A: 이 노트북 참 좋다. 비싸지?
        B: 요즘은 값이 많이 내렸더라. 필요할 때 언제든지 써.
        A: 고마워. 안 그래도 나 내일 수업 시간에 프레젠테이션이 있어서 노트북이 필요하거든? 나 내일 오후에 노트북 좀 빌려 줄 수 있니?
        B: (좀 곤란하지만 어쩔 수 없이) 그래.

(8)과 달리 (9)에서는 작은 요청을 먼저 하고 그 이후에 큰 요청을 하는 말하기를 하고 있다. (9)에서 B는 A에게 노트북을 빌려주기가 싫었지만, 잠깐 동안 빌려주고 감사의 말을 들은 후라 거절하기가 어렵게 된다. 이

는 사람들이 일단 긍정적인 반응을 보이면 지속적으로 긍정적인 반응을 보이는 것과 관련이 있다.

둘째, 청자와의 친밀감을 형성하는 방법은 상대방을 설득의 과정 속에 끌어들이는 것으로 청자에 대한 호감을 표시함으로써 화자를 친근하게 느끼도록 할 수 있다. 친밀감을 형성하는 방법으로는 상대방과 공통점을 찾아 말한다든지 상대를 칭찬하는 방법으로 나타날 수 있다.

> (10) A: 우리 어디서 만난 적 있지 않아요?
> B: 글쎄요. 별로 기억이 없는데요.
> A: 인상이 참 좋으시네요.
> B: 네, 고마워요.
> A: 서로 대화도 잘 통하는 것 같고, 우리 모임에 계속 나오
> 세요.

(10)에서는 화자 A가 화자 B에 대해 친밀감을 느낄 수 있는 표현과 칭찬을 말을 통해 계속적인 모임 참여를 설득하고 있다. 상대방에 대한 호감의 표현을 사용하는 것은 더 친해지고 싶다는 의지를 나타내는 것이 되어 청자와 친밀감을 조성하기가 더 쉬워진다. 일반적인 친밀감을 형성한 뒤에 상대를 설득하면 처음 만나자마자 설득하기 위해 노력하는 것보다 훨씬 유리한 입장이 될 것이다.

Cialdini(1985)에서는 사람들이 자신과 닮은 유형의 사람을 좋아하고 비슷한 습관이나 특징을 지니고 있는 사람에게 호감을 느끼는 것에 대해 '유사성의 효과'라고 하였다. '우리'라는 호칭어를 사용하여 설득의 내용이 청자에게만 요구하는 변화가 아니라 화자 자신도 함께 하겠다는 동지애나 일체감을 나타낼 수도 있다.

(11) 담임: 우열반 편성표인데 게시판에 붙여놓자.

　　 (일동 웅성웅성)

　　 담임: 그냥 시범적으로 수학 한 과목만 하는 거니까 심각하게
　　　　　 생각하지 말았으면 좋겠어. 선생님도 열반이었어. 너희
　　　　　 들 기분 알아. 나도 그랬으니까. 근데 거기가 세상의 끝
　　　　　 은 아니니까 우리 너무 심각하게 생각하지 말자.

(TV 드라마 「반올림」 중에서)

(11)에서는 우열반 시행에 대해 학생들을 이해를 요구하는 화자의 설득
방법을 볼 수 있다. 화자는 자신도 학창시절에 열반에 있었다는 사실을
말함으로 성적이 낮은 학생들을 위로하고 '우리'라는 호칭어를 사용하여
학생들과의 일체감을 강조하며 설득하고 있다.

7.2.3. 메시지 중심 방법

상대방을 설득하려면 논리적 타당성을 근거로 합리적인 주장을 해야
한다. 화자나 청자 사이의 인간관계로 인한 것이 아니라 설득하려는 메시
지 자체가 타당한 근거를 가지고 있음을 보일 때 청자는 설득될 수 있다.
메시지 중심 방법의 유형으로는 증거를 제시하는 방법, 해결책이나 대안
을 제시하는 방법 등이 있다.

첫째, 설득하려는 내용에 대한 증거를 제시하는 방법에는 설득의 이유
를 설명하거나 전문가의 말을 인용하거나 객관적인 수치를 통한 예를 들
거나 희소성을 강조하는 표현을 사용하는 것 등이 있다.

설명은 설득 메시지의 정당성을 뒷받침 해주는 사실이나 이론 등을 제
시하는 것이다. 이 때 사용하는 설명의 자료는 메시지의 신뢰성을 높여
줄 수 있다.

(12) A: 여성은 목소리를 낮춰서 이야기해야 설득하기가 좋대.

B: 그게 무슨 말이야? 목소리가 낮다고 설득이 잘 되나?

A: 남성과 여성을 비교했을 때, 남성 목소리의 기본 주파수는 120Hz이고, 여성 목소리의 기본 주파수는 220Hz정도래. 그런데 여성의 가늘고 높은 목소리는 맑은 느낌을 주기는 하는데 신뢰감을 주기에는 부족하다는 거야. 그러니까 설득할 때는 평상시보다 조금 낮은 목소리로 말하는 게 좋겠지?

B: 아, 그런 의미구나.

상대방에게 신뢰를 주고자 할 때는 목소리의 톤을 낮추는 것이 좋다는 것을 이야기 하면서 남성과 여성 목소리의 주파수와 같은 객관적인 증거를 자료로 제시하여 설명하는 것은 메시지의 신뢰도를 높일 수 있는 방법이다.

또한 전문가의 말을 인용하는 것도 믿을 수 있는 근거가 된다.

(13) 엄마: 정민아, 너 그렇게 교제의 폭이 좁아서 어쩌려고 그래. 인간은 사회적 동물이야. 여러 사람과 두루두루 사귀어야…….

정민: 난 옥림이로 충분해.

엄마: 네가 다른 애들 안 사귀어 봐서 그래.

(TV 드라마 「반올림」 중에서)

(13)의 자료에서는 친구를 많이 사귀라는 엄마의 설득 화법을 볼 수 있다. 폭 넓은 교우관계가 사회생활에 도움이 된다는 것을 설명하기 위한 방법으로 아리스토텔레스의 말을 인용하여 설득의 메시지를 강조하고 있다.

구체적이고 객관적인 수치를 예로 드는 방법도 설득의 방법으로 사용할 수 있다. 정확하게 제시된 숫자는 설득하려는 메시지의 신뢰도를 높일 수 있다.

(14) a. 아이보리 비누는 99.44% 순수합니다.

    b. 99.7% 무카페인 커피

(14)에 제시된 것은 광고의 문구이다. 100%라고 주장해도 되는 정도인데도 군이 99.44%, 99.7%와 같이 정확한 수치를 제시하는 것은 진실된 정보라는 인상을 주고 메시지의 설득력을 높이는 방법이 된다.

희소성을 강조하는 것은 상대방이 선택할 수 있는 요소가 많지 않다는 것을 나타내는 것이다. 백화점 세일 기간 중에 마지막 날 사람이 더 많이 몰리는 현상이나 골동품을 비싼 가격에 사게 되는 것도 희소성 때문이다. 홈쇼핑 채널에서도 희소성을 강조하는 방법을 많이 이용하는데, "3분밖에 안 남았습니다. 이 가격 이 조건 오늘 뿐입니다. 다시 볼 수 없는 기회입니다. 조기 매진될 것 같습니다."와 같은 진행자의 말은 사람들을 설득시키기에 충분한 표현이 된다.

둘째, 해결책이나 대안을 제시하는 것이다. 설득을 하다가 언쟁이 되는 경우는 서로 자기 입장만을 내세우기 때문이다. 상대방이 설득되지 않을 때 화자의 권위를 내세우기보다는 무패의 방법(No-lose method)을 사용해야 한다. 모든 사람은 자기중심적으로 생각하기 때문에 내가 얻을 수 있는 것에만 관심을 가지고 손해 보는 일은 하고 싶어 하지 않는다. 따라서 설득을 하기 위해서는 한 사람에게만 혜택이 돌아가는 것이 아니라 상대방도 동시에 혜택을 얻을 수 있는 메시지로 구성해서 말해야 한다.

(15) 지은: 제가 저녁 살 테니까 마음대로 고르세요.
        (너무 비싼 가격에 입이 쩍 벌어진다)
     민혁: 뭐 드시겠어요?
     지은: (웨이터가 들을세라 작은 소리로) 저기요. 스파게티는
        어떠세요? 제가 이 근처에 스파게티 잘 하는데 알거
        든요.

민혁: (역시 작은 소리로) 오늘은 제가 살게요. 다음 번에 지
　　　은씨가 사요.
지은: 헤헤...

(TV 드라마 「풀 하우스」 중에서)

(15)에서는 비싼 음식 값 때문에 걱정하는 지은의 제안에 대해 오늘은
자신이 먼저 대접을 하겠다는 민혁의 새로운 제안이 상대방의 체면을 세
워줄 수 있게 한다. 일방적으로 상대방에게 설득을 강요하는 것이 아니라
대화를 통해 서로 만족할 수 있을 만한 방법을 찾아내는 것이다. 이와 같
이 나와 상대방이 동시에 혜택을 얻을 수 있도록 메시지를 구성하면 설득
하기가 쉬워진다.

이상 설득 화법이 이루어지는 방법을 화자, 청자, 메시지로 나누어 살
펴보았다. 설득은 각각의 구성요소와의 상호작용 속에서 이루어지는데 어
떤 방법을 사용하든지 청자에게 신뢰감과 친밀감을 느끼게 하는 것이 중
요하다. 또한 청자의 욕구 수준을 살펴 가장 효과적인 방법을 모색하여
설득할 수 있도록 한다.

설득하기는 인간 심리를 바탕으로 여러 전략을 이용하는 고도의 기술
적인 말하기이다. 하지만 설득하기의 기본 바탕에는 상대방을 위한 진실
한 마음이 있어야 좋은 결과로 이어지고, 또한 지속적인 인간관계를 유지
할 수 있게 된다.

1. 친구에게 10만원을 빌리려고 한다. '큰 요구 먼저 전략'과 '작은 요구 먼저 전략'을 각각 이용하여 상대방을 설득해 보자.

2. 부모님께 용돈을 올려달라는 요구를 하려고 한다. 조원을 상대로 설득해 보고, 그 방법이나 내용에 대해 서로 평가해 보자.

3. 중간고사 기간이다. 옆의 친구에게 정리한 노트를 빌려달라는 요청을 하려고 한다. 조원을 상대로 설득해 보고, 그 방법이나 내용에 대해 평가해 보시오.

4. 당신은 방송제작자이다. 십대 청소년의 자살을 줄이기 위한 공익광고를 제작하기로 했다고 가정하자. 그 전에 제작된 프로그램들은 오히려 청소년의 자살을 증가시켰다. 이유가 무엇인지 생각해 보고, 이번 프로그램에서는 자살 수치를 감소시키려면 어떻게 해야 할까? 누구와 인터뷰를 해야 할까? 등에 대해 생각해 보자.

5. 일상생활에서 누군가를 설득해 본 경험을 떠올려보고, 어려웠던 점을 발표해 보자.

6. 누군가에게 설득을 당해 본 경험을 떠올려보고, 설득을 당한 요인은 무엇이었는지 발표해 보자.

8. 감정 표현하기

감정 표현하기는 상대방에게 자신의 감정을 이해시키고 서로에 대한 유대관계를 돈독히 하는데 목적이 있는 말하기이다. 사람들은 자신의 감정을 다른 사람에게 표현하고 싶어하지만, 감정을 제대로 드러내는 방법을 잘 모르는 경우가 있다. 또 좋지 않은 감정에 대해서는 감추는 것이 좋다는 생각을 많이 가지고 있어서 표현하기를 어려워하기도 한다. 그러나 감정은 억누르거나 감춘다고 해서 사라지는 것이 아니라 어떤 방법으로든지 표출되게 마련이다. 그래서 감정을 거부하거나 무시하면 예기치 않은 상황에서 폭발하여 오히려 인간관계를 해칠 수도 있다. 따라서 자신의 감정을 적절하게 표현하는 좋은 방법을 찾는 것이 중요하다. 감정 표현하기는 친밀한 인간관계를 유지하기 위해 반드시 필요한 말하기이다.

이 장에서는 감정 지각과 감정 표현하기에 관해 살펴보고, 자신의 감정을 표현하기에 효과적인 대화법인 '나-전달법'에 대해 살펴보고자 한다.

8.1. 감정의 지각과 표현

감정을 제대로 표현하려면 우선 자신의 감정을 제대로 지각해야 한다. 그리고 감정을 객관적으로 진술해야 한다. 또한 감정에 대한 감정까지 지각하고 표현해 보기까지 해야 한다(김영애, 2004).

자신의 감정을 제대로 지각하기 위해서는, 조용한 장소에서 편안한 자세를 취한 다음 눈을 감고 몸을 이완시키며 숨을 깊게 들이마시고 내쉬면서 몸과 마음을 편안하게 하는 것이 중요하다. 몸과 마음이 편안해지면 자신의 감정에 대해 차분히 생각해 본다.

감정을 제대로 지각하는 것은 생각보다 익숙하지 않기 때문에 몇 가지 단계로 나누어 지각하는 것이 필요하다.

(1) 감정 지각하기의 단계

    a. 1단계: 이 감정이 전체적으로 좋은가 나쁜가를 생각해본다.
    b. 2단계: 이 감정으로 인해 신체의 어느 부분이 영향을 받고 있는지를 느껴본다. '가슴이 아프다, 머리가 깨질 듯이 아프다, 가슴이 벌렁벌렁하다'등과 같이 감정이 신체의 어느 부분을 어느 정도 어떻게 자극하는지를 생각해 보는 것이다. 그리고 그 감정에 대해 어떤 색이 연상이 되는지 생각한다. 따뜻한 붉은 색이 떠오르는지, 차가운 푸른색이 떠오르는지, 칙칙한 회색이 떠오르는지 등을 생각해 보는 것이다.
    c. 3단계: 그 감정들에 대해 기쁨, 슬픔, 상실, 부당함 등과 같은 적당한 단어를 떠올려본다.
    d. 4단계: 그 감정을 어떤 행동으로 표현할 것인지 상상해 본다. 누군가를 포용할 것인지, 때릴 것인지, 울 것인지, 소리를 지를 것인지 등 상상을 해 보는 것이다.

e. 5단계: 이와 같은 감정을 전에도 느껴 본 것이 있는지를 떠올
려본다. 과거에 느꼈던 유사한 감정과 비교하여 현재
의 감정을 확인해 보는 것이다.
f. 6단계: 자신의 감정에 이름을 붙여본다.

(1)의 단계를 밟아 감정을 지각해 보는 실제를 김영애(2004)에서 제시한
예를 통하여 살펴보면 (2)와 같다.

(2) 감정 지각하기의 실제

<상황>
나는 시댁 식구들과 함께 시아버지 생신 잔치에 필요한 음식을
준비하고 있었다. 시어머니와 두 시누이는 음식을 준비하면서 어릴
적에 만들어 먹던 음식에 대해 이런저런 이야기를 하며 연신 웃어
댔다. 그 음식들이 얼마나 맛있었는지, 시누이들이 처녀였지만 얼
마나 음식을 잘 만들었는지, 시어머니의 음식 솜씨가 얼마나 훌륭
했는지, 게다가 그 당시에 시댁이 얼마나 잘 살았는지……. 쉴 새
없이 재미있게 이야기하는 그들 틈에서 나는 할 말이 없어 조용히
음식만 만들었다. 혼자 그렇게 가만히 있자니 묘한 기분이 들었다.
그러나 그 기분이 구체적으로 어떤 느낌인지 분명하게 파악할 수
가 없었다.

<감정 지각하기>
a. 준비단계: 집에 돌아와서 가만히 그 기분을 다시 느껴 본다.
b. 1단계: 별로 좋은 느낌은 아니었다.
c. 2단계: 갑자기 가슴이 답답해지면서 위 부분에 주먹만한 것이
느껴졌다. 울퉁불퉁한 것이 시꺼멓게 보였다.
d. 3단계: 슬픔, 부당함 같은 단어들이 떠올랐다.
e. 4단계: 그 감정을 행동으로 표현하자면 쭈그리고 앉아서 울고
있을 것 같았다.

f. 5단계: 언제 이런 감정을 느낀 적이 있나?

어린 시절, 셋째 딸인 나는 엄마가 언니들과 음식을 장만할 때 거기에 정식으로 끼일 수가 없었다. 음식 만드는 모습이 신기해서 어떻게든 끼어들어 하나라도 만들면, 엄마는 나에게 제대로 만들지도 못하면서 재료만 망쳐 놓는다고 혼을 내곤 하셨다. 우리 집이 가난하였기 때문에 나는 재료를 망친 데 대해 많은 죄책감을 느꼈다. 내가 정말 바보라고 생각되어 슬프고 비참했고, 소외당했다는 느낌 때문에 외롭고 우울하고 화가 났다. 그래서 나는 혼자 울곤 했다. 지금 내가 느끼는 감정은 바로 그 감정이다. 나는 시댁 식구들의 대화에 끼일 수가 없었고, 나를 배려하지 않는 그들에게서 바로 친정어머니와 언니들로부터 경험한 것과 동일한 감정을 느꼈던 것이다.

g. 6단계: 내가 느끼는 감정은 소외당한 데서 오는 슬픔과 분노이다.

자신의 감정을 지각했으면 이를 적절하게 표현해야 한다. 지각한 감정을 제대로 표현하기 위해서는 다음과 같은 내용이 포함되어야 한다.

(3) 감정 표현하기의 요소

a. 감정이 발생한 상황에 대한 객관적 진술

b. 감정의 적절한 정의

c. 감정의 발생 시간과 지속 기간 설명

d. 감정의 강도 표현

e. 감정에 대한 감정 진술

f. 유사한 감정을 일으킨 과거 경험 진술

(3)의 요소를 바탕으로 (2)에서 지각한 감정을 표현해 보면 (4)와 같다.

(4) 감정 표현하기의 실제

지난주에 아버님 생신 준비를 하면서 어머님과 형님들의 대화에 끼지 못했을 때, 소외당한 느낌 때문에 슬펐어요. 시간이 지나면 괜찮을 줄 알았는데, 그때부터 지금까지 계속 마음 한 구석이 허전하면서 힘들어요. 이런 내 감정이 유치하게 느껴져 더 속상하기도 하지만, 어린 시절 엄마와 언니들에게 따돌림을 당했던 경험과 비슷하여 그때의 아픔이 다시 되살아났어요.

이러한 감정 표현은 상대방의 행동을 비난하는 말하기가 되기 쉽다. 따라서 상대방의 감정이 상하지 않도록 상황을 객관적으로 진술해야 한다. 또한 상대방의 행동에 대한 언급보다는 자신의 감정이 어떠했는지 드러내는 데 초점을 두어야 한다.

감정을 표현하는 일은 소모적이고 불필요한 일이라고 생각하기 쉽다. 하지만 인간관계에서 나를 이해해주고 알아주는 사람이 있다면 그것보다 나를 행복하게 만드는 일은 없다. 상대방에게 나를 이해시키려면 내가 느끼는 감정에 대해 표현하는 것이 좋다. 그것도 상대방을 비난하는 말하기가 아닌 나의 감정에 초점을 둔 말하기가 이루어져야 한다. 이럴 때 필요한 말하기 방법이 '나-전달법'이다.

8.2. 나-전달법

8.2.1. 나-전달법의 개념

'나-전달법'(I-message)이란 주어가 일인칭인 '나'로 시작하는 문장으로 이야기하는 대화 방법을 말한다. 대화의 걸림돌들은 주어가 '너'로 시작하는 '너-전달법'이다. 대화에서 사람들은 '너'를 주어로 시작하는 대화를 주로 한다. 부모와 자녀의 대화 예를 통해 살펴보면 다음과 같다.

(5) 자녀: 엄마, 나 피곤하고 졸려요.
     부모: a. 너 숙제부터 해야 돼. (명령)
           b. 너 숙제 안해 가면 선생님께 혼난다. (경고)
           c. (너는) 아무리 피곤해도 해야 할 일을 먼저 할 줄 알아
              야지. (훈계)
           d. 그러니까 (너는) 밖에서 너무 뛰어 놀면 안 돼요. (충고)
           e. 네 문제점은 숙제를 하기 싫어하는 거야. (설득)
           f. 넌 매일 그런 식으로 숙제도 안 하고, 뭐가 될래? (비평)
           g. 너 어제 늦게까지 딴 짓 했구나. 그래서 피곤하지? (분석)
           h. 저런, (네가) 가여워라. (동정)
           I. 왜? (너) 몸이 어디가 아픈 것 아니야? 열은 안 나니?
              (캐묻기)

위의 (5)에서 살펴본 것처럼 부모의 말은 명령, 경고, 훈계, 충고, 설득, 비평, 분석, 동정, 캐묻기 등 모두 문제 상황에서 대화를 가로막는 걸림돌이 되는 대화 유형이다. 이것은 자녀의 문제를 자녀를 주어로 하는 너-전달법으로 표현하여서 직접적이고, 자녀의 체면을 손상시키는 행위가 된다. 이와 같은 너-전달법은 자녀들에게 많은 역작용을 불러일으킨다. 자녀들은 어떤 일을 하라고 명령을 받거나 위협을 받을 경우, 그들의 행동을 바꾸는 것에 대해서 저항감을 갖게 되고, 도덕적 훈계나 설교, 강의, 지시를 하는 부모들과는 대화가 통하지 않는다고 생각하게 된다. 또한 너-전달법은 부모의 강압 때문에 자녀들의 선택 기회가 없어지게 하고, 반발적인 행위를 유발시킨다.

이러한 직접성을 간접화하는 방법이 주어를 '나'로 바꾸는 나-전달법이다. 자녀인 '너'의 문제를 부모인 '나'의 관점으로 바꾸어 이야기하기 때문에, 직접적으로 자녀의 체면이 손상되지도 않고, 부모의 심정이나 상태를 직접적으로 표현하기 때문에 전달 효과도 더 확실해져서 효과적인 대화 방법이 된다.

예를 들어 부모는 아주 피곤한 상태인데, 자녀는 계속 함께 놀아 주기를 바란다고 가정해 보자. 이러한 상태에서 부모가 "내가 너무 피곤해서 놀아줄 수 없구나."와 같이 이야기하는 것은 나-전달법이고, "너는 왜 이렇게 나를 못 살게 하니?"와 같이 이야기하는 것은 너-전달법이다. 부모가 "내가 너무 피곤해서 놀아줄 수 없구나."와 같이 나-전달법으로 이야기하면, 자녀는 "아빠가 피곤하시구나."와 같이 받아들인다. 그러나 부모가 "너는 왜 이렇게 나를 못살게 하니?"와 같이 너-전달법으로 이야기하면, 자녀는 "나는 아빠를 못 살게 하는 나쁜 아이다."라고 받아들이게 된다. 이러한 과정은 다음 그림 (6)과 같이 나타낼 수 있다.

(6) '나-전달법'과 '너-전달법'의 전달 과정

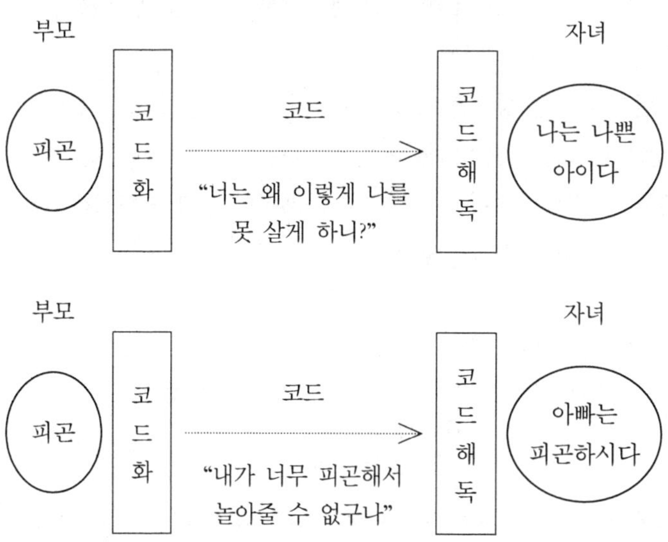

위에서 살펴본 바와 같이 '나-전달법'은 직접 자기에 관한 이야기를 하는 대화 방법이다. 스스로가 느끼는 감정과 경험을 직접적으로 표현하는 것이다. 이것은 부모 스스로에게도 자신을 더 잘 이해할 수 있도록 할 뿐만 아니라 자녀에게도 부모를 알릴 수 있도록 도와주며, 궁극적으로는 자녀가 정직하게 자녀의 마음을 개방할 수 있는 용기를 주게 된다. 나-전달법은 특히 다른 사람의 행동을 수용할 수 없다고 느낄 때에 활용할 필요가 있다. 화자가 자신의 진실한 마음과 감정을 드러내기 때문에 청자는 화자 역시 도움이 필요하다는 것을 깨닫게 되어 청자가 방어적이 되지 않고, 책임감을 느끼게 된다.

8.2.2. 나-전달법의 세 가지 요소

나-전달법을 사용하기 위해서는 다음과 같은 세 가지의 정보가 필요하다. 첫째, 문제를 유발하는 상대방의 행동은 무엇인가? 둘째, 그 행동이 나에게 어떤 영향을 끼치고 있는가? 셋째, 나는 그 결과에 대하여 어떤 느낌을 가지고 있는가?

첫 번째 요소는 행동을 서술하는 것이다. 이것은 문제를 유발하고 있는 상대방의 행동을 비난이 섞이지 않은 표현으로 설명하는 것으로, 그 행동에 대해 느끼는 감정이나 명백하고 구체적인 영향을 인식하도록 하는데 도움이 되는 요소이다. 다음의 예 (7)을 살펴보자.

> (7) a. 네 옷이 방바닥에 있구나.
> b. 네 옷이 온통 뒤죽박죽으로 어질러져 있구나.
> c. 네 옷은 언제나 방바닥에 있구나.

(7)a에서는 단순히 옷이 방바닥에 있다는 문제 행동만을 이야기하고 있지만, (7)b에서는 '온통', '뒤죽박죽으로', '어질러져'와 같이 화자의 가치 판단을 개입시키고 있다. (7)c에서는 '언제나'와 같이 이전의 행동을 끌어들이는 말을 하고 있다. 비난이 섞이지 않은 설명을 하기 위해서는 (7)a와

같이 단순한 진술만을 하여야 한다. 화자의 가치 판단을 개입시키거나, "넌 항상 그 모양이야."와 같이 과거의 행동을 끌어들이는 것은 청자에게 비난하고 있는 것처럼 받아들여지게 된다.

두 번째 요소는 그 행동이 주는 구체적인 영향을 밝히는 것이다. 구체적으로 주는 영향을 밝혀야지만, 청자가 왜 그 행동을 해서는 안 되는지에 대해서 깨달을 수 있게 되기 때문이다. 다음의 예 (8)을 살펴보자.

> (8) a. 나는 옷장을 정리하느라고 많은 시간을 써야 한단다.
> b. 나는 옷장을 정리하느라고 책을 읽을 수 없게 된단다.
> c. 나는 옷장을 정리하느라고 지치게 된단다.
> d. 나는 방바닥에 새 양탄자를 깔아 준 것을 후회하게 된단다.

(8)a는 내가 다른 일을 위해 써야 할 시간이나, 정력, 돈 등을 쓰게 된다는 구체적인 영향을 나타내는 것이고, (8)b는 내가 하고 싶은 일을 할 수 없게 된다는 구체적인 영향을 나타내는 것이다. (8)c는 나의 신체나 감각을 괴롭힌다는 구체적인 영향을 나타내는 것이고, (8)d는 내가 유용하다고 생각하거나 자랑스럽게 생각하는 것에 대해서 전체적으로나 부분적으로 손상을 가져오게 된다는 구체적인 영향을 나타내는 것이다. 이 때 구체적인 영향은 상대방의 행동에 대해서 내가 받는 영향이기 때문에 물론 나-전달법의 구조에서 '나'를 전달하는 핵심 부분이 되며, 반드시 '나'를 주어로 하여 '나'의 상태나 감정을 나타내는 것이어야 한다.

세 번째 요소는 그 결과에 대한 느낌이나 감정을 밝히는 것이다. 상대방의 문제 행동에 대해서 구체적인 영향이 나타나면, 그것에 대해서 어떤 느낌이나 감정을 가지게 될 것이다. 이러한 감정은 예를 들자면 실망, 분노, 슬픔, 당황, 걱정, 두려움 등과 같이 나타날 것이다. 다음의 예 (9)를 살펴보자.

(9) a. 나는 실망하게 된단다.

    b. 나는 화가 치밀어.

    c. 나는 참을 수 없이 슬퍼진단다.

    d. 나는 너무 당황하게 돼.

    e. 나는 걱정이 된단다.

    f. 나는 두려워.

위의 (9)와 같은 것들이 내가 느끼는 감정의 표현들이다. 그러나 실제로 사람들은 문제 행동과 그 구체적인 영향에 대해서는 잘 파악하면서도, 그것에 대해 자신이 느끼는 감정을 잘 표현하지를 못 한다. 자신의 감정을 드러내는 것은 무례하거나 미성숙한 행동이고, 자기-중심적인 행동이라는 교육과, 이러한 교육을 바탕으로 한 문화 속에서 진정한 감정을 부인하거나 억누르는 것이 올바르다고 생각한 결과이다. 따라서 위의 예에서 부모는 자신의 감정을 간접적으로 나타내거나 품위 있는 말로 옮기려고 하는데, 이것은 자녀들이 받아들이는데 어려움을 줄 뿐이다. 자녀와의 바람직한 대화 방법인 나-전달법에서는 부모도 자기가 느끼는 감정을 간단하고 직접적으로 솔직하게 표현하는 것이 필요하다. 이것은 자녀가 자신의 감정을 솔직하게 드러낼 수 있도록 하는 교육적 효과도 가지는 것이기 때문이다.

8.2.3. 나-전달법의 실제

위에서 살펴본 세 가지 요소를 배열하여서 나-전달법을 완성시킬 수 있다. 상대방의 문제 행동을 먼저 이야기하고 그 다음에 영향을, 그리고 마지막으로 느낌이나 감정을 이야기하여도 되고, 행동에 대한 느낌이나 감정을 먼저 이야기 한 다음에 영향을 말해도 된다. 다음의 예 (10)을 살펴보자.

(10) a. 네가 옷을 방바닥에 두면 <행동>
       나는 옷장을 정리하느라고 많은 시간을 들여야 하기 때문
       에 <영향>
       화가 난단다. <감정>
    b. 네가 옷을 방바닥에 두면 <행동>
       나는 화가 난단다. <감정>
       왜냐하면 나는 옷장을 정리하느라고 많은 시간을 들여야
       하거든. <영향>

(10)a는 행동→영향→감정의 순서로 이야기를 조직하였고, (10)b는 행동
→감정→영향의 순서로 이야기를 구성하였다. 행동→영향→감정의 방법
은 하나의 문장으로 구성하여서 매끄럽게 전달될 수 있는 장점이 있고,
행동→감정→영향은 두 문장으로 나뉘게 되어서 잘 짜여진 느낌은 주지
않지만, 정보를 더욱 확실하게 전할 수 있는 정점이 있다. 따라서 나이 어
린 자녀와 이야기 할 때는 행동→감정→영향과 같이 분리된 문장 구조를
사용하는 것이 좋다.

나-전달법의 목적은 상대방이 하고 있는 문제의 행동을 반발이나 저항이
없이 변화시키는데 영향을 주려는 것이다. 다음 예 (11)을 살펴보자. 이 대화
는 어머니가 다섯 살 먹은 아이에게 새 옷을 사주면서 일어나는 대화이다.

(11) 부모: 훈아, 이 옷 좀 입어 보자.
     자녀: 싫어요. 입고 싶지 않아요.
     부모: 네가 안 입어 보면, 옷이 맞는지 안 맞는지 몰라서 옷을
           살 수가 없게 돼.
     자녀: 싫어요. 입어 보기 싫어요.
     부모: 그러지 말고, 어서 입어 보렴.
           자, 딱 한 번만 입어 보자. 응?
     자녀: 싫어요.

부모: 그럼, 이렇게 한 번 대어 보기만 하자.
자녀: 싫어요. 정말 그러기도 싫어요.
부모: 훈아, 엄마 정말 화났다. 너 정말 안 입을래?

(11)의 대화에서 어머니는 아이에게 계속 부탁을 하지만, 끝내 거절당하고, 마침내 옷을 입혀 보는 것을 포기하고 한 치수 더 큰 옷을 사야만 했다. 이러한 상황을 나-전달법으로 바꾸어 보자.

(12) 부모: 훈아, 이 옷 좀 입어 보자.
　　　자녀: 싫어요. 입고 싶지 않아요.
　　　부모: 네가 이 옷을 입어 보지 않으면, 엄마는 옷을 사는 게
　　　　　　겁난단다. 왜냐하면, 엄마가 할 일이 많이 있는데, 이
　　　　　　옷이 맞지 않으면, 차를 타고 다시 여기에 와서 옷을 바
　　　　　　꾸어야 하거든.

(12)와 같은 나-전달법은 자녀들의 행동을 변화시키는 힘을 가지고 있다. 나-전달법이 적용되는 상황은 위에서 보여준 것과 같은 부모와 자녀 사이의 대화로 한정되지 않는다. 부부 사이의 대화나, 직장 동료와의 대화, 친구 사이의 대화와 같이 모든 대화의 상황에서 효율적으로 자기의 생각을 전달할 수 있는 대단히 유익한 대화의 방법이 된다.

다음의 예 (13)을 살펴보자. (13)은 언니와 동생 사이에서 이루어진 대화이다. 언니는 동생이 음악을 크게 틀어 놓아서 늘 방해를 받고 있었다. "제발, 음악 소리 좀 줄여 줘."와 같은 말을 여러 차례 반복하기도 하고, 부모님께 말씀을 드려서 꾸지람을 듣도록 하기도 했지만, 동생의 태도는 변하지 않았다. 그런 상황에서 언니는 다음과 같이 나-전달법을 사용하게 되었다.

(13) 언니: 소연아, 음악 소리 좀 줄여 주겠니?
　　　　　네가 음악을 크게 틀어 놓으면, 나는 내 공부에 집중을
　　　　　할 수 없고, 그러다 보면 정해진 날짜에 과제를 낼 수
　　　　　가 없어서 너무 스트레스를 받아.
　　　동생: 알았어, 언니. 진작 그렇게 말하지, 나만 나쁜 사람 되
　　　　　었잖아.

또 다른 예를 살펴보자. 이 대화는 친구 사이에서 이루어진 것이다.

(14) A: 애, 너 좀 일찍 일찍 집에 들어가라.
　　　　도대체 너하고는 연락을 할 수가 없어.
　　　B: 나한테 연락을 하다가 화가 났구나.
　　　A: 그래, 이젠 너한테 전화 안 할 거야.
　　　B: 네가 그렇게 일방적으로만 이야기하면, 난 슬퍼져.
　　　　내가 너를 소중하게 생각하는 것만큼 너는 나를 생각하지
　　　　않는 것 같아서 말이야.
　　　A: 알았어, 미안해. 그렇지만 좀 일찍 다녀라.

위의 예 (14)에서 B는 일방적으로 화를 내는 A에게 공감적 경청과 나-
전달법을 사용하여서 효과적인 대화를 유도해 가고 있다. 이와 같이 나-
전달법은 부모와 자녀 사이의 대화에서는 물론이고, 다른 모든 관계에서
도 오해나 갈등이 없이 상대방의 행동에 대한 자신의 요구를 전달할 수
있는 방법이 된다.

나-전달법을 사용하다가 상대방의 반응에 저항이 있을 때는 공감적 경
청을 함께 사용하는 것이 대화를 부드럽게 이끌어 가게 해 준다. 다음의
예 (15)를 살펴보자.

(15) 부모: 애야, 사탕 그만 먹으렴.
　　　자녀: 싫어요. 더 먹고 싶어요.

부모: 네가 자꾸 사탕을 먹으면 나는 네 이가 썩을까 봐 걱정
　　　이 되는걸.
자녀: 그렇지만, 난 사탕이 너무 좋은 걸요?
부모: 넌 사탕을 아주 좋아하는구나.
자녀: 네, 맛있어요.
부모: 그렇지만, 맛있다고 자꾸 사탕을 먹으면 이가 썩고, 이
　　　가 썩으면 네가 아파하고 또 병원에도 가야 하니까, 엄
　　　마는 무척 염려가 된단다.
자녀: 알았어요, 엄마. 이것만 먹고 이젠 안 먹을게요.

(15)에서 보는 것처럼 나-전달법을 사용했으나, 자녀가 수용하지 않을 때는 공감적 경청으로 대화의 분위기를 바꾸어 주고 난 다음, 다시 나-전달법을 사용함으로써 바람직한 대화를 이끌어 갈 수가 있다.

주관적인 감정을 표현하는 일은 상대방을 비난하는 말이 되기 쉽다. 나의 감정을 내세우다 보면 상대방의 감정을 다치게 하기 쉽다는 것이다. 따라서 감정에 대한 올바른 인식에서부터, 객관적으로 표현하려는 노력이 필요하다. 감정을 객관적으로 표현하는 방법으로는 '나'를 주어로 내세운 '나-전달법'이 도움이 된다. '나-전달법'은 사건이나 상황에 대하여 나의 감정과 느낌을 진술하는 것이기 때문에, 상대방을 직접적으로 비난하지 않는 바람직한 말하기 방법이다.

1. 최근에 있었던 경험을 바탕으로 자신의 감정을 지각하고 표현해 봅
   시다. 다음의 절차(단계와 요소)를 밟아서 해 보고, 활동이 끝난 후에
   그 효과에 대해 생각해 보자.

   (1) 감정 지각하기의 단계
      a. 1단계: 이 감정이 전체적으로 좋은가 나쁜가?
      b. 2단계: 이 감정으로 인해 신체의 어느 부분이 영향을 받고
               있는가?
      c. 3단계: 그 감정들에 대하여 기쁨, 슬픔, 상실, 부당함 등과
               같은 적당한 단어를 떠올려본다.
      d. 4단계: 그 감정을 어떤 행동으로 표현할 것인지 상상해 본다.
      e. 5단계: 이와 같은 감정을 전에도 느껴 본 것이 있는지를 떠
               올려본다.
      f. 6단계: 감정에 이름을 붙여본다.

   (2) 감정 표현하기의 요소
      a. 감정이 발생한 상황에 대한 객관적 진술
      b. 감정의 적절한 정의
      c. 감정의 발생 시간과 지속 기간 설명
      d. 감정의 강도 표현
      e. 감정에 대한 감정 진술
      f. 유사한 감정을 일으킨 과거 경험 진술

   (3) 결과 및 평가

2. 다음 상황을 나-전달법으로 바꾸어 보자.

  (1) 순지: 엄마! 머리를 너무 짧게 잘라서 엉망이야. 창피해서 학교
        도 못 가겠어.
      엄마: 괜찮아. 단정해서 보기 좋고 예쁜데 뭐.
      순지: 뭐가 예쁘다는 거야. 엄마 수준에서야 예뻐 보이겠지만
        그게 아냐.
      엄마: 엄마 수준이 어때서? 중학생이 외모에만 신경 쓰지 말고
        공부나 열심히 해.
      순지: 엄마는 공부 빼면 할 말이 없지. 공부! 공부! 정말 지겨
        워.(문을 쾅 닫고 방으로 들어간다.)

  (2) 엄마: 철수야, 이제 그만 놀고 네 방 좀 치워!
      철수: (계속 놀고 있다.)
      엄마: 너, 엄마 말 안 들려? 5분 안에 청소하지 않으면 가만두
        지 않을 거야!
      철수: (마지못해 청소를 시작한다.)
      엄마: 미리미리 방 좀 정리하면 안 되니? 넌 도대체 누굴 닮아
        서 그렇게 엉망이냐!

3. 상대방과 감정적으로 충돌했던 경험을 생각해 보고 그 상황을 어떻
   게 해결했는지 이야기해 보자.

4. 자신의 감정을 솔직하게 이야기한 후의 느낌에 대해 함께 이야기해
   보자

5. 다음의 글을 읽고 이성적인 말과 감정적인 말에 대해 생각해 보자.

우리나라 사람은 말이 가난하다

외화와 국내 드라마의 차이를 보자. 외화는 지적인 대화가 많고 우리는 감정적 대화가 주류를 이룬다. 우리 드라마는 일방적 수다, 욕구불만의 아우성, 완벽한 성인의 설교, 말장난이 주류를 이룬다. 텔레비전의 영향으로 무의식 중에 '말하는 방법'을 잘못 배운다. 또 논리도 없다. 논리가 없다 보니 남의 말을 듣고 나서도 입 속에서나 표정으로 불평을 하면 했지 말로 나타내지 못한다. 말로 나타내려면 "그 말이 왜 옳지 않은지" 논리적으로 설명해야 하는 부담이 있기 때문이다. 말은 감정과 논리가 적절히 조화를 이루어야 한다. 논리성을 위해서는 두 가지 질문을 던지면 된다. "그래서(so what)?"와 "왜 그렇지(why so)?"가 그것이다. (박완서)

(머니 투데이 2006. 3. 13. <풍성하게 말하는 것> 중에서)

9. 내용에 따른 말하기

내용에 따른 말하기에는 사물이나 사건을 설명하는 것, 자신의 생각이나 주장을 상대방이 받아들이도록 하는 것, 감정을 표현하는 것 이외에도 여러 유형이 있다. 그 가운데 상대방의 잘한 행동이나 좋은 점에 대해 칭찬하기, 상대방의 잘못된 행동에 대해 꾸중하기, 상대방의 요청이나 제안에 대해 거절하기, 자신의 잘못에 대해 사과하기 등의 말하기는 우리의 일상생활에서 흔히 사용하는 중요한 말하기이다. 칭찬하기와 사과하기는 상대방의 기분을 긍정적으로 만드는 말인데 사람들이 쉽게 하지 않으려는 말하기이고, 꾸중하기와 거절하기는 상대방의 기분을 상하게 하는 말로 하기 어려운 말하기이다. 그러나 이와 같은 말하기는 인간관계에 많은 영향을 주기 때문에 특히 주의를 기울여서 사용해야 하는 말하기 방법이다. 따라서 이 장에서는 칭찬하기, 꾸중하기, 거절하기, 사과하기의 중요성에 대해 살펴보고 이와 같은 내용을 말해야 할 때 사용할 수 있는 바람직한 방법에 대해 살펴보기로 한다.

9.1. 칭찬하기

'칭찬은 고래도 춤추게 한다.'는 말이 있듯이 칭찬은 모든 사람에게 긍정적인 영향을 미치는 바람직한 말하기이다. 그러나 칭찬을 잘못하면 아부로 보일 수 있고, 경우에 따라서는 오히려 상대방을 놀리는 것으로 비춰질 수도 있다. 그러므로 칭찬을 할 때도 자신의 진심이 상대방에게 전달될 수 있도록 칭찬을 잘하는 법에 대해 생각해 보아야 한다.

> (1) 순신: 짝보라 했더냐?
> 　　짝보: 자⋯ 장군. 저같이 천한 놈의 이름을 어찌?
> 　　순신: 너는 전라 좌수영 최고의 사수가 아니냐? 헌데 어찌 내
> 　　　　　 너의 이름을 모르겠느냐?
> 　　짝보: (머리를 긁적이며 흐뭇해한다)
> 　　　　　　　　　　　　　　 (TV 드라마 「불멸의 이순신」 중에서)

(1)에서 장군은 자신의 부하 이름을 기억하고 그에게 최고의 사수라는 칭찬을 해준다. 대부분의 사람들은 다른 사람에게 존경받고 인정받고자 하는 심리를 가지고 있는데, 칭찬의 말하기는 진심으로 상대방을 존중하고 그의 가치를 인정하는 마음에서 비롯된다. 따라서 칭찬은 자신이 상대방의 존재 가치나 능력을 인정하고 있음을 나타낼 수 있다.

칭찬이 사람들에게 어떤 영향을 미치는지에 대해 나가사키 가즈노리(2002)는 다음과 같이 말하고 있다.

첫째, 칭찬은 사람을 성장시키는 마법이다. 칭찬과 따뜻한 말에는 사람을 성장시키는 신비한 마력이 숨어 있다. 칭찬은 자신감과 용기를 불러일으킨다. 상대방을 성장시키려면 칭찬을 통해 자신감을 북돋워주고, 격려를 통해 나약함과 맞서 싸우게 해 주며, 응원을 보내 성공했을 때의 기쁨을 느끼게 해 주어야 한다.

둘째, 칭찬은 용기와 열정을 가져온다. '나를 알아주는 사람이 있구나!', '나를 인정해 주는 사람이 있어!'라는 느낌은 사람들로 하여금 생기가 나게 하고, 의욕적으로 자신이 맡은 일을 수행하는 힘을 준다.

셋째, 칭찬은 마음의 문을 열어준다. 다른 사람에 대한 관심과 애정을 가지고 대하면 마음의 문이 열리게 되고, 그러면 그동안 보이지 않던 다른 측면들이 보이기 시작하고, 깊은 안목과 넓은 시야가 생긴다. 또한 자연스럽게 주위 사람들을 진심으로 칭찬하게 된다.

넷째, 칭찬은 칭찬하는 사람을 더 행복하게 만든다. 상대방을 긍정적으로 바라보게 되면 자신의 마음에 여유와 너그러움이 생기고, 나의 칭찬에 상대방이 기뻐하는 모습을 확인하면서 즐거워진다. 또한 나의 칭찬으로 상대방이 변화하는 모습을 지켜보는 것도 행복하다. 칭찬을 통해 서로 행복해 질 수 있다.

칭찬은 상대방을 성장시키고 용기와 열정을 안겨주고, 자신에게는 마음의 여유와 행복을 안겨준다. 그러면 어떻게 하면 칭찬을 잘하는 것일까?

첫째, 칭찬은 구체적으로 해야 한다. 칭찬을 할 때 막연하고 추상적인 표현을 사용하면 아부로 느껴지기 쉽다. 상대방의 도움을 기대하며 나타나는 입에 발린 칭찬은 서로의 관계에 도움이 되지 않는다. 칭찬을 할 때는 성과, 능력과 자질, 태도, 행동 등의 구체적인 내용을 칭찬하여야 한다.

> (2) A: 나 오늘 파마 했는데 어때?
> B: 응, 예뻐.
> A: 정말? 나는 별로 마음에 안 드는데, 너 그거 나 듣기 좋으라고 그냥 하는 말이지?

> (2)' A: 나 오늘 파마했는데 어때?
> B: 어쩐지 오늘 분위기가 달라 보인다 했다. 굵게 말은 머리가 너한테 참 잘 어울린다.
> A: 정말? 고마워.

구체적이지 않은 '예뻐.'라는 말은 그냥 듣기 좋은 말로 와 닿지만, '굵게 말은 머리가 잘 어울린다.'는 구체적인 내용은 진실한 칭찬으로 와 닿는다.

둘째, 진심을 담아 과장되지 않게 칭찬해야 한다. 자신이 느끼는 감정 이상의 과장된 표현으로 상대방을 칭찬하는 것은 좋지 못하다. 구체적으로 칭찬하는 것은 좋지만 정도가 지나치면 오히려 신뢰를 얻지 못한다. "선생님의 오늘 강연은 세계 최고의 강연이었습니다."보다는 "설득력 있고 공감이 가는 이야기였습니다."가 훨씬 효과적일 것이다. 사람들이 원하는 칭찬은 업적에 대한 거창한 칭송이나 화려한 수사, 형식적인 절차가 아니다. 마음에서 우러난 인정과 친근하고 따뜻한 격려에 감동받게 될 것이다.

셋째, 칭찬은 그 자리에서 해야 한다. 칭찬할 일이 있을 때, 상대방이 칭찬을 절실히 필요로 할 때가 바로 칭찬을 해야 하는 순간이다. 시간이 지나고 나면 칭찬하는 사람과 듣는 사람 모두 열의가 없어져 그 효과는 반감될 수밖에 없다. "3년 전에 너의 영업 능력은 참 대단했어."라는 말은 이야기되고 있는 지금은 더 이상 칭찬이 될 수 없다. 오히려 칭찬을 듣는 사람은 '아니, 그럼 그 후의 내 영업은 형편없다는 뜻인가'라고 생각하거나 '이제 와서 그런 소리를 왜 하는 거지?'라고 생각하며 상대의 의도를 찾으려고 할 것이다. 꼭 칭찬해야 할 일이 있는데도 불구하고 상황이 허락하지 않아 그 자리에서 즉시 칭찬을 하지 못했다면, 가장 적절한 때를 다시 찾아야 한다. 나중에 칭찬해야 할 때는 희미한 기억에 의존하게 됨으로 평소에 다른 사람에 대해 칭찬할 거리를 메모해 두었다가 활용하면 좋다.

넷째, 칭찬은 공개적으로 해야 한다. 다른 사람이 알아주지 않은 칭찬은 별 의미가 없다. 칭찬은 드러내놓고 공개적으로 하는 것이 원칙이다. 여러 사람 앞에서 칭찬하는 것은 칭찬 받는 사람뿐만 아니라 그 자리의 다른 사람들에게도 긍정적인 영향을 미친다. 노력한 대가에 따라 인정과 보상을 받는 모습에 다른 사람들도 영향을 받을 수 있기 때문이다. 공개적으로 칭찬을 할 때 조심해야 할 것은 상대적으로 칭찬받지 못한 사람은 의기소침하게 만들 수 있다는 점이다. 사람 자체에 대한 평가가 아닌 그 사람이 노력한 일에 대한 정당한 평가가 이루어져야 할 것이다.

칭찬하는 방법 못지않게 칭찬을 받아들이는 방법도 중요하다. 상대방이 칭찬을 할 때 대체로 동양 사람들은 그 말을 부정함으로써 공손함을 나타내지만, 서양 사람들은 감사함으로 받아들인다. 그러나 칭찬에 대해 지나치게 겸손한 태도를 보이는 것도 바람직하지 않다. '어머, 아니에요', '글쎄, 제가 무슨……'과 같이 부정적인 반응을 보이면 칭찬에 대해 기뻐하는지 아닌지를 알아차리기 힘들고 오히려 칭찬한 사람이 무안해질 수 있다. 이와 함께 지나친 자신감을 표현하는 것도 대화 상황을 어색하게 하고, 인간관계에 부정적인 영향을 줄 수 있다.

> (3) A: 전에 봤던 언니도 엄청난 미인이던데, 미희씨네 집 여자들
>   은 모두 인물이 좋아.
> B: 네 맞아요, 우리가 그런 말 좀 들어요. 따라다니는 남자들이
>   너무 많아서 피곤할 정도라니까요.

> (4) A: 야, 너 그 옷 정말 예쁘다. 화사한 색깔이 너한테 참 잘 어울
>   린다.
> B: 그렇지? 내가 원래 무슨 옷을 입어도 잘 어울리잖니?

(3)과 (4)와 같이 칭찬을 당연한 것으로 받아들이면 상대방은 당황할 수도 있다. 유머로 받아들일 수 있는 맥락이 아니라면 이와 같이 스스로 칭찬하는 말은 오히려 대화의 걸림돌이 될 수 있다.

9.2. 꾸중하기

칭찬은 고래도 춤추게 한다는 말이 있지만, 한편으로는 칭찬만으로는 고래를 춤추게 할 수 없다는 말도 있다. 칭찬과 함께 적절한 꾸중이 필요함을 지적한 말이다. 상대방에 대한 잘못을 지적하는 꾸중하기는 상대방의 체면을 손상시켜 반발을 불러올 수 있는 말하기의 유형이기 때문에 특히 조심해서 해야 한다.

꾸중에 대한 인식이 우리에게 올바른 꾸중하기를 방해하기도 한다. 일반적으로 엄격한 사람보다는 실수를 눈감아주는 사람이 더 좋은 평가를 받는다. 그래서 사람들은 모두에게 좋은 사람으로 인정받고 싶어하는 심리에서 꾸짖는 일을 괴롭게 생각한다. 또한 사람들은 '나만 잘 하면 되지'라는 이기적인 생각에서, '혹은 내 일도 아닌데 왜 내가 끼어들어.'라는 무책임함에서, '내가 무슨 자격이나 힘이 있어서 다른 사람을 혼내겠어.'라는 자격지심으로 꾸중을 하지 않으려고 한다.

그러나 꾸중이 꼭 상대방에게 불쾌감과 불만을 주어서 인간관계를 무너뜨린다고 단정 지을 수는 없다. 칭찬과 마찬가지로 꾸중도 불완전한 인간을 올바른 궤도에 올려놓고 발전을 재촉한다는 면에서 매우 중요한 행동이다. 잘못된 행동에 대해 반복해서 눈감아주면 금세 그것에 익숙해져 당연한 일처럼 여기게 된다. 필요한 꾸중을 하지 않는 것은 상대방을 잘못된 길로 빠지게 만든다.

꾸중은 화내는 것과는 본질적으로 다르다. 남을 꾸중하는 이유는 그 사람의 잘못된 점을 지적해서 올바른 길로 나아가게 하는 데 있다. 잘못된 점을 개선시키기 위해 '꾸중하는 것'과 무조건 '화를 내는 것'은 본질적으로 다르다.

(5) A: 뭐하는 거야! 자네. 이것도 제대로 못 해?
　　 B: 죄송합니다. 제대로 하는 일이 없어서.

(6) A: 자네 수고했어. 그런데 이 일에 좀 문제가 있는데, 무엇이냐
　　　 하면 …….
　　 B: 죄송합니다. 얼른 가서 수정하겠습니다.

(5) A처럼 자신의 감정을 폭발시키는 말하기는 화를 내는 것이지만, (6) A와 같이 잘못을 지적해서 고치는데 초점을 둔 말하기는 '꾸중하는 것'이다. '화를 내는 것'은 부정적인 반응으로 쉽게 이어지지만, '꾸중하는 것'은 상대방의 잘못을 개선시키는 변화를 가져온다.

꾸중은 잘하면 상대방을 발전으로 이끄는 계기가 될 수 있다. 사람은 모두 불완전한 존재이기 때문에 수많은 결점을 지니고 있고 실수를 저지르기도 쉽다. 이러한 결점을 자신이 깨닫고 있지 않다면, 누군가가 지적을 해 주는 것이 필요하다. 이런 의미에서 적절한 꾸중은 자신의 부족함과 미숙함을 보충하는 전환점이 될 수 있다.

진정한 꾸중은 애정에서 출발해야 한다. 상대방을 꾸중할 때는 감정이 격해져, 상대방에게 화를 내거나 상처를 입히는 일이 자주 일어난다. 상대방을 위한다는 이유로 그 사람에게 화를 퍼붓거나 분이 풀릴 때까지 잔소리를 늘어놓는 것은 진정한 꾸중이 아니다. 함께 문제를 풀겠다는 마음을 잊지 말아야 한다. 사람들은 누구를 위해서 하는 말인지의 진위를 가릴 줄 안다. 말하는 사람의 진심은 얼굴표정, 목소리, 시선, 몸짓 등에 모두 담겨 있기 때문에, 애정을 담아 진심어린 꾸중을 해야 한다. 사람이 꾸중을 받고 견뎌낼 수 있는 것은 그 말 속에 꾸중하는 사람이 지닌 애정의 힘이 포함되어 있기 때문이다.

꾸중의 가치에도 불구하고 사람들은 꾸중을 들으면 흔히 다음과 같은 반응을 보인다.

(7) a. 합리화한다 : 실패를 지적하면 '방법이 틀렸다'는 식으로 합
　　　리화한다.
　　b. 반격한다 : "당신은 잘 하고 있어?"라고 정면으로 부딪쳐온다.
　　c. 의식적으로 피한다 : "머리가 아파서요."라고 꾀병을 부리며
　　　회피한다.
　　d. 울음을 터뜨린다 : 특히 아동이나 여성에게 잘 나타난다.
　　e. 다른 물건에 화풀이를 한다 : 꾸중을 듣고 방에 들어가서 베
　　　개를 던진다든지, 피아노를 쾅쾅 두드린다.
　　f. 술기운을 빌려 반격한다 : 술자리에서 상대방을 비난한다.
　　g. 분하게 여긴다 : 앙심을 품고 되갚는다.
　　h. 바보취급을 한다 : 자기에게 꾸중한 사람의 약점을 캐서 일
　　　부러 꼬집어 조롱한다.
　　i. 무시한다 : 불러도 대답도 안 하고 인사를 해도 받지 않는다.
　　j. 관계를 단절하겠다고 표현한다 : "그럼 그만 두겠습니다."하
　　　고 위협한다.
　　k. 자신감을 상실한다 : 꾸중을 들은 충격으로 모든 일에 의기
　　　소침해진다.

　좋은 의도를 가지고 꾸중을 한다고 해도 (7)과 같은 감정적인 반응이 나
타날 수 있기 때문에 꾸중을 하는 방법이 매우 중요하다. 상대방의 반발
이나 반감을 덜 사면서 꾸중하려면 다음과 같은 점에 유의할 필요가 있다.
　첫째, 문제점을 올바르게 파악하고 잘못한 부분에 대해서만 꾸중한다.
한 가지의 잘못을 가지고 그 사람의 다른 면까지 비난하는 말하기가 되어
서는 안 된다. 학교 준비물을 챙겨오지 못한 학생에게 "수업 시간에 떠들
기만 하는 줄 알았더니 준비물도 제대로 못 챙겨 오니? 네가 제대로 하는
게 뭐니?"라는 식으로 혼을 내면, 아이는 준비물을 챙기지 못한 자기 잘못
을 뉘우치는 것이 아니라 선생님이 자기를 미워한다고 생각하고, 속으로
반발하며, 학교 다니는 것 자체를 싫어하게 될 것이다. 또한 직장에서 상
사가 "자네 왜 그렇게 제대로 하는 일이 없나?"라고 한다면, 역시 자신의

잘못이 무엇인지 인식하지 못한 채 기분만 상하게 될 것이다. 따라서 잘못한 일에 대해서는 지적하는 말하기가 필요하다. "오늘 준비물이 제대로 챙기지 못 했구나. 준비물이 없으면 수업 시간에 네가 참여할 수가 없게 되니 다음부터는 꼭 챙겨 와라."고 말하거나 "이번에 제출할 보고서에 통계 처리가 잘못 됐네. 미처 확인을 못 한 것 같은데, 다시 한 번 검토해 보게."라고 말한다면 상대방이 감정적인 반응을 보이지 않을 것이다.

둘째, 모든 사람에게 동일한 기준을 적용하여 꾸중해야 한다. 동일한 잘못인데, 어떤 사람에게는 관대하게 용서하면서 어떤 사람에게는 잘못으로 지적하는 실수를 범해서는 안 된다. 누가 무엇을 어떻게 잘못했는지를 자세히 알아보고, 언제나 누구에게나 같은 기준을 적용해야 한다.

셋째, 여러 사람 앞에서는 잘못을 지적하지 말아야 한다. 여러 사람 앞에서 잘못을 지적하면, 그 사람은 자신의 잘잘못을 따지기보다 체면이 손상된 것에 대해 분노할 것이다. '내가 잘못 한 것은 인정하지만, 많은 사람들 앞에서 꼭 그렇게 창피를 주어야 했을까?'라고 생각하며, 꾸중한 사람을 원망할 수도 있다. 일대일로 대화할 상황을 만들어 꾸중을 해야 하는데, 이 때 조심해야 할 것은 다른 사람들이 알아채지 못하도록 하는 것이다. "박 대리, 그 서류를 내 방으로 가져와 줘."라고 부른 뒤, "요즘 많이 힘들지?"하면서 분위기를 부드럽게 조성하고 난 다음에 잘못된 행동에 대해 얘기를 시작한다면 상대방도 기꺼이 자신의 잘못에 대해 반성하고 시정할 것이다. 칭찬을 할 때는 다른 사람이 있는 데서 공개적으로 하고, 혼을 낼 때는 혼자 있는 데서 비밀스럽게 하는 것이 상대방을 배려하면서 말하는 방법이다.

넷째, 다른 사람과 비교하면서 꾸중하지 말아야 한다. "너는 왜 형보다 공부를 못 하니?", "네 동생의 반의반만 닮아라."라는 비교의 말은 '엄마는 나보다 형을 더 사랑해', '엄마는 나만 미워해'라는 생각이 들게 하고, 형이나 동생에게 열등감을 가지게 한다. 이러한 마음이 들기 시작하면, 잘못에 대한 개선은 생각하기 어렵다.

다섯째, 개선하기 위한 구체적인 방법을 제시하는 것이 좋다. "틀렸어. 틀렸어."라는 말만 하고 구체적인 방법을 제시하지 않는 꾸중은 트집만 잡고 끝날 위험이 있다. 상대방의 실수를 올바르게 고치기 위해서는 그 구체적인 방법을 생각할 수 있도록 하거나 개선 방법을 제시해야 한다. 또한 그 후에 제시한 방법이 효과가 있는지를 확인해야 한다.

여섯째, 칭찬의 말을 먼저 하고 꾸중의 말은 나중에 한다. 상대방의 결점을 발견했다 하더라도 좋은 점을 먼저 언급하고, 그 다음에 잘못을 지적해야 한다. 흔히 우리는 내 자신의 잘못은 잘 못 보면서 상대방의 잘못은 크게 생각하고 쉽게 지적하곤 한다. 하지만 사람은 감정의 동물이라, 상대방의 말이 자신에 대한 비난이라는 생각이 들기 시작하면 기분이 나빠지며, 도전적이고 공격적으로 돌변하게 된다. 상대방의 반발이나 반감을 덜 사면서 잘못을 지적해 주기 위해서는 비난을 칭찬 속에 감추었다가 살짝 이야기하는 것이 좋다.

> (8) (초등학교 1학년인 아이와 엄마)
> 　　아이: 엄마, 그림일기 다 썼어.
> 　　엄마: 아니, 글씨가 왜 이래? 이것밖에 못 해?
> 　　아이: 몰라 엄마 미워, 나 안 해.
>
> (9) 아이: 엄마, 그림일기 다 썼어.
> 　　엄마: 와! 색깔을 아주 잘 칠했구나. 글씨만 좀 정리하면 훨씬
> 　　　　　멋진 그림일기가 되겠다.
> 　　아이: 왜 엄마 글씨가 좀 이상해?
> 　　엄마: 응, 삐뚤게 써서 엄마가 알아보기가 어렵네. 우리 다시
> 　　　　　한 번 차근차근 써 볼까?
> 　　아이: 네, 엄마.

(8)의 대화에서 엄마는 아이의 잘못을 바로 지적한다. 이 경우 아이는 속이 상해 울어버리고, 더 잘하려는 노력도 하지 않게 된다. 하지만 (9)의 엄마처럼 말을 하면, 아이는 크게 기분 나빠하지 않으면서 글씨를 다시 써 보려는 시도를 할 것이다.

일곱째, 잘못을 지적하는 말을 직접적으로 지적하지 않고 간접적으로 알게 해 주는 방법을 사용한다. 다음은 간접적으로 잘못을 지적하고 긍정적인 결과를 얻어낸 예이다.

> (10) 사장은 어느 날 정오에, 그가 경영하던 제철 공장을 지나다가 직원들 중 몇 명이 담배를 피우고 있는 모습을 우연히 보게 되었다. 그들의 머리 바로 위에 '금연'이라는 푯말이 붙어 있었다. 다른 사람들과는 다른 온화한 인품을 가진 사장은 그들에게 다가가서 담배를 하나씩 나누어주고는 "여보게들, 밖에 나가 피워 주면 참 고맙겠네."라고 말했다. 보통 사람이라면 상상도 못할 일이다. 하지만 이 말의 효과는 상당히 컸다. 자신들이 규칙을 어긴 것에 대해서는 한 마디 말도 없이, 오히려 담배를 한 개피 씩 나누어주는 사장님의 너그러움에 그 자리에 있던 종업원들은 존경심을 가지게 되었다. 물론 어느 누구도 그 다음부터 그곳에서 담배를 피우지 않았다. (Carnegie, 1937)

상대방을 배려하는 꾸중하기는 상대방으로 하여금 자신의 잘못을 솔직하게 인정할 수 있게 도와줄 수 있으며, 대안이 되는 방법을 제시함으로써 상대방이 발전하는 데에 기여할 수도 있다.

9.3. 거절하기

누군가의 부탁을 거절하는 것은 쉬운 일은 아니다. 상대방이 나를 이기적이라고 욕하지는 않을까, 거절의 이유를 변명하는 것으로 받아들이지 않을까, 또는 인간관계가 깨지지는 않을까 하는 두려움 때문에 쉽게 거절하기 힘든 것이 사람들의 마음이다. 이외에도 신세진 것을 갚아야 한다는 의무감이나 안타까운 상황에 놓인 상대방에 대한 동정심 때문에 거절을 못하기도 한다. 하지만 원하지 않는 일을 받아들였을 때, 자신이 원하지 않는 결과가 나타나기도 하고 경우에 따라서는 거절하지 못한 자신의 행동을 후회하게도 된다.

거절의 상황은 대화에 참여하고 있는 사람들 사이에 서로의 의도나 욕구가 충족되지 못하여 갈등이 발생하는 순간이다. 그래서 거절할 때는 상대방의 의도나 요구에 대해서는 거부하더라도 상대방의 체면이 상하지 않도록 하는 것이 중요하다. 거절해야 하는 문제의 해결 여부와 인간관계 개선에 대한 의지가 언어적으로 표현되도록 해야 한다.

상대방의 호의를 거절할 때는 우선 고마움을 먼저 표시하는 것이 좋다. "이번 주말에 우리 집에 와서 저녁 같이 하지?"라고 직장 상사나 윗사람이 제안을 하면, 대개 사람들은 시간이 안 돼도 거절하기 어려워서 상대방의 제안을 받아들이게 된다. 그러나 주말에 해야 할 중요한 일이 있다거나 이미 다른 약속이 있을 경우에는 난처한 상황이 생길 수밖에 없다. 중요한 일을 놓치거나 친구와의 약속을 저버리면 나중에 후회하게 될 것이다. 그러므로 상대방의 호의적인 제안에 대해서 우선은 진심을 담아 고마운 마음을 표현하고 더불어 제안을 거절할 수밖에 없는 이유를 전하는 것이 최선이다. "초대해 주셔서 고맙습니다. 하지만 제가 이번 주말에는 급히 해야 할 일이 있어서 좀 힘들겠습니다."라고 정중하게 설명한다.

제의를 받아들이지 못하는 이유에 대해 변명을 하거나 둘러대는 것으로 순간의 난처함을 모면할 수는 있으나 궁극적인 해결책이 될 수 없으므로 주의해야 한다.

(11) 영희: 우리 오늘 저녁에 영화 볼까?
　　　미순: 미안해. 엄마가 편찮으셔서 집에 일찍 들어가야 돼.

거절의 이유가 사실이라면 (11)과 같이 거절할 수도 있지만 이 말이 단순히 상황만을 모면하기 위한 거짓말이라면 문제가 될 수 있다. 거절의 내용이 거짓인 것을 상대방이 알게 되면 인간관계에는 치명적인 손상을 줄 수 있기 때문이다.

이와 같이 거절을 할 때는 문제를 해결하는 것뿐만 아니라 상대방과의 인간관계에도 도움이 될 수 있는 방법을 찾아야 한다. 적절한 거절의 방법으로는 대안 제시하기, 타당한 이유 제시하기, 상대방의 입장 고려하기 등이 있다.

１ 대안 제시하기

대안 제시하기는 상대방의 요청이나 제안을 거절하여 생기는 갈등의 상황에서 두 사람이 모두 만족할 만한 새로운 해결책을 제시하는 방법이다. 거절 화행을 수행함으로 인해 손상당할 수 있는 상대방의 체면을 세워주면서 갈등도 해결할 수 있는 가장 긍정적인 방법이다.

(12) 민희: 나 이번에 해외로 며칠 휴가 가게 됐어.
　　　별이: 야 좋겠다. 아휴 부러워. 나도 가고 싶다.
　　　민희: 그런데 보슬이 때문에 걱정이야. 혼자 두고 갈 수가 없
　　　　　　어서 말야. 그래서 말인데, 너 며칠만 우리 보슬이 좀
　　　　　　돌봐줘.
　　　별이: …
　　　민희: 왜? 안 돼? 좀 돌봐줘.
　　　별이: 있잖아, 나 개털 알레르기 있는 거 알지?
　　　민희: 보슬이는 항상 잘 가꿔줘서 개털 별로 안 날려.

별이: 우리 엄마도 개를 별로 안 좋아하셔.
민희: 친구끼리 그 정도도 못해주니?

거짓된 이유로 거절을 하다가는 부탁한 사람과의 관계가 깨질 수 있다.
그리고 이런 거짓말은 곧 탄로가 나버리기도 하고 상대방과의 신뢰를 깨
뜨리기도 하기 때문에 적절한 거절의 말하기가 될 수 없다. 이런 상황에
서는 오히려 자신의 상황을 솔직하게 이야기하고 새로운 대안을 찾아 제
시하는 방법을 사용하는 것이 좋다.

    (13) a. 민희야, 나도 보슬이 돌봐주고 싶어. 그런데 사실 내가 개
를 한 번도 키워본 적이 없어서 걱정이 돼. 그리고 우리 식
구들 생각이 어떤지도 몰라서 결정하기가 어렵네. 강아지
좋아하는 내 친구가 있는데, 그 친구가 도와줄 수 있는지
물어봐 줄게.

    b. 민희야, 나도 보슬이 돌봐주고 싶어. 그런데 사실 내가 개
를 한 번도 키워본 적이 없어서 걱정이 돼. 그리고 우리 식
구들 생각이 어떤지도 몰라서 결정하기가 어렵네. 민이야,
우리 이러면 어떻겠니? 네가 잘 아는 애완견 센터에 맡기
고 내가 자주 가보도록 할게. 그러면 괜찮지 않을까?

(13)에 나타난 거절의 방법은 승낙하기 어려운 상대방의 제안에 대해 새
로운 대안을 제시하는 것이다. 알레르기가 있다는 거짓말보다 개를 더 잘
돌봐줄 수 있는 방법을 제안하는 것은 상대방의 체면도 세워줄 수 있을
뿐만 아니라 두 사람이 모두 만족할 만한 새로운 해결책이 되기도 한다.

② 타당한 이유 제시하기

거절할 수밖에 없는 타당한 이유를 제시하여 상대방에게 이해를 구하
는 방법이다. 타당한 이유를 제시하는 것은 상대방이 거절의 이유를 받아

들여줄 것이라는 것을 전제로 이야기되기 때문에 상대방에 대한 지지발
언과 함께 사용하면 긍정적인 구도 안에서 이야기할 수 있게 된다.

(14) 시은: 너 오늘 저녁에…… 나랑 놀러 안 갈래?
　　윤: 어떡하지? 난 오늘 저녁에 과외 있는데. 공부 열심히 해야
　　　　지. 바닥으로 떨어진 우리반 자존심 세우려면.
　　시은: 그래. 네 말이 맞다.
(TV 드라마 「반올림」 중에서)

　(14)에는 윤이 상대방의 제안을 거절하는 이유에 대해 설명하고 있으며
상대방도 그 이유에 대해 수긍하고 인정하는 태도가 나타난다. 그리고 지
지발언에는 상대방을 인정하고 이해하는 태도가 표현됨으로 상대방과의
긍정적인 관계를 지속적으로 유지할 수 있다.

③ 상대방 입장 고려하기

　상대방 입장 고려하기는 거절하는 화자가 상대방의 입장에 대해서 충
분히 이해하고 있음을 표현하는 방법이다. 상대방의 요청이나 제안을 거
절하고는 있지만 상대방에 대한 걱정이나 배려의 태도 때문이라는 것이
포함되도록 한다.

(15) 민숙: 내일 석현이 온대요.
　　말자: 얼마 만에 오는 거야? 몇 시냐? 나도 공항 갈랜다.
　　기웅: 뭘 할머니까지 나가세요? 제가 대표로 나갈 테니까 할
　　　　머닌 집에 계세요.
　　재도: 그러세요. 어차피 인사드리러 올 텐데요, 뭘.
(TV 드라마 「별난 남자 별난 여자」 중에서)

(15)에는 손자 마중을 나가겠다는 할머니의 요청에 대해 거절하는 상황이다. 그러나 할머니의 연세를 고려해서 거절하는 것이고 그 안에 할머니에 대한 배려가 포함되어 있기 때문에 상대방의 체면을 손상시키지는 않는다.

거절의 말을 할 때에는 상대방의 체면을 손상시키지도 않으면서도 자신에게 부딪힌 문제를 가장 긍정적으로 해결하려는 노력이 필요하다. 두 사람이 모두 만족할만한 새로운 대안을 찾는다는 것이 쉬운 일은 아니지만 적절한 대안을 생각하면서 같이 고민해 준다면 상대방도 거절하는 이유를 이해할 수 있을 것이다. 어떤 부탁을 거절해야 할 때 사람들이 정말로 걱정하는 것은 거절해야 하는 즐겁지 않은 상황이 아니라 거절로 인해 일어날 수 있는 인간관계의 단절이다. 따라서 거절을 할 때 상대방에 대한 배려를 바탕으로 하는 표현을 사용한다면 불쾌감을 덜어줄 수 있을 것이다.

9.4. 사과하기

사과하기는 화자 자신이 스스로의 잘못에 대해 인정하고 용서를 구하는 행위이다. Goffman(1967)이 말하는 체면의 관점에서 보면, 사과를 하는 사람의 입장에서는 자신의 체면이 손상당하는 일이지만 그 대상이 되는 상대방의 체면을 세워주는 행위라는 점에서 공손의 한 형태로 볼 수 있다. Leech(1983)에서는 사과를 하는 일은 청자에게는 어떤 이익을 주는 측면이 있지만 화자에게는 손해가 되는 부분이 있기 때문에 상호 간의 조화가 필요하다고 하였다. 화자의 사과를 청자가 수용하게 되면 더 이상 청자의 체면이 손상당하지는 않지만 만약 거부하게 되면 화자는 치명적인 체면의 손상을 입기 때문에 참여자들 사이의 조화와 배려가 필수적으로 요구된다.

사과를 할 때는 사과의 의도가 명백한 {미안하다, 죄송하다, 용서를 구하다} 등의 표현과 더불어 부가적인 표현이 병행하여 나타난다. 사과표현이외에 부가적인 내용을 병행해서 말하는 것은 화자의 입장에서는 경제성의 원리에 어긋나는 것이지만 듣는 청자를 고려할 때는 더욱 공손한 표현이 될 수 있다. Lakoff(1973: 296)에서 밝힌 바와 같이, 명료한 사과 표현만 사용하는 것보다는 부가적으로 연결되는 발화가 공손성을 나타내는 요소로 기능하기 때문이다. 사과 표현과 함께 나타나는 표현 중에는 자기비난, 설명하기, 재발 방지 약속 등이 병행되어 나타나면 자신의 진심이 상대방에게 좀더 쉽게 전달될 수 있다.

① 자기 비난의 표현

사과할 때 나타나는 자기 비난의 표현은 사건에 대한 책임이 전적으로 자기 자신에게 있음을 밝힘으로 적극적인 사과의 의도를 나타내는 것이다.

> (16) a. 윤후: 애초에 니가 그 돈만 안 받았어도 일이 이렇게까지
> 꼬이진 않았을 거 아냐? 바보처럼 왜 그 돈을 받아서
> 일을 이렇게 어렵게 만드냐, 왜?
> 국화: 미안합니다. 이게 다 나 때문에 벌어진 일이니 미안
> 하게 됐습니다.
> b. 풍구: 야, 아무리 작업 중이라고 해도 선수들 간에는 지켜
> 야 할 예의라는 게 있는 거야. 그런 식으로 상대방의
> 인격을 모독하면 안 되지.
> 고씨: 제가 흥분한 나머지 이성을 잃었나 봐요. 정식으로
> 사과드릴게요, 작은형님.
> (TV 드라마 「열아홉 순정」 중에서)

상대방의 질책에 대해 자기를 비난하는 표현은 자신의 잘못을 인정할 뿐만 아니라 자신을 낮춤으로 오히려 상대방의 체면을 세워줄 수 있는 공손의 태도를 동시에 나타낼 수 있다.

(17) 하남: 세상 살면서 이렇게 뒤통수 맞아보기는 첨입니다. 그것
　　　　도 가장 가까운 사람한테, 딴 사람도 아니고 어떻게 엄
　　　　마가 내 뒤통수를 칠 수 있어요?
　　엄마: 다 잘못했다. 엄마가 잘못했으니까 화만 내지 말고 엄
　　　　마 말 쪼매 들어 보래이.
(TV 드라마 「소문난 칠 공주」 중에서)

　자기 비난은 잘못을 인정하는 것에서부터 비롯된다. 자료 (17)과 같이 화가 나 있는 상대방에게 자신의 잘못을 인정하고 이를 바탕으로 설득을 하기 위한 책략으로도 사용될 수 있다. Leech(1983)에서는 겸양의 격률(modesty maxim)을 설명하면서 화자 자신에 대한 비난을 최대화함으로 청자에 대한 공손을 실현하는 것이 될 수 있다고 했다. 특히 우리나라 사람들은 자신을 낮춤으로 상대방을 높여주는 공손을 실현하기도 하는데 사과할 때 자신을 부정하는 표현을 사용하는 것은 한국의 문화적 특징이 반영된 것이다.

② 설명하기

　설명하기에는 문제가 된 사건이 일어난 경위를 제시하며 상대방의 이해를 구하는 내용의 발화로 구성되어 있다. 또한 자신의 책임보다는 사건이 일어날 수밖에 없는 이유를 주로 말하는 것이 특징이다.

(18) 하남모: 결론부터 말하자면 이 결혼 안 됩니다.
　　설　칠: 네?
　　하남모: 대뜸 사람 불러내서 이런 말해서 죄송해요. 아들 가
　　　　　진 엄마 유세떤다 생각해도 할 수 없어요. 며느리 감
　　　　　에 대한 욕심 누구나 마찬가질 거예요. 나대위한테
　　　　　개인적인 감정은 없어요. 나이도 있으니 말귀 알아들
　　　　　을 거 같고, 또 훌륭하신 군인이시니 제 마음 이해할

거 같아서 말씀드리는 거예요. 결혼은 두 사람만 좋
다고 하는 거 아니잖아요?
(TV 드라마 「소문난 칠 공주」 중에서)

자료 (18)과 같이 상대방에게 결혼 승낙을 할 수 없는 이유를 사과표
현에 부가하여 발화하는 방법이 설명하기의 대표적인 형태이다. 설명하
기는 상세한 설명을 통해서 상대방이 이해해 주기를 기대하는 마음이 나
타난 것이다.

③ 재발 방지 약속하기

사과할 때 화자가 자신의 잘못을 인정할 뿐만 아니라 동일한 잘못을 되
풀이 하지 않겠다는 다짐을 부가적으로 사용하기도 한다. 이와 같은 내용
에는 {다시는/ 다음부터는}과 같은 표현을 같이 사용하기도 한다.

(19) 명자: 쓸데없이 엄마가 가긴 어딜가? 나랑 오래오래 살아야
　　　지. 근데 엄마 돈 있어? 무슨 돈으로 나 결혼시켜줄라
　　　그랬어?
　달구: 돈 없으면 이 몸땡이라도 팔으야지. 살 사람이 어디 있
　　　나 모르지. 명자야, 가만히 생각해 보니께, 나가 애미가
　　　돼갖고 너한테 해 준게 아무것도 없드만, 그 어린거 고
　　　생만 시키고.
　명자: 안 그래 엄마. 엄마 아니었음 내가 이 세상에 어떻게 나
　　　왔겠어? 그것만 해도 감지덕지지. 엄마 내가 잘못했어.
　　　다신 성질 안 부릴게.
(TV 드라마 「소문난 칠 공주」 중에서)

자료 (19)에서와 같이 사과를 하면서 다시는 문제가 된 행동을 되풀이
하지 않겠다는 다짐이 병행하여 나타나고 있다. 사과하는 사람 스스로 재

발 방지를 약속하는 것은 상대방의 비난이 되풀이 되는 것을 막고 상황을
종결지을 수 있는 기능도 한다.

사과를 할 때는 단순히 사과 표현만 사용하고 끝낼 것이 아니라 상대방
이 사과를 받아들일 수 있도록 화자는 더 많은 노력을 한다. 이와 같은
화자의 노력은 손상된 상대방의 체면을 다시 세워주기 위해 부가적인 발
화를 통해 표현되며, 병행하는 부가적인 발화는 공손을 전제로 하여 서로
의 관계가 회복되기를 기대하여 나타나는 표현이다. 곧, 사과할 때 나타나
는 부가적인 발화는 상대방의 지지를 얻어내어 사과가 쉽게 받아들여지
게 하기 위해 사용되고 있는 화자의 전략적 표현이다.

사과하는 데 가장 중요한 것은 스스로 잘못을 시인하고 자신의 행동에
책임을 지는 태도이다. 더불어 잘못한 행동을 되풀이 하지 않으려는 실천
의 노력이 필요하다. 다카이 노부오(1997)에서는 사과를 한 이후에 나타나
는 결과를 5단계로 구분하여 제시하고 있다.

> (20) 5단계: 사과를 통해 상대에게서 전보다 새로운 신뢰를 얻는다.
> 　　　4단계: 사과함으로써 신용을 회복한다.
> 　　　3단계: 신뢰회복까지는 이르지 못하지만 어떤 면에서는 상대
> 　　　　　　 방을 안심시킨다.
> 　　　2단계: 상대의 마음을 가라앉히는 최소한의 선을 지킨다.
> 　　　1단계: 문제를 크게 만들거나 새로운 마찰의 원인을 만들어
> 　　　　　　 낼 수도 있다.

세탁을 맡겼는데 오히려 누런 얼룩이 져서 배달이 되었다. 따지는 세탁
물 주인에게 세탁소 주인이 하는 사과의 말을 위의 단계에 적용해 보면
다음과 같다.

> (21) 5단계: 정말 죄송합니다. 곧 다시 세탁해 드리겠습니다. 그리
> 　　　　　　 고 다시 세탁한 대금은 물론 함께 맡기신 다른 옷도

무료로 해 드리겠습니다. 사과의 뜻으로 너그럽게 받
아주십시오.

4단계: 정말 죄송합니다. 곧 다시 세탁해 드리겠습니다. 물론
무료로 해 드리겠습니다.

3단계: 다시 세탁해서 얼룩을 제거해 보려고 노력했지만 자
국이 좀 남았습니다. 셔츠 대금을 바로 변상해 드리겠
습니다.

2단계: 다시 세탁해서 얼룩을 제거해 보려고 노력했지만, 자
국이 좀 남았습니다. 셔츠 대금 변상에 대해서 말인데
요, 일부는 현금으로 드리고 나머지는 다른 옷 세탁비
로 상쇄해 주실 수는 없는지요?

1단계: 미안합니다. 다시 세탁해도 얼룩이 빠질지 모르겠습니
다. 이런 비싼 셔츠를 일반 클리닝으로 맡기시면 안 되
죠. 이런 셔츠는 특별 클리닝으로 맡기셔야 합니다.

　실수에 대해 상대방이 만족할 만한 조치를 신속히, 적절히 취해야 한다.
위에서 5단계의 방법이 가장 좋지만, 최소한 3단계 정도는 유지해야 한다.
1단계처럼 오히려 책임을 전가하거나 변명을 한다면 상대방으로부터 신
뢰를 회복하기는 어렵다.

　사과의 말은 단순하다. {죄송합니다, 미안합니다, 제가 잘못했습니다,
용서해 주십시오.} 등의 말과 함께 자신의 진심을 전달하면 된다. 말을 어
떻게 할 것인가의 방법에 대한 문제보다 자신의 잘못이나 실수에 대해 인
정하고 상대방에서 진실하게 사과하려는 마음을 가지는 것이 더욱 중요
하다. 자신의 잘못을 깨닫고도 자존심 때문에 혹은 수치심 때문에 솔직하
게 사과하지 못한다면, 다른 사람들로부터 신뢰를 잃게 될 것이고, 그로
인해 인간관계에도 어려움을 겪게 될 수도 있다.

1. 칭찬의 중요성에 대해 각자의 경험을 바탕으로 논의해 보자.

2. 자신에게 도움이 되었던 꾸중의 사례를 발표해 보자.

3. 다음의 상황에서 상대방에게 거절하는 말하기를 해 보자.

    (1) 돈을 빌려 달라고 했을 때

    (2) 보고서 작성을 대신 해달라고 했을 때

    (3) 출석 확인할 때 대신 대답해 달라고 했을 때

4. 다음 대화의 문제점을 지적하고, 이와 같은 상황에서 사용할 수 있는
   올바른 사과의 말을 해 보자.

    (1) 발을 밟아서 ……. 이거 밀리다 보니 그렇게 됐습니다. 제가 일
        부러 그런 건 아니지만 …….

    (2) 제가 평소에는 이렇게 늦게 오지 않는데, 오늘은 예외입니다.

    (3) (칼국수에 넣은) 조개에 돌이 있다고요? 씻는다고 씻는데 조개
        가 갯벌에 사니 가끔 그런 일이 있네요. 잘 골라서 드세요.

(4) (쇼핑 카터를 끌고 가다가 앞 사람과 부딪쳤다) 아휴 그렇게 갑
자기 멈추면 어떻게 해요? 깜짝 놀랐잖아요.

(5) (아이가 공놀이를 하다가 옆집 창문을 깼다) 우리 애가 힘이 좀
세요. 서로 아이 키우는 입장이니까 이해하시죠? 애들이 놀다
보면 그렇죠 뭐.

5. 사과할 때 사람들이 어떤 표현을 많이 사용하는지 살펴보자. 특히 어
떤 표현이 사과를 받아들이게 하는지 자신의 경험을 바탕으로 이야
기 해 보자.

10. 유머 화법

현대인들은 본의 아니게 심각한 상황 속에서 생활을 하게 되는 경우가 많이 있고, 이 때문에 스트레스를 받는다. 진지한 마음으로 대화를 나누는 것은 대화를 위한 기본적인 요소가 되지만, 진지하기 때문에 항상 심각한 대화를 나누는 것은 아니다. 우리는 함께 웃으며 이야기를 나눌 수 있는 사람을 좋아한다. 또한 무엇인가 재미있는 이야기에 따라 일단 함께 웃고 나면 그 사이가 더욱 돈독해진다. 이 장에서는 유머의 기능과 유머의 유형, 그리고 유머를 만드는 요인들에 대해 살펴보기로 한다.

10.1. 유머의 정의

유머는 「우리말 큰사전」에 "익살, 해학"이라고 풀이되어 있고, '익살'은 "일부러 멋지게 남을 웃기는 말이나 짓"으로, '해학'은 "익살스럽고 멋이 있는 말이나 짓"이라고 풀이하고 있다. Alison Ross(1998)의 책 *The Language of Humour*에서는 유머를 "사람을 웃거나 미소짓게 만드는 어떤 것"이라고 정의하였는데, 이러한 정의들은 모두 유머와 웃음이 서로 밀접한 관계에 있다는 것을 말하고 있다.

  사람들이 웃음을 좋아하는 이유를 생리학자들은 건강과 관련하여 생각한다. 생리학적으로 웃음은 첫째, 허파와 기도를 확장시켜 공기의 유입과 배출을 촉진시켜 주고, 호흡기관의 염증을 막아주는 항체 면역글로빈을 증가시키는 구실을 하고, 둘째, 자율신경계에 자극을 주어 동맥과 심장 등 순환계의 작용을 돕고, 장과 간의 작용을 촉진시켜 소화를 도우며, 셋째, 호흡이 깊어지고 횡경막이 이완하지 않고 오히려 짧은 경련성 수축을 해서, 복부 근육운동을 촉진함과 동시에 복강내압을 높이는 역할을 하며, 넷째, 침과 기타 소화액의 분비를 촉진시켜 콜레스테롤의 증가를 억제하며, 다섯째, 통증을 완화시키고 억제시켜서 고통에 대한 저항능력을 20%나 증가시킨다는 것이다. 사람이 웃기 위해 소모하는 에너지는 기초대사량의 2-5배나 되지만, 의학계에서 '웃음치료법'이라는 것을 개발할 만큼 웃음은 건강을 증진시키는 생리적인 효용을 가지고 있다.

  웃음이 건강을 증진시키는 것은 웃음이 이완작용을 하기 때문이다. 웃음을 웃고 나면 긴장이 풀릴 뿐 아니라, 마치 눈물을 흘리고 난 뒤에 느끼는 것과 같은 카타르시스를 경험하게 된다. 1928년 Freud가 유머가 주는 이완작용을 성적인 욕구와 관련시킨 이래로, 웃음이 갈등과 긴장 사이에서 균형을 찾게 해주는 역할을 한다는 것은 많은 심리학자들에 의해 주장되었다.

  웃음이 가지고 있는 또 다른 기능은 친화작용이다. 사회 생활을 하면서 처음 만나는 사람을 만나면 긴장을 하게 된다. 이때 서로 웃음을 주고받게 되는데, 이것은 긴장을 풀어주고, 서로에게 친근감을 느끼고 대화를 부드럽게 할 수 있는 분위기를 만들어 준다. 이와 같이 사람들의 마음을 열어주고, 가깝게 느끼도록 하는 작용이 친화작용이다. 인간관계가 원만한 사람들 사이의 대화에서는 자연스럽게 웃음이 나오게 되는데, 웃음을 웃는다는 것 자체는 상대방에 대한 적의가 없음을 나타냄과 동시에 스스로가 긴장하지 않은 상태임을 나타내는 것이 된다. 이것은 대화에 도움을 주어서 함께 웃고난 뒤에는 순서교대가 더욱 빨라지고, 공감을 표현하기 위한 대화의 중복 현상도 훨씬 많이 나타나는 것이 관찰되었다. 웃음이 대화를 이어주는 촉진제의 역할을 하기 때문이다.

웃음은 창의력을 증대시키는 기능도 가지고 있다. 웃음은 싫증을 없애 주고 두뇌를 자극하여 창의력을 발휘할 수 있도록 한다. 강연회장에서 졸고 있던 사람들도 한 번 웃고 나면 졸음을 이기게 되는 것도 이 때문이다. 또한 '에피네프린'이나 '도파민'같은 스트레스 호르몬의 감소로 스트레스의 정도를 낮추어 주며, 이로 인한 자신감의 회복으로 추진력과 성취도를 높여주는 기능을 한다.

웃음이 가지고 있는 이러한 유용성들은 대화를 하면서 유머를 잘 구사하는 사람이 더 좋은 인간관계를 맺을 수 있게 해줄 뿐 아니라, 나아가 '유머가 없는 연설은 범죄행위'라는 말을 할 정도로 대화에서 중요한 요소로 작용하게 한다.

'유머'와 '익살', '해학'은 비슷한 말처럼 사용되고, 영어에서는 조크와 위트도 유사하게 사용된다. Long & Graesser(1989)에서는 유머는 의도적으로든 실수에 의해서든 관계없이 결과적으로 남을 웃기거나 즐겁게 해 준 것이라고 정의하였고, 조크(jokes)는 일부러 남을 즐겁게 하기 위하여 고안된 말이나 짓을 말하며, 앞뒤 문맥으로부터 독립적(context-free)이며, 그 자체만으로 의미가 들어 있어서 많은 대화에서 자유롭게 이야기될 수 있는 것이고, 위트(wit)는 일부러 남을 즐겁게 하기 위하여 고안된 말이나 짓이라는 점에서는 조크와 같지만, 특수한 대화 상황에서만 나타나는 문맥의 존성(context-bound)을 가진다는 점에서 구별된다고 하였다. 이러한 관점에서 보면, 유머는 모든 것을 통칭하는 용어가 되고, 조크와 위트는 우리말의 '익살'이나 '해학'과 연결시킬 수 있는 근거가 마련된다. 물론 '익살'과 '조크'가 완전히 일치되는 개념은 아니고, '해학'과 '위트'도 완전히 일치되는 개념은 아니다. 그러나 기존의 용어와 정의들을 존중하는 관점으로 이 개념들을 정의하면 다음 (1)과 같이 정리된다.

(1) 유머(humour): 남을 웃기거나 즐겁게 해주는 말의 통칭
    익살(jokes): 남을 즐겁게 하려고 고안된 말 가운데 독립적 구조
           를 가지고 있는 말
    해학(wit): 남을 즐겁게 하려고 고안된 말 가운데 특정한 대화
           상황과 문맥에서만 나타나는 말

따라서 앞으로 유머는 익살과 해학 모두를 포함하는 용어로 사용하며, 익살과 해학의 특징을 나누어서 살펴야 할 필요가 있는 경우에만 둘을 분리하여 살펴보기로 한다.

10.2. 유머의 구조

유머의 구조를 살펴보기 위해서는 익살의 구조와 해학의 구조를 살펴보아야 한다. 그러나 익살이 독립적인 구조를 가지고 있는 것과는 달리, 해학은 별도의 구조를 가지고 있지 않다는 점에서 유머의 구조에서는 익살의 구조를 중심으로 파악할 수밖에 없다.

10.2.1. 익살의 구조

익살이 독립적 구조를 가진다는 것은 앞서 말하던 내용과 연결지을 필요가 없이 그 자체만 가지고도 이야기된다는 것이다. Joel(1985: 216)에서는 익살을 구조만들기(set up)와 급소찌르기(punch line)의 두 요소로 구성되어 있는 담화 단위라고 정의하였다. 구조만들기에서는 다른 담화와 구별되지 않는 내용으로 이야기가 구성되어 간다. 그러나 급소찌르기에서는 기존의 구조와는 전혀 다른 상황에서 놀라움과 의외성을 만들어내는데, 여기에서 유머가 발생되는 것이다.

(2) 연예인 최불암이 약사가 되었다. 어느 날 약국에 손님이 와서
쥐약을 달라고 했다. 최불암이 손님에게 물었다. "댁의 쥐는
어디가 아픈가요? 증상을 말씀해 주세요."

위의 예는 문어 텍스트로 구성되어 있지만, 실제 유머 담화는 구어 텍
스트로 이루어져 있다. 문어 텍스트는 더 안정적이고 이해하기 쉬운 구조
로 되어 있다. 그러나 문어 텍스트로 된 유머를 읽고 나서도, 전달할 때는
구어 텍스트로 바뀌게 되는데, 일반적으로 구어 텍스트에서는 많은 수식
과 확장이 일어나게 되고, 익살의 형식으로 바뀌게 된다(Nash 1984: 20).
위의 예는 (2)'와 같은 구조를 가지고 있다.

(2)' 구조만들기: 인기 연예인 최불암이 약사가 되었다. 어느 날 약
국에 손님이 와서 쥐약을 달라고 했다. 최불암이
손님에게 물었다.
급소찌르기: "댁의 쥐는 어디가 아픈가요? 증상을 말씀해 주
세요."

유머 담화에 나타나는 급소찌르기의 수는 한 개인 경우가 가장 일반적
이다. 여러 개의 급소찌르기가 나타날 경우 대화의 결속성을 깨뜨릴 수
있기 때문이다. 그러나 여러 개의 급소찌르기가 나타날 때는 동일한 유
형의 급소찌르기가 점층적으로 강화되어 나타나서 담화의 결속성을 유
지하게 된다.

(3) 사오정 친구들이 카페에 갔다.
사오정1: 난 우유.
사오정2: 그럼 난 우유.
사오정3: 그럼 나도 콜라.
사오정4: 그래. 아저씨 사이다 네 잔 주세요.
사오정 웨이터: 손님, 죄송하지만 저희 가게엔 율무차가 없는데요

위의 예는 (3)'와 같은 구조를 가지고 있다.

        (3)' 구조만들기: 사오정 친구들이 카페에 갔다.
                사오정1: 난 우유.
        급소찌르기1: 사오정2: 그럼 난 우유.
        급소찌르기2: 사오정3: 그럼 나도 콜라.
        급소찌르기3: 사오정4: 그래. 아저씨 사이다 네 잔 주세요.
        급소찌르기4: 사오정 웨이터: 손님, 죄송하지만 저희 가게엔
                        율무차가 없는데요.

위의 구조에서 급소찌르기1, 2, 3이 반복적으로 사용되어서 점층적으로
의외성에 의한 웃음을 유발시킨다. 이것은 급소찌르기4에 의해 절정에 이
르게 된다. 따라서 평면적으로는 급소찌르기가 네 번 반복된 것으로 보인
다. 그러나 급소찌르기1, 2, 3과 급소찌르기4는 성격이 다르다. 구조만들
기에서 '사오정 친구들'임이 전제되었기 때문에 '사오정들'이 엉뚱한 말
을 하는 것은 전제가 되어 있지만, 웨이터까지 '사오정'이라는 사실은 예
상 밖의 일이 되기 때문이다. 따라서 본격적인 급소찌르기는 마지막에 오
는 요소에 의해 가장 강하게 만들어진다. 이러한 점에서 급소찌르기3까지
를 구조만들기로 보고, 나머지만을 급소찌르기로 본다면 익살의 기본 구
조는 (3)"와 같이 구조만들기와 급소찌르기로 단순화할 수 있다.

        (3)" 구조만들기: 사오정 친구들이 카페에 갔다.
                사오정1: 난 우유.
                사오정2: 그럼 난 우유.
                사오정3: 그럼 나도 콜라.
                사오정4: 그래. 아저씨 사이다 네 잔 주세요.
        급소찌르기: 사오정 웨이터: 손님, 죄송하지만 저희 가게엔 율
                        무차가 없는데요.

따라서 익살의 일반적 구조는 구조만들기와 단일한 급소찌르기로 이루어지며, 다수의 급소찌르기가 나타나는 경우, 전체 담화로서의 결속성을 유지하는 것이 가능한 범위에서 점층적으로 배열될 수 있고, 이 경우도 계층적으로는 구조만들기와 단일한 급소찌르기로 단순화될 수 있음을 알 수 있다.

이와 같은 익살 담화는 화자에 따라 많은 변형이 가능해진다. 그러나 화자에 따라 나타나는 개별성과 함께 어떤 화자가 말하더라도 나타나는 보편성이 있다. 익살 담화는 우선권 갖기와 도입부, 익살, 상호작용, 유사한 익살 말하기, 평가의 여섯 단계로 나타난다.

첫째, **우선권 갖기/협상**은 청자에게 익살을 말할 수 있는 계기를 준비하는 단계이다. 많은 사람들이 유머 감각이 있는 사람을 좋아하고, 유머를 들으면 즐거워 하지만, 그렇다고 유머가 언제 어디서나 환영받을 수 있는 대화 양식은 아니기 때문에, 상대방이 유머라는 대화의 틀 속으로 들어오기를 원하는지 확인하는 단계이다. 바로 유머를 말했을 때 겪을 수도 있는 문제를 미리 피해가는 것으로, 체면세우기의 방법이 된다.

둘째, **도입부**는 상대방이 이 유머를 들은 적이 있는지를 확인하는 단계로 역시 체면세우기와 관련이 있다. 이 단계에서는 말하고자 하는 익살이 어떤 범주에 속하는지를 밝히는 과정이 포함된다.

셋째, 본격적으로 **익살**의 내용을 전달하는 단계이다.

넷째, **상호작용**은 수의적인 요소이다. 질문형의 익살에서는 나타나는 것이 일반적이지만, 이야기식에서는 익살의 의미 재해석이 제대로 되지 않은 경우에 확인하는 단계이어서 나타날 수도 있고, 나타나지 않을 수도 있다.

다섯째, **유사한 익살 말하기**는 주제가 같거나, 익살의 유형의 같은 것들이 여러 개가 반복되어 나타나는 단계로, 순서교대가 활발하게 진행되는 특징이 나타난다.

여섯째, **평가**는 웃음이나 야유, 언어적 평가 등으로 나타나는데, 유사한 익살 말하기가 끝날 때마다 적용된다. 이러한 단계를 (3)의 익살과 연결시키면 다음 (4)와 같이 구조화할 수 있다.

(4) 익살 담화의 구조
    a. 우선권 갖기/협상
      예) A: 음, 내가 웃기는 얘기 하나 할까?
          B: 뭔데? / 웃기는 얘기? / 그래, 해 봐.
    b. 도입부
      예) A: 너 사오정이 카페에 간 이야기 알아?
          B: 아니, 몰라. 사오정이 카페에 가?
    c. 익살
      예) A: 사오정이 친구랑 카페에 갔대.
          (………)
    d. 상호작용
      예) B: 난 거기서 왜 사이다 시켰는데 율무차 없다고 그러는
             지 잘 모르겠는데.
          A: 그러니까 (……)
    e. 유사한 익살 말하기
      예) B: 너 그럼 사오정이 병원 간 이야기 알아?
          (………)
    f. 평가
      예) 야, 너무 재밌다. / 어휴, 썰렁해./ 그건 좀 상식적이지 않
             니?

익살은 일반적으로 두 가지 유형으로 나타난다. 하나는 이야기식이고, 또 다른 하나는 문답식이다. 이야기식은 (5)와 같이 독립적인 구조를 가지고 있는 익살의 내용을 화자가 계속 진행하여 가는 유형이고, 문답식은 다음 (6)과 같이 질문 형식으로 익살을 시작하는 것이다.

(5) 대통령 집무실에 컴퓨터가 들어왔다. 대통령은 시간만 나면 독
   학을 하며 혼글 프로그램을 공부하고 작업을 하셨다. 이를 궁
   금하게 생각한 보좌관이 컴퓨터를 한번 열어 보았다. 거기에는
   종달새.hwp, 꾀꼬리.hwp, 참새.hwp 등과 같은 파일들이 들어 있
   었다. 그래서 보좌관은 대통령께 파일 이름에 모두 새이름을
   넣으신 걸 보니, 새를 참 좋아하시는 것 같다고 말씀드렸다. 그
   랬더니 대통령은 화를 내며 "무슨 소리를 하는 거야? 거기 보
   니 새이름으로 저장하라고 되어 있던데……"라고 말했다.

(6) A: 오락실을 수호해 주는 두 용의 이름은 뭐게?
   B: 오락실을 수호하는 용이 있어?
   A: 그럼. 일인용과 이인용.

   두 경우 모두 구조만들기와 급소찌르기의 두 요소를 가지고 있다. (6)은
「구조 만들기-상호작용-급소찌르기」의 구조로 이루어진 질문 형식의 익
살 담화인데, 상호작용에서는 주로 앞의 말을 반복하는 형식의 메아리-질
문 형식이나 "아니, 몰라." 또는 "그게 뭔데?"와 같은 표현이 사용된다는
것이 특징적이다. 익살의 구조에서는 (7)에서 보는 것과 같이 이러한 두
가지 유형이 함께 나타날 수 있다. 이야기식의 익살이 반복된 다음에 문
답식이 이어질 수도 있고, 그 역도 성립된다.

(7) A: 너 이 세상에서 가장 차갑고 외로운 바다가 뭔지 알아?
   B: 그게 뭔데?
   A: 썰렁해. 그럼 이 세상에서 가장 따듯하고 열이 나는 바다는
      뭔지 알아?
   B: 아니, 몰라.
   A: 그건 사랑해야. 그런데 이 이야기를 들은 경상도 아내가 남
      편한테 물었대.
      "자기야, 이 세상에서 가장 차갑고 외로운 바다가 뭐꼬?"

그러자 남편이 "썰렁해" 하고 맞추더라는 거야. 그래서 "그
럼 이 세상에서 가장 따듯하고 열이 나는 바다는?" 그러자
남편이 뭐라고 했게?
B: 사랑해?
A: 아니, "열바다"

10.2.2. 해학의 구조

해학은 일부러 남을 즐겁게 하기 위하여 고안된 말이나 짓이라는 점에
서는 익살과 같지만, 특수한 대화 상황에서만 나타나는 문맥의존성을 가
진다는 점에서 익살과 구별된다. 특정 문맥에서만 나타난다는 것은 앞에
서 말해오던 내용이나 주제, 화자와 청자가 함께 알고 있는 지식, 사회적
환경 등에 의존해야 한다는 것으로, 해학은 (8)의 예에서 보는 것처럼 주
어진 상황에서 순발력 있게 기지를 발휘하는 것이다.

> (8) 아내: 여보, 당신은 나의 어떤 점이 제일 좋아요?
> 　　　　지성미? 예쁜 얼굴? 근사한 몸매?
> 　　남편: 아니, 당신의 그 유머 감각.
>
> <「광수생각」>

따라서 해학은 특별한 단서가 없이, 때로는 미소를 짓는 것과 같이 두
드러지지 않는 방법으로 시작되어서, 익살보다는 알아차릴 수 있는 단서
가 미묘하고, 특정한 구조로 형식화하기도 어렵다. 또한 익살은 일정 기
간동안만 통용되는 유행성을 가지는 것이 대부분이지만, 해학은 유행성
의 영향을 비교적 덜 갖는다는 점에서도 구별된다. 익살이 감정이나 느
낌과 관련되어 있는 것과는 달리, 해학은 지적인 능력과 관련되어 있는
경우가 많다. 따라서 대화 상황에서 유머 감각과 관련이 있는 것은 익살
보다는 해학이다.

10.3. 유머의 유형

　유머의 유형은 기준에 따라 여러 가지로 제시될 수 있다. 여기서는 주로 유머의 중심 소재를 이루는 유형을 중심으로 몇 가지로 나누어 보고자 한다. 그러나 이러한 분류에서 한 가지 유머가 반드시 어떤 한 유형에만 속하는 절대적인 분류가 아니어서, 동일한 유머가 관점에 따라 여러 유형에 속할 수도 있다.

① 허튼말(nonsense)

　허튼말은 어떤 것에 대한 평가적인 태도도 포함되어 있지 않고, 단지 가벼운 마음으로 놀며 즐기려는 생각으로 주고받는 일종의 말장난이다. 경직된 분위기를 부드럽게 하기 위하여 사용할 수 있는 유형이다.

　　(9) 총을 쏘면서 한 쪽 눈을 감는 이유는?
　　　- 두 눈 다 감으면 안 보이니까.

② 풍자(satire)

　풍자는 평가적인 태도를 기본으로 하며, 사회의 현상들이나 정치를 비판적으로 보는 시각을 포함하고 있다. 사회에 대한 불만을 웃음을 통하여 해소할 수 있는 구실을 하는데, 「IMF 시리즈」나 「왕따 시리즈」, 「대통령 시리즈」 등은 대부분 이러한 유형에 속한다.

　　(10) 대통령: 나라꼴이 이게 뭐꼬?
　　　비서실장: 예, 다 IMF 때문입니다.
　　　대통령: 으잉? IMF가 뭐꼬?
　　　비서실장: 국제통화기금을 말하는 것입니다.
　　　대통령: 국제통화기금이라고? 그럼 국제전화를 안 걸면 되잖나?

③ 철학적 유머

철학적 유머는 인간의 상황이나, 신앙, 운명, 인생과 같은 심각한 문제들을 다루는 것이다. 그러나 심각한 문제들을 가볍게 희화하고 가치판단을 배제함으로써, 모든 사람이 이러한 문제들의 주체이면서도 외부인인 것처럼 느끼고 웃고 넘어가는데서 심리적 이완의 효과를 가져온다.

> (11) 어떤 사람이 "인생이란 무엇인가?" 하는 회의에 빠졌다. 며칠을 생각한 끝에 그는 "인생이란 삶이다."라는 결론을 얻어내었다. 그러나 곧 "그럼 삶은 무엇일까?" 하는 회의에 빠지게 되었다. 그는 다니던 회사도 그만 두고 삶은 무엇인가를 생각하기 위해 입산수도 하기로 결심을 하였다. 기차를 타고 가던 중 어떤 간이역을 지나게 되었다. 이때 한 사람이 들어와서 가운데 서더니 이렇게 외쳤다. "오징어 있어요, 땅콩. 삶은 달걀." 그 사람은 비로소 그가 찾던 해답을 발견하고, 기쁘게 집으로 돌아왔다.

④ 성적 유머

성적인 것을 소재로 하는 유머로, 실제로 인터넷이나 유머 모음집 속에서 가장 많이 발견되는 유형이다. 그러나 성적 유머는 주로 동성의 또래집단에서 사용되는 것을 보아, 사용할 수 있는 환경이 아주 제약적임을 알 수 있다. 아무데서나 성적 유머를 사용하는 것은 언어폭력이 될 수 있고, 인격을 의심받을 뿐 아니라 오히려 분위기를 깨는 것이 될 수 있다는 점에 유의해야 한다.

> (12) 딸: 엄마! 아빠가 부끄러움을 많이 타세요?
> 엄마: 그럼, 그렇지 않다면 네가 6년 전에 태어났을 걸.

⑤ 적대감을 드러내는 유머

이것은 사회나 정치보다는 사람들을 공격하는 특징을 가지고 있다. 비웃음이나 모욕적인 내용을 담고 있기도 하다. 여기에는 한 개인에 대한 것에서부터, 특정 집단에 속하는 사람들, 그리고 남성 경멸이나 여성 경멸과 같이 큰 범위의 집단도 포함될 수 있다. 함께 다른 사람에 대해 흉을 보고 나면 인간관계가 더 돈독해진다는 말이 있는데, 다른 사람에 대한 적대감을 나타내면서도 함께 웃을 수 있다는 점에서 친화작용에는 도움을 줄 수 있다. 그러나 적대감 자체가 긴장을 포함하고 있기 때문에 말하는 사람에게도 이완작용이 이루어지지 않고, 상대방에게는 상처를 줄 수 있어서 이때의 웃음은 긍정적인 기능만을 가지지는 않는다.

> (13) 어떤 사람이 애견 코너에 와서 항의를 하고 있었다
> "이 개를 어떻게 영리하다고 팔아먹을 수 있어요?
> 어제 도둑이 들어서 삼백만원이나 훔쳐 갔는데도 한 번 짖지
> 도 않았단 말이요."
> 이 말을 들은 주인이 하는 말
> "이 개는 국회의원집 개였어요. 그 정도 돈쯤으론 눈도 깜빡
> 안 해요."

⑥ 인종이나 지방색과 관련한 유머

이것은 특정한 인종이나 지역에 속하는 사람들을 놀림의 대상으로 삼고 있는 유머이다. 이것도 사용할 수 있는 환경이 아주 제약적이다. 특정 인종이나 지역에 속하는 사람들이 있는 곳에서 이런 유머를 사용하는 것은 언어폭력이 될 수 있고, 오히려 분위기를 깨는 것이 될 수 있다는 점에 유의해야 한다.

(14) 식인종 부부가 아들을 데리고 길을 가고 있는데 검둥이가 나
타났다.
아버지: 애야, 저것 먹어라
아들: 저렇게 탄 음식은 먹기 싫어요.
아버지: 너 편식하지 말라고 그랬지?

⑦ 질병과 관련한 유머

이것은 죽음이나 질병, 육체적 장애나 정신적 장애를 대상으로 하는 유
머이다. 큰 귀를 가지고 있지만 청각 장애를 가지고 있는 주인공을 내세운
「사오정 시리즈」나 죽음 이후 귀신이 된 주인공을 내세우는 「만득이 시리
즈」 등이 여기에 속한다. 특히 「정신병자 시리즈」 또는 「바보 시리즈」 등
과 같이 정신적인 장애를 대상으로 하는 경우와, 질병이라고 하기엔 가벼
운 '대머리'를 대상으로 하는 유머들이 많이 발견된다.

(15) 대머리인 손님이 이발소에 갔다.
이발사: 어떻게 해드릴까요?
손　님: 응. 오늘은 가르마를 가운데로 타 줘.
이발사: 손님은 머리카락이 홀수라서 좀 어렵겠는데요.

⑧ 배설과 관련된 유머

이것은 금기어의 영역에 속하는 배설과 관련된 말들을 유머로 희화하
는 것이다. '화장실, 코딱지', '가래침', '방귀', '똥' 등과 같은 말들을 금기
의 틀을 깨고 사용한다는 것만으로도 사람들에게 이완과 해방감을 느끼
게 해줄 수 있다. 「대학교 화장실 시리즈」가 이런 유형에 속한다. 그러나
아주 가까운 사이가 아닐 경우, 배설과 관련된 유머를 사용하는 것, 특히
식사를 나누는 자리에서 이런 유머를 사용하는 것은 교양이나 인격을 의
심받을 수 있게 한다.

(16) 환자: 선생님, 제 귀에 이상이 있나봐요.
　　　　요즘 들어서는 제 방귀 소리도 제대로 안 들립니다.
　　의사: 그럼, 식후에 이 약을 두 알씩 복용하십시오.
　　　　금방 효과가 있을 겁니다.
　　환자: 와! 그럼 이게 귀가 좋아지는 약인가요?
　　의사: 아닙니다. 방귀 소리를 크게 하는 약입니다.

<「광수생각」>

9 자기 비하

자기 비하는 유머 화자가 자기 스스로나 자신과 깊이 관련된 것들을 비하하는 말을 사용하거나 자신을 우스운 대상으로 만들어서 상대방의 우월감을 충족시켜 줌으로써 유머를 유도하는 것이다. 이것은 주로 해학에서 나타나는 방법으로 대화 상황에서 자신을 낮추는 것이 필요하다고 생각될 때 적절히 사용하면 수준 높은 대화를 이끌 수 있다.

(17) (어떤 남자가 차를 몰다가 다른 차를 박아서 이십 만원을 물어주었다. 그 다음 날 또 다른 차를 박아서 백만 원을 물어주었다. 이때 아들이 뛰어 들어오며 소리를 질렀다.)
　　아　들: 아버지, 엄마가 큰 트럭에 치었어요.
　　아버지: 그래? 드디어 내 차례가 왔구나.

유머를 만드는 소재의 유형은 위에서 살펴본 것처럼 '허튼말, 풍자, 철학적인 것, 성적인 것, 적대감을 드러내는 것, 인종이나 지방색, 질병, 배설 등과 관련된 것이 대부분이다. 그런데 이것들의 대부분은 금기어와 관련되어 있는 것들이다. 금기어를 대화의 소재로 삼는 것은 서로가 꺼리는 일인데, 이것이 유머의 소재가 된다는 것은 매우 특이한 일이다. 금기어를 말하면서도 서로 불쾌하지 않고, 오히려 상대방을 즐겁게 할 수 있다는 것을 통해 유머가 대화에서 갖는 힘을 파악할 수 있으며, 심각한 이야기,

꺼리는 이야기들이 오히려 유머의 소재가 된다는 것은 유머 담화가 갖는
특성을 발견할 수 있는 단서가 된다.

10.4. 유머 담화의 종류

유머를 만드는 요인은 크게 '불일치에 의한 것'과 '우월감에 의한 것'
으로 나누어 생각할 수 있다. 불일치에 의한 것은 생각하고 있던 말과 실
제로 나온 말 사이에서의 불일치를 갑자기 파악했을 때 생겨나는 유머를
말하며, 놀람이나 기대의 어긋남, 긴장과 그 이완에서 비롯된다. 칸트는
무엇인가 중대한 것을 기대하고 긴장해 있을 때 예상 밖의 결과가 나타
나서 긴장이 풀리며 우스꽝스럽게 느껴지는 감정의 표현이 웃음이라고
하였는데(Morreall, 1983: 16), 이것은 불일치에 의한 유머를 잘 설명해 준
다. 이에 대해 우월감에 의한 것이란 다른 집단이나 사람과 비교해서 상
대적으로 자신이 우월하다고 느끼는 것이 유머의 요인이 되는 경우를 말
한다. 플라톤은 '웃음이란 질투의 감정에 쾌감이 가미된 것'이라고 하였
는데(Morreall, 1983: 4), 풍자나 조소, 야유, 적대감, 인종, 지방색 등은 모
두 이런 요소를 가지고 있다. 전자의 것이 진정한 의미의 유머라고 한다
면, 후자의 것은 냉소에 가까운 것이다. 따라서 진정한 의미의 유머는 불
일치에 의한 유머의 유형이다.

10.4.1. 불일치에 의한 유머

불일치에 의한 유머는 생각하고 있던 말과 실제로 나온 말 사이에서의
불일치를 갑자기 파악했을 때 생긴다. 예상 밖의 말이 결과적으로 유머를
만든다는 것이다. 따라서 불일치의 단서는 언어적인 것에서 발견될 것이다.
특히 담화에서 발생하는 불일치는 사람들이 일반적으로 예상하고 있는 대

화의 전제나, 대화의 원리가 되는 기본적인 격률들을 위배하는 것과 관련이 있을 것이다. 이러한 전제를 바탕으로 유머 담화에서 나타나는 대화의 전제나 대화의 원리 위배를 통해서 불일치의 요인들을 찾아보기로 한다.

① 대화 전제의 부정

대화 전제(conversational presupposition)는 대화에서 당연하다고 여기는 사실들을 말한다. 대화 전제를 구성하는 것은 배경 지식이나 세상사에 대한 지식, 문법이나 표현의 특징으로부터 분명하게 드러나는 고정 전제(conventional presupposition), 동일한 민족이나 문화 공동체에서 공유되는 문화적 전제(cultural presupposition) 등이 포함된다(Dirven & Verspoor, 1998: 172). 유머에서는 이와 같이 당연하다고 생각하는 전제를 위배함으로써 불일치를 일으키고, 이것이 결과적으로 유머를 발생시키는 원인이 된다. 대화 전제를 구성하는 여러 요소들이 복합적으로 위배될 수도 있지만, 유형별 특징을 보이면 다음과 같다.

1) 배경 지식의 부정

배경 지식은 일반적으로 상호공유지식을 의미한다. 따라서 화자와 청자가 당연히 공유하고 있을 것이라고 생각하는 것을 벗어남으로써 불일치를 일으키고, 이것이 유머를 생성하는 기제로 작용하는 경우를 말한다.

> (18) 남자: 아버님 희정씨를 제게 주십시오 열심히 살겠습니다.
> 아버지: 내 집사람은 만나봤나?
> 남자: 예!
> 아버지: 그래, 어떻던가?
> 남자: 예쁘시긴 하지만 저는 역시 희정씨와 결혼하고 싶습니다.
> <「광수생각」>

2) 세상사에 대한 지식의 부정

세상사에 대한 지식은 일반적으로 모든 사람이 공유한다고 생각하는 상식적인 지식을 의미한다. 따라서 화자와 청자를 포함하는 모든 사람이 공유하고 있을 것이라고 생각하는 것을 벗어남으로써 불일치를 일으키고, 이것이 유머를 생성하는 기제로 작용하는 경우를 말한다.

> (19) 선생님: 뽀리군
>   뽀리: 옙!
>   선생님: 5개 사과 중 3개를 먹으면 몇 개가 남죠?
>   뽀리: 3개요.
>   선생님: 뽀리군. 어떻게 3개가 남죠?
>   뽀리: 울 엄마가 먹는게 남는 거라 했거든요.
>
> <「광수생각」>

3) 고정 전제의 부정

고정 전제는 사용된 담화의 문법이나 표현으로부터 추론되는 전제를 의미한다. 따라서 그러한 담화의 문법이나 표현으로부터 당연히 전제하고 있는 사실을 부정함으로써 불일치를 일으키고, 이것이 유머를 생성하는 기제로 작용하는 경우를 말한다.

> (20) (수유초등학교로 뽀리가 전학을 왔다.)
>   뽀리: 야, 나보다 싸움 잘 하는 놈 있어?
>   (한 아이가 일어났다.)
>   뽀리: 어쭈-. 더 없어?
>   (또 한 아이가 일어났다.)
>   뽀리: 어쭈구리-. 또 없어? 또 없냐구?
>   그럼 내가 세 번째네.
>
> <「광수생각」>

4) 문화적 전제의 부정

문화적 전제는 동일한 민족이나 문화 공동체에서 공유되는 전제를 의미한다. 따라서 동일한 문화나 민족 공동체 안에서 당연히 전제하고 있는 사실을 부정함으로써 불일치를 일으키고, 이것이 유머를 생성하는 기제로 작용하는 경우를 말한다.

> (21) 어떤 경상도 할머니가 버스를 탔다. 안내양이 친절히 물었다.
>   안내양: 할머니, 어디 가시나요?
>   할머니: 그래. 나는 경상도 가시내다. 그라문 니는 어데 가시
>   나꼬?

② 대화의 원리 위배

사람들은 일반적으로 대화에서 격률이 지켜질 것으로 예상하는데, 실제로 나온 말이 격률을 위배할 때 불일치가 나타나며, 이것이 유머를 일으키는 요인이 된다. 실제 유머가 어떻게 각각의 대화 원리와 불일치를 일으키는지 살펴보기로 한다.

1) 협동의 원리 위배

협동의 원리는 사람들이 대화를 할 때는 반드시 지금 하는 말이 지금 이루어지고 있는 상태에서 지향한다고 생각되는 목적이나 방향의 요구에 합치되도록 말을 한다는 것이다. 이러한 협동의 원리는 화자와 청자 사이에 묵시적으로 약속이 되어 있는 것이기 때문에, 일방적으로 협동의 원리를 깨는 데서 발생하는 불일치가 유머를 불러일으킬 수 있다.

> (22) A: 이봐요, 나이값 좀 하세요.
>   B: 나이 한 살에 얼마지요?

2) 양의 격률 위배

양의 격률은 필요한 양만큼의 정보성만을 제공하라는 것, 다시 말해서 필요 이상으로 많은 정보를 주지도 말고, 필요한 만큼의 정보도 안 주어서는 안 된다는 것이다. 이러한 양의 격률을 위배하고 과장이나 동의중복(tautology)을 사용하는 데서 나타나는 불일치, 반대로 정보를 전혀 주지 않음으로써 나타나는 불일치에서 유머가 생겨난다.

> (23) 아내: 여보. 큰일났어요. 아기가 십원 짜리 동전을 삼켰어요.
> 남편: 뭐 그까짓 게 다 큰일이요? 어떤 정치인은 정치자금 수
> 천억 원을 송두리째 받아먹고도 아무 탈없고, 어떤 공무
> 원은 공금 수 십억 원을 침도 안 바르고 꿀꺽 삼키고도
> 그냥 넘어가고, 어떤 사람은 남의 땅 수 십만 평을 눈도
> 깜빡 안하고 집어 쳐넣었는데도 뒤탈이 없는데, 그까짓
> 십 원 짜리 동전 하나 삼켰다고 무슨 일이야 있겠소?

3) 질의 격률 위배

질의 격률은 진실성과 관련이 있다. 다시 말해서 말하는 사람이 거짓이라고 생각하는 것이나, 타당한 증거를 갖고 있지 않은 것은 말하지 말라는 것이다. 질의 격률을 위배하는 것도 유머를 발생시킨다. (24)의 경우, 질의 격률을 지킨 것이 위배한 것으로 받아들여지면서 유머가 발생되는 예이다.

> (24) 조그만 카페가 있었습니다. 카페의 이름은 조금 희한한 "카페
> 라고 하기엔 좀 쑥스럽지만"이었습니다. 어느 날 그 카페에서
> 불이 났습니다. 그래서 카페 주인은 불이 난 원인을 조사 받
> 으러 경찰서를 가야 했습니다.
> 경찰: 이름? 나이? 카페명?
> 주인: 이태권, 43세, 카페라고 하기엔 쑥스럽지만.

경찰: 규모가 작아서 창피하더라도 이름을 말해야죠. 카페명…!
주인: 카페라고 하기엔 좀 쑥스럽지만..
경찰: 이 자식이 경찰을 우습게 알어!!

<「광수생각」>

4) 관련성의 격률 위배

관련성의 격률은 적합성이 있는 말을 하라는 것이다. 적합성이 있다고 판단되는 경우는 최소한 주어진 주제와 관련이 있거나, 목적을 달성하기 위하여 적당하다고 생각되는 경우이다. 관련성의 격률을 위배하거나 변형할 때에도 유머가 발생한다.

(25) 의사인 신뽀리씨가 수술을 마치고 식당으로 식사를 하러갔다.
의 사: 웨이러!
종업원: 옙!
(종업원이 긁적긁적 엉덩이를 긁는 것을 보고 직업정신이 발동해서)
의 사: 혹시 치질 있습니까?
종업원: 죄송합니다. 메뉴판에 적힌 것만 주문해 주십시오.

<「광수생각」>

5) 방법의 격률 위배

방법의 격률은 한 마디로 간단·명료하라는 것이다. 말할 때는 말하고자 하는 의도가 분명히 드러나도록 하라는 것이다. 이것은 대화가 가지는 정보전달의 기능과 연결된 것인데, 유머 자체가 정보성을 추구하는 것이 아니고, 오히려 정보를 가지고 유희적인 기능을 하는 것이기 때문에 유머에서는 의도적으로 위배하는 것이 일반적이다. 방법의 격률은 다음과 같은 네 가지의 항목으로 구성되어 있다.

1. 모호성을 피하라

2. 중의성을 피하라.

3. 간결하라.

4. 조리 있게 순서대로 말하라.

첫째, 표현의 모호성을 피하라는 것이다. 그러나 일부러 모호한 표현들을 사용하다가 반격을 가함으로써 나타나는 불일치에서 유머가 생겨난다.

(26) A: 이과장님 어제 여자하고 밥 먹는 것 봤다.
    B: 어머, 사모님이 그 사실을 아실까?
    A: 물론이지. 그 여자가 사모님이었거든.

둘째, 중의성을 피하라는 것이다. 중의성이란 한 가지 표현이 하나 이상의 뜻으로 해석되는 경우이다. 불일치에 의한 유머를 불러일으키는데 있어서 가장 중요한 언어적 기제는 중의성이다. 하나 이상의 뜻으로 해석될 수 있기 때문에 언제나 예상 밖의 또 다른 의미를 가지고 불일치를 만들어낼 수 있기 때문이다. 중의성을 일으키는 요소는 소리, 구조, 어휘, 문장 등 매우 다양하다.

① 소리에 의한 중의성이 유머를 불러일으키는 예를 살펴보자.

(27) 아버지: 뿌리야 H 다음이 뭐야?
    아 들: 아이.
    아버지: 우와! 그럼 '나'는 영어로 뭐지?
    아 들: 아이.
    아버지: 그럼 '눈'은 영어로 뭐야?
    아 들: 아이.

아버지: 우와. 우리 아들은 정말 천잰가 봐.
아　들: 아이
뽀리는 아직 어려서 '아이'라는 말밖에 못합니다.
<「광수생각」>

이 경우는 철자까지도 같지만, 철자는 다르고 소리만 같은 경우에도 중
의성이 생긴다.

　　(28) 질문: 소갈머리는 없고 주변머리만 있는 사람은?
　　　　　대답: 가운데 머리카락이 없는 대머리

이 경우에 '소갈머리'는 '속알머리'와 철자는 다르지만 소리가 같아서
중의성을 갖게 되고, 이것이 유머로 사용된 것이다. 이와 같이 같은 소리
가 나지만 뜻이 다른 말로 대치하는 것에서 유머가 생겨날 수 있다.

　② 구조를 어떻게 분석하느냐에 따른 구조적 중의성에 의해서도 유머
가 생겨난다. 구조적 중의성은 재분석의 기제를 사용하는 것인데, 재분석
이란 언어 사용자들이 언어 형태의 구조를 다른 구조로 파악하려는 심리
적인 경향을 가리킨다. 재분석이 적용되면 언어 형태의 구조적인 경계가
재설정된다. 새로운 구조로 해석하는 것은 일시적이라는 점에서 신선한
표현이 주는 유희적 기능을 수행한다.

　　(29) 목욕탕에서 스님이 목욕을 하다말고 옆에 있는 까까머리 학
　　　　 생을 불렀다.
　　　　 스님: 야, 이리 와서 내 등 좀 밀어.
　　　　 학생: 누구신데 초면에 반말을 하세요?
　　　　 스님: 나? 나야 중이지.
　　　　 학생: 뭐? 중이라고? 난 중삼이야, 임마.

특히 요즘 젊은이들의 언어에서 유행하는 문자 메시지를 이용한 유머
는 구조적 중의성에 의한 재분석을 활용한 것이다. 문자 메시지는 한 번
에 휴대전화기의 자판에 나타나는 글자수가 제한된다는 특성을 활용해서
재분석을 유도하는 특징을 가지고 있다.

    (30) 보내기 싫었어, 보내면 후회할 것 같아서. ………
        그래서 찌냈어.

        앞으론 날 생각하지마. ………
        넌 날개가 없잖아.

        이별이 뭘까? ………
        지구야.

③ 어휘 자체가 중의성을 가지고 있는 다의어에 의해서도 유머가 생겨난다.

    (31) 나 묻고 싶은 게 있어. ………
        삽 줘.
        정만 주면 어떡해요? ………
        망치도 줘야지.
    (32) 남자 1: 우리 집사람은 천사예요.
        남자 2: 당신은 참 복이 많군요. 우리 집사람은 아직도 살아
              있답니다.

④ 문장 전체가 중의성을 가지고 있는 경우에도 유머를 일으킬 수 있다.

    (33) 손   님: 아저씨 이발하러 왔는데요.
        이발사: 어떻게 깎아 드릴까요?
        손   님: 음… 최선을 다해주세요.

                                        <「광수생각」>

셋째, 간결하라는 것이다. 될 수 있는 대로 같은 말을 반복하지 말고, 간결하게 표현하라는 것이다. 그러나 이 격률을 깨뜨리는 데서 오는 불일치에서도 유머가 생겨난다.

> (34) (판사인 아버지가 어린 딸에게 귤 한 개를 주며)
> 나 아버지는 사랑하는 딸 유미에게 이 귤에 귀속된 재산권, 이득권, 자격 및 청구권 일체와, 이 귤의 껍질, 액즙, 과육, 알갱이와 함께 이 귤을 깨물거나 자르거나 기타 어떤 방법으로든지 먹을 수 있는 권리와 자격, 또한 이 귤을 타인에게 양도할 수 있는 권리를 준다.

넷째, 조리있게 순서대로 말하라는 것이다. 즉 말하고자 하는 자료들을 상황에 맞게 순서에 따라 제시하라는 것이다. 그러나 의도적으로 순서를 뒤집어 하는 말이 유머를 불러일으킬 수 있다.

> (35) A: 어저께 종로에서 영미 만나서 영화 보다가 숙제도 안 해 가지고 학교에 가서 졸다가 선생님한테 혼났어.
> B: 어저께 학교에 가서 숙제도 안하고, 종로에서 졸면서 영화 보다가, 영미가 선생님한테 혼났다고?

지금까지 살펴본 바와 같이 유머를 만들어내는 것은 일반적으로 사람들이 가정하는 대화 전제를 위배하거나, 합리적이고 효율적으로 언어를 사용하고자 하는 원리인 대화의 원리를 위배하는 것이다. 불일치에 의한 유머는 생각하고 있던 말과 실제로 나온 말 사이에서의 불일치를 갑자기 파악했을 때 생기는 것이다. 사람들은 일반적으로 대화 전제나 대화의 원리가 지켜질 것이라고 생각하는 하나의 인식 영역을 가지고 있는데, 실제로 유머 담화에서는 이것들이 지켜지지 않고, 의도적으로 이것들을 위배한다. 이 두 영역 사이의 불일치가 유머 생성의 원인이 되는 것이다.

유머 담화에서 청자는 불일치를 느끼는 두 인식 영역 사이의 연결 관계를 파악해야 하며, 이것이 유머 해석의 과정이 된다. 대화에서 꼭 지켜질 것으로 화자와 청자가 묵시적으로 약속하고 있는 대화의 격률들, 그러나 그것을 깨뜨리는 데서 발생하는 것이 유머이기 때문에 유머란 고도의 대화일 수밖에 없다. 아무렇게나 격률을 어기는 것은 유머가 아니라 잘못 말하는 것이 되기 때문이다. 따라서 어떤 유머를 어떤 상황에서 어떻게 구사하는 것이 좋을 지에 대한 판단이 적절하지 않으면 유머의 효과는 기대하기 어렵게 된다.

10.4.2. 우월감과 유머

대화의 활력소가 되어 주고, 인간관계를 부드럽고 원활하게 해 주는 유머 - 그러나 상대방은 유머라고 생각하고 말했음에도 불구하고 그 말 때문에 누군가의 기분이 나빠지기도 하고, 말하는 사람은 분위기를 재미있게 만들기 위해서 이야기했음에도 불구하고 상대방이 '썰렁하다'는 말로 받아서 오히려 마음이 상하기도 한다. 이러한 일들은 우월감에 의한 유머에 의해 발생되는 것이다.

우월감에 의한 유머란 다른 집단이나 사람과 비교해서 상대적으로 자신이 우월하다고 느끼도록 하는 것이 유머의 요인이 되는 경우를 말한다. 유머의 유형 가운데 풍자나 조소, 야유, 적대감, 인종, 지방색 등은 모두 이런 요소를 가지고 있다. 이와 함께 종교나 성, 질병이나 배설물 등과 같은 금기어들을 말하면서 유머를 사용하는 것도 다른 사람들이 일반적으로 말하기 꺼리는 것을 발설한다는 동기에서부터 우월감에 의한 것이다.

우월감 때문에 유머가 생긴다는 견해는 플라톤에서부터 그 기원을 찾을 수 있다. 그는 웃음을 죄악이라고 생각했는데, 그 이유는 어떤 사람을 웃게 만드는 것은 자신이 다른 사람보다 더 부유하고, 잘 생기고, 인간성이 좋고, 현명하다는 생각 때문이라는 것이다. 따라서 웃음을 '질투의 감정에 쾌감이 가미된 것'이라고 정의하였다. 우월감에 대해 가장 잘 나타낸 것은 홉즈(Hobbes)의 정치철학서인 '리바이어던(Leviathan, 1651)'이다. 그는 인간의 삶은 죽을 때까지 보다 더 큰 힘을 추구하려는 투쟁으로 연속되는데, 웃음은 기본적으로 투쟁에서 승리했을 때 나타나는 것이라고 했다. 따라서 유머에서 나타나는 웃음은 갑작스러운 영광(sudden glory)의 표현인데, 이것은 자신이 무능력하다는 자각으로부터 순간적으로 벗어날 수 있기 때문에 얻게 되는 영광이라고 하였다. 이런 점에서 유머는 다른 사람을 공격하는 한 방법이며, 같이 웃어주는 사람들을 지지 세력으로 해서 자신의 힘과 지위를 유지하려는 방법이라는 것이다.

우월감에 의한 유머는 다른 사람과의 비교를 전제로 하기 때문에 반드시 대상으로 삼는 표적(butt)이 있다. 표적은 자신이 우월감을 느낄 수 있도록 해주는 대상이다. 이렇게 보면 표적은 항상 자기보다 상대적으로 열등한 집단일 것이라고 생각할 수 있다. 그러나 실제로 표적은 매우 다양하게 나타난다.

① 표적의 유형

특정 부류에 속하는 사람들을 표적으로 삼는 유머는 세계 어디에서나 쉽게 발견된다. 이 가운데는 남성중심의 세계에서 상대적으로 약자인 여성에 관한 유머와 같이 표적 집단이 큰 유머로부터 백인, 흑인, 유색인종들에 관한 유머와 같이 인종적인 것, 유태인에 관한 유머나 스코틀랜드인 유머, 일본 사람이나 중국 사람에 관한 유머와 같이 민족적인 것, 특정 방언권의 사람들에 관한 것처럼 지역적인 것과 같이 다양하게 나타난다. 사람들이 유머의 표적으로 선택하는 집단은 자기보다 열등한 집단과 자기보다 우월한 집단으로 나누어 생각할 수 있다. 열등한 집단을 선택하면 표적 자체가 열등하다는 이유로 쉽게 우월감을 느낄 수 있지만, 우월한 집단도 선택되는 것은 언어라는 추상적이고 반사실적인 세계를 통해서 순간적으로 우월감을 맛볼 수 있기 때문이다.

1) 열등집단을 표적으로 삼는 유머

열등한 집단을 표적으로 선택하면, 소재 선택만으로도 말하는 사람과 듣는 사람들의 우월감을 만족시켜 줄 수 있다. 그러나 열등집단이라는 개념을 어떤 기준으로 정의할 수 있느냐 하는 것은 판단하기 어려운 문제이다. 따라서 실제 언어에 반영되어 있는 것들을 기준으로 삼을 수밖에 없다. 우리말의 유머에서 주로 표적으로 선택되는 집단은 성별과 (민족이나 지역을 포함하는)인종적인 기준, 정신적인 기준, 육체적인 기준과 사회적인 기준이 반영되어 나타난다.

① 여성을 표적으로 한 유머

남성중심의 세계관을 가진 오랜 역사와 많은 나라들에서 상대적으로 열등한 집단이 될 수밖에 없었던 여성을 표적으로 삼는 유머는 매우 일반적으로 나타난다. 오랜 가부장적 역사의 영향을 받은 우리말에서도 여성을 표적으로 하는 유머가 많이 나타난다. 이것은 주로 여성의 외모와 관련된 비하나 수다스러움, 질투심, 사치스러움, 무지 등과 관련된 비하, 그리고 여성 가운데서도 노처녀나 과부, 할머니 등의 특정 집단을 대상으로 하는 유머 등으로 나타난다.

> (36) 미팅을 나갔다. 애석하게도 모두 폭탄이었다.
> 그때였다. 갑자기 신뽀리가 한 여자의 머리로 손을 가져갔다.
> 여자는 자신이 선택당한 것에 매우 기분이 좋았다.
> 그런데 신뽀리는 그녀의 머리카락 한 올을 뽑았다.

그리고 커피숍을 뛰쳐나가며 외쳤다.
"야, 폭탄 터진다! 다들 피해."

<광수 생각>

② 인종적 열등집단에 관한 유머

인종적 열등집단에 관한 유머란 말하는 사람이 주관적으로 열등하다고 생각하는 인종이나 민족, 특정 지역의 사람들을 표적으로 삼고 있는 유머를 말한다. 이때 표적으로 삼는 것은 단지 자기와는 다르다는 것이다. 사람들이 가지고 있는 자기중심적 특성 때문에 자기와 다른 인종, 민족, 지역에 속하는 사람들을 열등집단으로 보는 것이다. 우리말 유머에서는 인종적인 기준으로는 흑인과 백인, 식인종, 민족적인 기준으로는 미국 사람, 일본 사람, 중국 사람 등, 그리고 지역적 기준으로는 경상도 사람, 충청도 사람, 전라도 사람, 서울 사람 등을 표적으로 삼은 것들이 나타난다.

> (37) 어떤 선교사가 정글 깊숙이 찾아 들어가 식인종 마을의 추장을 만났다.
> "당신들은 종교에 관해서 무엇인가 알고 있습니까?"
> "글쎄요. 요전 번 선교사가 왔을 때 조금 맛을 봤던가?"

③ 정신적 열등집단에 관한 유머

정신적 열등집단에 관한 유머란 일반인보다 사고 능력이 열등하다고 생각되는 바보, 정신병자, 아이 등을 표적으로 삼고 있는 유머를 말한다. 주로 예기치 못한 사건이 진행되는 의외성을 바탕으로 한 유머가 나타나며, 표적집단에 대해 부정적 감정은 반영되지 않는다.

> (38) 간밤에 도둑을 맞은 상점 주인이 형사에게 말했다.
> "그래도 그저께 밤에 도둑이 들어오지 않아서 정말 다행입니다."
> "왜요?"

"어제 아침에 세일을 시작하려고 물건값을 모조리 40퍼센트
씩 깎아 놓았거든요."

④ 육체적 열등집단에 관한 유머

육체적 열등집단에 관한 유머란 육체적인 기준으로 보아 정상인과 다
르다고 생각되는 사람들을 표적으로 삼고 있는 유머를 말한다. 이 경우는
실제적인 대상과 가상적인 대상이 표적으로 나타나는데, 실제적인 대상일
경우는 대머리나 비만, 변비와 같이 생명과는 직접 관계가 없고, 심각하지
않은 증상을 가지고 있는 대상을 표적으로 삼아서 장난스러움을 기초로
하고, 그렇지 않은 경우는 청각 능력이 열등한 사오정과 같이 가상적인
인물을 표적으로 한다.

> (39) 머리칼이 세 개만 남은 손님이 이발소에 갔다.
> 이발사: 어떻게 해 드릴까요?
> 노신사: 앞으로 넘기고 나머지는 옆으로 넘겨주세요.
> 이발사의 실수로 가운데 머리카락이 뽑혔다. 노신사가 노발
> 대발하며 말했다.
> 노신사: 쌍가르마로 해 주시오.
> 그런데 또 하나를 실수로 뽑았다. 그러자 노신사가 탄식하며
> 말했다.
> 노신사: 날 대머리로 만들 작정이요?

⑤ 사회적 열등집단에 관한 유머

사회적 열등집단에 관한 유머란 보통 사람보다 사회적인 지위가 낮다
고 생각되는 거지, 실직자, 노숙자, 왕따 등을 표적으로 삼고 있는 유머를
말한다. 특히 최근에 들어 실직자 문제, 노숙자 문제, 집단 따돌림 문제
등이 사회의 문제가 되고 있는 것과 함께, 이것들을 대상으로 삼고 있는
유머도 늘어가고 있다.

(40) 정리해고 시대의 신인류
　　명태족: 명예퇴직자.
　　동태족: 꽁꽁 얼어붙은 엄동설한에 짤린 사람
　　생태족: 하루아침에 생매장 당한 사람
　　황태족: 설마 하고 있다가 황당하게 잘린 사람
　　북어족: 끝까지 매달리다가 북어처럼 얻어맞고 쫓겨난 사람
　　조기족: 30 대에 일찌감치 잘린 조기 명퇴자
　　미꾸라지족: 능력은 없으면서 요리조리 피해 다니는 사람
　　낙지족: 끝까지 버티고 살아남은 사람

2) 우월집단을 표적으로 삼는 유머

우월한 집단은 실제 세계에서는 자기보다 힘을 더 많이 가지고 있는 사람들이다. 따라서 사회적으로나 심리적으로 억압이나 분노를 느끼기도 하고, 선망의 대상이 되기도 하는 집단이다. 그러나 이러한 집단을 웃음거리로 만드는 것을 통해 순간적으로 느끼게 되는 우월감이 심리적인 긴장을 풀어줄 뿐만 아니라, 화자와 청자가 공통적으로 느끼고 있던 우월집단에 대한 유머일 경우, 두 사람 사이의 관계도 증진시켜 주는 구실을 한다. 유머의 표적이 되는 우월집단은 정치적 지도자 집단인 대통령, 국회의원 등과 사회적인 지위가 높은 집단인 판사, 변호사, 의사, 교수 그리고 목사나 장로, 승려등과 같은 종교적 지도자 집단과, 대중의 인기도가 높은 연예인이나 운동 선수 집단 등이 있다. 유머에서는 우월집단의 인물들이 모두 전형적인 역할에서 벗어나 있으며, 오히려 역행하고 있는 인물로 묘사되어 있다.

① 정치적 우월집단에 관한 유머

정치는 그 제도에 속한 모든 사람들이 공통적으로 영향을 받는 것이기 때문에, 정치적 우월집단은 보통 많은 사람들에게 공동의 가해자로 받아

들여지는 경우가 대부분이다. 따라서 정치적 우월집단을 희화함으로써 순간적으로라도 자신들이 우월감을 느껴서 심리적인 피해를 보상받으려 하는 것이다. 대통령에 대한 유머의 표적은 전직 대통령부터 현직 대통령까지 모두 포함될 뿐만 아니라 클린턴과 같은 외국의 대통령까지 포함이 된다. 유머에서는 이들의 실수담을 중심으로 무능하고, 무지하고, 무기력하며, 부정한 모습으로 희화되고 있다. 이것은 국회의원에 관한 유머에서도 동일하게 나타난다.

> (41) 후보자: 제가 당선되면 도로와 다리를 놓겠습니다.
> 유권자: 우리 지역에는 강이 없는데 무슨 다리요?
> 후보자: 걱정 마세요. 강도 만들어 드릴 테니까요.
> <서정범 「우스개별곡」, 15>

② 사회적 우월집단에 관한 유머

사회적 우월집단은 사회적으로 존경을 받고 있는 직업을 가진 집단을 말하며, 전형적으로 의사, 판사, 변호사, 교수 등이 소재가 된다. 이 경우 의사는 생명의 존엄성을 유희하는 사람으로, 판사나 변호사는 법의 존엄성을 무시하고 권력과 돈만 추구하는 사람으로, 교수는 지식도 없고 하는 일도 없어서, 사회적 열등집단인 거지와 비교하면서 웃음거리로 만드는 것들이 등장한다.

> (42) 밤중에 의사한테로 다급한 전화가 걸려왔다.
> "선생님, 빨리 좀 와 주십시오. 안사람이 주스로 착각하고 가솔린을 마셔버렸습니다. 그리고 온 정원을 뱅글뱅글 돌아다니고 있어요."
> "그렇다면 밖으로 나가지 못하도록 문을 꼭 잠가 두십시오. 연료가 떨어지면 자연히 멎을 테니까요."
> <서정범 「우스개별곡」, 37>

③ 종교적 우월집단에 관한 유머

종교적 우월집단이란 목사나 장로, 승려, 등과 같은 종교지도자 들을
말한다. 이 경우 종교지도자들은 거룩함이나 영적인 능력, 인간 구원과는
전혀 무관하게 희화되어, 위선적이고 우스꽝스러운 존재로 표현된다.

> (43) 총알 택시 운전자와 목사가 같은 날 죽었다.
> "음… 총알 택시 기사라… 자넨 천당으로!"
> ("음… 목사인 나는 당연히 천당에 가겠군.")
> "음… 목사라… 자넨 지옥으로 가야겠는걸!"
> "아니, 총알 택시 기사도 천당에 갔는데, 목사인 제가 왜…?
> "자네가 설교할 때 신도들은 모두 졸고 있었지만, 총알택시
> 기사가 운전을 할 때는 모든 사람이 기도를 하고 있었단 말
> 이야…!"
>
> <광수생각>

④ 문화적 우월집단에 관한 유머

문화적 우월집단은 연예인이나 운동선수 등이 가장 전형적인 대상이
된다. 인기 연예인들과 유명 운동선수들이 표적이 되는데, 당시 유행하고
있는 연예인들의 말이나 행동, 극중 배역을 패러디한 것들과, 말실수나 특
징들을 희화한 것 등이 있다. 그러나 최불암 시리즈처럼 연기인을 대상으
로 해서 그 인물 자체를 가상적인 존재로 만든 득특한 유머가 있다. 이
경우, 실명이면서도 가상화된 연예인 시리즈는 거의 독자적으로 모든 유
머의 소재들과 연결되어 있다는 점에서 독특한 유형을 형성하고 있다.

> (44) 최불암이 밭에서 타임지를 읽고 있었다. 그런데 그때 일용엄
> 니가 그 광경을 보고 존경스러운 눈빛으로 다가와 물었다.
> "회장님, 뭘 읽고 계시유?"
> "티메."
>
> <서정범 「우스개별곡」, 223>

지금까지 우월감에 의한 유머의 표적이 되는 열등집단과 우월집단에 관해 살펴보았다. 열등집단의 선정에는 자기와 다르다는 것이 가장 중요한 기준이 되었고, 거지나 정신병자와 같이 집단 내부의 행태가 일반의 예상이나 기대와 불일치하는 경우를 제외하고는 사오정처럼 가상적인 집단을 상정하거나 대머리, 변비 등과 같이 생명 유지에는 관계가 없고, 심각하지 않은 상태만을 대상으로 삼아서 현실적인 대상과 거리를 유지하려는 배려가 반영되어 있다. 그러나 우월집단의 선정에 있어서는 무능력한 정치지도자나 존경받을 수 없는 사회지도자, 영적인 힘을 상실한 종교적 지도자 등이 모두 현실적인 상황과 일치되어 있어서, 유머라는 이름으로 세태 풍자나 고발, 야유 등의 성격을 포함하고 있다.

한가지 재미있는 사실은 표적집단의 구성원들조차 그러한 유머를 들으면서 함께 웃는다는 것이다. 텔레토비와 국회의원의 공통점을 들으면서 화를 내는 국회의원은 없고, 교수와 거지의 공통점과 차이점을 들으면서 화를 내는 교수도 없다. 경상도 신혼부부와 서울 신혼부부의 이야기를 들으면서 화를 내는 경상도 남자도 없다. 무엇이 이런 것을 가능하게 하는 것일까?

② 우월감에 의한 유머의 기능

1) 긍정적 기능

우월감에 의한 유머가 가지는 긍정적 기능으로 첫째, 이완 기능을 생각할 수 있다. 이것은 웃음을 통하여 긴장이 풀리고, 눈물을 흘리는 것과 같은 카타르시스를 경험하게 되는 것을 말한다. 우월감에 의한 유머는 열등집단을 표적으로 삼아서 순간적으로라도 자신감을 회복하고, 자기만족에 빠질 수 있다는 점에서 경쟁적인 생활 속에서의 긴장을 이완할 수 있고, 상대적으로 열등감을 느끼게 하던 우월집단을 표적으로 삼아서 심리적인

긴장으로부터 벗어날 수 있다. 심각한 상황에서 언어를 통한 공격이 이루
어지면 유머가 아닌 언쟁이 된다. 언쟁은 또 다른 갈등과 긴장을 불러오
지만, 유머를 통하여 가볍게 건드리고 지나가는 것은 논리도 없고, 실제성
도 없는 것을 극단적으로 과장하여 표현하기 때문에 긴장으로부터 자유
롭고, 오히려 긴장되었던 부분들을 이완시키는 작용을 한다. 이러한 논리
결여와 실제성 결여, 그리고 극단적인 과장이 표적집단까지도 유머를 즐
길 수 있게 해주는 요인이 된다.

둘째, 우월감에 의한 유머는 친화 기능을 해서 협동의 도구가 될 수 있
다. 유머를 하는 사람과 듣는 사람이 한 편이 되어, 화자와 청자에게 공동
의 적이 되는 개인이나, 화자와 청자가 속하지 않은 특정 집단이나 대상을
웃음거리로 만드는 것을 통해 화자와 청자는 인간적으로 매우 가까워졌
다고 느끼게 된다. 우월감에 의한 유머는 유머를 말하는 사람과 듣는 사람
들을 중심으로 하는 공동체 안에서 집단의 만족으로 확대될 수 있다. 이러
한 유머를 구사하는 사람들은 웃음을 통하여 자기를 중심으로 하는 세력
의 집단을 형성할 수 있고, 유머를 들은 사람들은 그 유머의 표적이 된
집단에 대해서 함께 웃음에 참여했다는 것만으로도 심리적으로 공동의
적이 되기 때문에, 자연스럽게 집단의 구성원이 되게 된다. 이것은 표적으
로 삼은 대상이 우월집단일 경우, 그리고 자기 회사의 사장님이나 학교의
선생님과 같이 개인적으로 근접한 거리에 있는 인물일 경우에는 유머를
주고받은 사람들끼리 더 큰 연대의식을 느끼게 된다. 더구나 심각한 모의
가 아니고 웃음을 매개로 장난처럼 형성되는 집단이기 때문에 집단 형성
에 대한 부담이 없고, 따라서 친화 작용은 더욱 강하게 일어나게 된다.

셋째, 우월감에 의한 유머는 유연한 사고를 가능하게 해 준다. 인간관
계에서 부딪히게 되는 여러 대상들, 특히 심리적인 갈등이나 부담이 되는
우월집단의 사람들을 고정된 시각이 아니라 새로운 시각으로 바라볼 수
있는 관점을 가질 수 있게 해 준다. 따라서 사람들을 만나면서 직책이나

고정된 역할만이 아니라 다른 여러 관점으로 그 사람들을 관찰하고 평가할 수 있는 유연성을 갖게 된다는 것이다. 웃음이 가지고 있는 최대의 가치는 어떤 대상에 대해 지나치게 심각한 태도를 가짐으로써 생기는 조바심과 경직된 사고로부터 벗어나서 융통성이 있고 열린 마음과 사고를 가능하게 해주는 것이다.

2) 부정적 기능

앞서 살핀 바와 같이 우월감에 의한 유머도 다른 유머와 같이 많은 긍정적 기능을 가지고 있다. 그러나 우월감에 의한 유머가 특정한 표적 집단을 공격하는 것이라는 관점에서 보면, 우월감에 의한 유머는 기본적으로 자기중심적이고, 원만한 인간관계를 파괴하는 것이며, 죠지 오웰의 말처럼 인간의 등급을 떨어뜨리는 것이 되어서, 대화에서 부정적으로 작용할 수 있는 요소를 강하게 가지고 있다.

부정적 기능으로 들 수 있는 첫째 요소는 공격성이다. 우월감에 의한 유머가 반드시 표적을 필요로 하며, 표적이 되는 집단에 대해 공격을 하는 것이라는 점에서 공격성을 갖는다는 것은 부정할 수 없다. 유머의 비논리성과 비실제성, 과장의 정도에 따라서, 그리고 받아들이는 사람의 아량에 따라 차이가 있기는 하지만, 말하는 사람의 의도와는 관계없이 열등집단에 속하는 사람들에게 자신들을 표적으로 한 유머는 공격으로 생각될 수 있고, 우월집단에 속하는 사람들에게도 역시 자신들을 표적으로 한 유머는 공격으로 받아들여 질 수 있다.

둘째, 편가르기의 성격이 강하다는 것이다. 유머를 말하는 사람과 듣는 사람은 대체로 표적집단에 속하지 않는 사람들이다. 표적집단에 속하는 사람 앞에서 그런 말을 하는 것은 직접적인 공격이 될 수도 있고, 체면을 무시하는 것이 될 수도 있기 때문에 언쟁을 유발할 가능성이 높기 때문이다. 따라서 이러한 유머는 표적집단에 속하는 사람과 유머를 말하고 듣는 사람으로 편을 가르는 역할을 하게 되는데, 표적집단이 개인으로부터 가까운 거리에 있을수록 편가르기는 더 강하게 작용하게 된다. 특히 인종적 편견이나 국가적 편견, 지역적 감정, 집단 이기주의와 관련하여 편가르기는 더욱 쉽게 이루어질 수 있는데, 이것이 가지고 있는 사회적인 역기능을 생각할 때 심각한 요소가 될 수 있다.

셋째, 유머에 반영된 논리가 지나치게 단순하다는 것이다. 듣는 사람들의 기대 밖의 요소에서 선정되는 극단적인 표현과 과장은 필연적으로 논리의 비약을 포함하게 된다. 따라서 표적집단과 관련하여 거의 흑백논리가 나타나서, 표적집단은 나쁘고, 현명하지 못하고, 정의롭지 못하다는 논리를 가지고 있다. 이와 같이 단순한 논리는 약자는 모자라는 사람이고, 강자는 나쁜 사람이라는 단순한 논리로 세상을 판단하게 하는데, 이것이 편가르기와 연결되면 표적집단은 모자라는 사람이거나 나쁜 사람이고, 이것을 말하고 듣는 사람은 유능하고 착한 사람이라는 논리로 비약이 된다.

이러한 요소들이 결합하여 냉소주의를 만드는 것이 부정적인 영향 가운데 가장 커다란 문제가 된다. 냉소주의(cynicism)는 디오게네스와 같은 견유학파 철학자들이 당시 보통 사람들의 살림살이나 사고 방식을 우습게 보고, 세상을 비꼬면서 집도 없이 개처럼 살았다는 데서 연유한 말이다. 모자라거나 나쁜 사람들이 득세하고, 세상의 제도나 기준들을 만들고 집행한다고 생각하게 되면 상대적으로 유능하고 착한 사람들은 피해자가 된다. 따라서 대화로 풀어갈 수 있는 일들이 생각보다 많지 않고, 대등하고 평등하며 자유로운 의사소통이 불가능하다고 느끼게 되며, 냉소적인 태도로 세상을 보게 된다. 정치적, 사회적, 종교적, 문화적인 우월집단들이 존경받을 수 있는 위치에 있지 않다고 판단하면서 젊은 층을 중심으로 시작된 이른바 '이죽거리기 증후군'(「동아일보」 1999년 3월 24일, 35면)이 사회 전반에 뿌리를 내리게 되는 것이다. 이런 냉소는 기성 권위와 제도에 대한 비웃음이다. 우월집단이 형성하고 있는 사회가 기성 사회이고, 그들이 만든 제도가 기성 제도이다. 기성 사회의 권위와 제도를 비웃는 태도는 이미 의사소통이나 대화를 위한 노력을 포기했음을 말하는 것이다. 젊은 세대는 늘 기성 세대와 맞서 왔지만, 요즘의 냉소는 대안을 모색하지 않는다. 이렇게 대안도 없이 야유하고, 풍자하고, 공격만 하는 문화에서는 기성 세대를 바탕으로 무엇인가를 이루어 가겠다는 의지나 자립성은 발견되지 않는다. 따라서 여전히 방관적이고, 미숙하고, 의존적인 문화를 반영할 뿐이다. 이러한 냉소는 우월집단에 관한 것에서부터 비롯되었지만, 이제는 공존하는 모든 것에 대한 냉소로 번져가고 있다. 정치나 사회, 문화 현상뿐만 아니라, 함께 생활하는 가족이나 동료, 친구들까지도 모두 냉소의 대상이 될 뿐이다. '썰렁' 또는 '썰렁하다, 춥다, 소름 돋는다' 등으로 대변되는 화법은 또 다른 우월감의 표현이다. 다른 사람이 유머를 이야기했을 때, 함께 듣고 즐겼으면서도 '썰렁하다'는 평가를 내림으로써 지금까지 말한 사람은 열등하고 자신이 우월하다는 것을 드러내려고 한다. 이런 관점에서 냉소주의에 바탕을 둔 화법이야말로 가장 부정적인 우월감의 표현이 되는 것이다.

③ 우월감에 의한 유머와 대화

우리는 우월감에 의한 유머가 가지고 있는 긍정적 기능과 함께 부정적 기능들을 생각해 보았다. 인터넷과 방송 매체에서 날마다 수없이 많은 유머들이 만들어지고, 회자되고 있지만, 유머만큼 세상이 밝아지지는 않는다. 우월감에 의한 유머가 가지는 이원적 기능도 한 이유가 될 것이다.

유머라고 이야기들을 하고 있지만, 분석해 보면 야유, 조롱, 냉소인 경우가 더 많이 발견된다. 동아일보에 의하면 하루동안 하이텔 유머방 게시판에 오른 유머가 39개인데, 이 가운데 26개가 냉소적 유머라는 것이다.

우월감에 의한 유머는 자기중심의 세계관에서 출발되는 것이기 때문에 현대인과 같이 개인이 상처를 받을 기회가 많은 경우, 자기 소외나 심리적 피해의식으로부터 순간적으로 벗어날 수 있다는 점에서 유용하다. 더구나 심각하지 않게 웃음을 통해 자신들이 가지고 있는 불만이나 스트레스를 서로 나눌 수 있다는 점에서도 매우 유용하다. 함께 이야기하는 사람들과 자연스럽게 한 편이 될 수 있고, 공통성을 확보할 수 있다는 것도 대화에서 이러한 유머들이 중요한 기능을 수행할 수 있게 하는 요인이다. 무엇보다 심리적인 유대감을 기반으로 하여, 즐거운 기분으로 서로 이야기를 나누면서 대화의 순서교대도 활발해지고, 인간관계도 증진될 수 있다.

그러나 표적집단이나 표적이 되는 개인이 있다는 점에서 이런 유머는 상당히 제한적인 환경에서 적용되어야 한다. 이것은 특히 유머를 주고받는 상황에 표적집단의 구성원이 있을 경우에는 더욱 조심스럽게 사용되어야 한다. 예를 들어, 대머리인 사람 앞에서 대머리에 관한 유머를 하기 위해서는 대머리인 사람과의 관계가 이 말을 해도 서로 웃고 넘길 수 있을 만큼 가까워야 한다. 서로의 관계가 어떤 말이라도 받아주고 이해할 수 있을 만큼 가깝지 않으면 유머가 아니라 상대방에 대한 공격이나 욕설이 되고 만다.

(45) 경인: 유돈 아무나 배우나! 형처럼 배 나오고 다리 짧은 사람
　　　은 백 날 해도 소용없어.
　　해효: 뭐야!! 너도 만만치 않아, 임마
　　　　　<TV 시트콤 「남자셋 여자셋」 중에서>

위의 내용은 문장의 의미로 보면 상호비난이고, 언쟁을 하고 있는 장면이 된다. 그러나 그 상황에서 모두가 웃고 넘어가는 유머로 작용할 수 있는 것은 극중에서 두 사람의 관계가 허물없는 선후배 사이로 설정되어 있기 때문이다. 그러나 이런 경우라 하더라도 상대방의 기분을 상하게 할

가능성이 있기 때문에, 상당히 조심하지 않으면 안 된다. 말을 한 사람은 유머였다고 생각하지만, 상대방은 그 말을 마음에 담고 불쾌하게 생각하고 있는 경우들을 주위에서 흔히 볼 수 있기 때문이다.

유머는 사물을 보는 유연성, 열린 마음의 반영일 때 더욱 가치가 있다. 이와는 반대로 상습적으로 야유, 조롱, 냉소에 젖어 있으면서 자신이 유머 감각이 있다고 생각하는 것은 옳지 않다. 대화의 기본은 상대방을 대접해 주는 것이고, 예절을 갖추는 것이다. "우리 사이에 무슨 예절?"이라고 생각하는 사람들이 가장 상처받기 쉬운 관계에 있는 사람들이다. 부부가 그렇고, 연인이 그렇고, 친구가 그렇다. 언제나 냉소적인 말을 담고 있는 사람은 유머를 빙자해 우월감에 빠져 있는 사람일뿐이다.

우리에게 유용하다고 생각되는 것들이 모두 양면성을 가지고 있다. 잘 사용하면 좋은 것이지만, 잘못 사용하면 나쁜 것이 되고 만다. 대화에 있어서 유용한 유머도 마찬가지이다. 잘 사용하면 자기 감정의 이완뿐만 아니라 다른 사람과의 관계까지 증진시켜 주고, 분위기를 밝게 해 주는 활력소가 되지만, 잘못 사용하면 자신은 근거 없는 영웅주의자로 전락하거나 부정적인 사람이 되고, 다른 사람들의 마음속에도 상처를 주게 된다.

따라서 유머를 효과적으로 사용하기 위해서는 첫째, 대화 상황에 대한 판단 능력이 필요하다. 지금 대화의 장면이나 분위기에서 유머를 사용하는 것이 효율적인지를 살피는 것이다. 대화가 끊어져서 분위기가 어색하거나, 사람들이 불필요하게 긴장하고 있을 때, 또는 다른 사람들이 이미 유머를 사용해서 유머가 오고갈 수 있는 분위기가 조성되었을 때 유머를 사용하는 것은 환영받을 수 있다. 둘째, 대화 구성원들에 대한 판단 능력이 필요하다. 대화 구성원들 가운데 표적집단이 포함되어 있지는 않은지, 그리고 대화 구성원들이 유머를 소화할 수 있을 만큼 여유를 가지고 있는지, 대화 구성원 가운데 심각한 상황을 깨뜨리는 것에 대해 거부하는 사람은 없는지를 판단하고 유머를 사용해야 한다. 셋째, 유머를 사용하는 동기, 곧 마음의 자세가 가장 중요하다. 지금 이 유머를 사용하는 동기가 전체 대화 상황을 부드럽게 하고, 인간관계를 원만하게 하는데 기여하고자 하는 것인지, 유머를 빙자해서 특정인을 비판하거나 공격하고자 하는 불순한 동기는 없는지를 판단하여야 한다. 기본적으로 상호작용을 전제로 하는 대화에서 지금 말하고자 하는 유머가 상대방에게 어떻게 받아들여질 것인가를 생각하는 마음, 다시 말해 상대방에 대한 배려는 유머의 사용에 있어서도 중요한 기준이 되어야 한다.

1. 자신이 알고 있는 유머를 그라이스의 대화 원리에 따라 분석해 보자.

2. 유머를 이야기 할 때 타이밍의 중요성에 대해 생각해 보자. 타이밍이 란 유머에서 어떤 의미를 갖는지 생각해 보자.

3. 자신이 알고 있는 유머를 예로 들어 어떤 부분이 상대방을 웃길 수 있는 요소인가 분석해 보자.

4. 유머를 이야기 할 때 다음의 표현이 오히려 이야기를 재미없게 만드 는 이유에 대해 생각해 보자.

---

1) 농담 한 마디 하겠습니다.
2) 오늘 아침에 재미있는 이야기 하나를 들었습니다. 아주 재미있습 니다.
3) 알고 있는 농담이 하나 있는데요, 들어보면 정말 재미있을 거예요.
4) 아는 사람도 있겠지만 웃긴 이야기 하나 할까요?
5) 웃긴 이야기를 하려면 나는 웃음부터 나와서……(웃음)
　　진짜 웃긴 이야기야.

---

5. 다음의 만화를 보고 어떤 부분이 유머로 작용하고 있는지 이야기해
   보자.

III

실용 화법

11. 토론

　어떤 의견이나 제안, 또는 서로 생각이 다른 문제에 대하여 반대하는 사람과 찬성하는 사람이 각각 자신의 의견을 말하고 상대방의 의견을 반박하며 자신의 주장이 옳음을 밝혀나가는 형식을 토론이라고 한다. 토론은 대인 의사소통에 비하여 다수의 인원에 의해 이루어지기 때문에 집단 의사소통이라 한다. 집단 의사소통은 소집단 의사소통과 대중 의사소통으로 나누어지는데, 소집단 의사소통은 일정한 수의 구성원이 모여 자신의 생각이나 주장을 전달하는 의사소통 방법이고, 대중 의사소통은 한 명의 화자가 다수의 청중을 대상으로 메시지를 전달하는 의사소통 방법이다. 집단 의사소통은 주로 특정한 과제를 가지고 이를 해결하거나 정보를 공유하기 위해 이루어지는 공적 의사소통이라고 할 수 있다.

　이 가운데 먼저 토론을 중심으로 소집단 의사소통에 대해 살펴보고자 한다. 소집단은 정보를 공유하고 새로운 생각을 만들어내고 문제를 해결하기 위해 모인 사람들이고, 이러한 소집단으로 구성되어 의사소통이 이루어지는 대표적인 유형이 토의와 토론이다. 이 장에서는 토의와 토론을 함께 묶어서 토론으로 보고, 토론의 유형, 토론 참여자와 토론 리더의 역할 등을 살피면서, 화법에서 기억해야 할 토론의 특징에 대해 알아보기로 한다.

11.1. 토론의 개념

토론은 어떤 문제에 대한 최선의 해결 방안을 얻기 위하여 여러 사람이 모여 의논하는 소집단 의사소통의 한 유형이다. 토론은 주어진 문제에 대하여 참여자들이 다양한 생각이나 의견을 나누어 그것에 대한 어떤 합의점이나 해결 방법을 찾는 협동적인 의사소통인 토의(discussion)와, 주어진 문제에 대하여 찬성과 반대의 의견을 가진 사람들이 각기 자신의 주장을 관철시키거나 설득시키기 위해 논리적인 근거를 제시하면서 상대방의 의견에 반박하는 경쟁적인 의사소통인 논쟁(debate)으로 나눌 수 있다. 학자에 따라서는 토론을 논쟁에 해당하는 용어로 축소하여 사용하기도 하는데, 토론이라는 말의 쓰임이 찬반으로 나누어지는 경쟁적 의사소통에만 사용되지 않고 더 일반적으로 사용된다는 점에서 토론을 상위 개념으로 정의하는 것이 현실적 쓰임을 반영한 것이 된다.

따라서 토의는 다양한 정보와 의견을 교환하는 것을 목적으로 하지만, 논쟁은 주장과 설득을 목표로 한다. 토의에서는 다양한 주장이 나올 수 있지만, 논쟁에서는 두 가지 주장이 대립되고, 토의에서는 모든 참여자들이 동등한 역할을 하지만, 논쟁에서는 양편 주장자들이 주된 역할을 한다. 토의가 협동적인 의사소통이라면, 논쟁은 경쟁적인 의사소통이라고 볼 수 있다.

토의와 논쟁은 모두 소집단 의사소통이라는 점에서 공통점이 있다. 의사소통의 효율성을 생각하면 이때의 소집단은 5~12명으로 구성되는 것이 일반적이다. 특히 토의의 경우에는 각 참여자가 모두 정보의 수신자인 동시에 정보의 제공자가 되어야 하기 때문에 12명 이상이 되면 진행에 어려움이 따르지만, 논쟁의 경우 다소 많은 사람이 참여해도 문제가 되지 않는다.

토론에 참여하는 사람들은 어떤 방식으로든 서로 연관성을 가지고 있어야 한다. 같은 버스에 타고 있는 사람은 동일한 목적을 수행하지 않기 때문에 동일 집단을 형성할 수 없다. 그러나 그 버스가 진흙탕에 빠지면 그 순간 같은 버스에 탄 사람들은 동일 집단이 되어서 그 버스를 정상적인 길에 들어서게 할 것이다. 이와 같이 동일한 목표 의식을 가지고 있는 사람들이 소집단을 형성할 수 있다.

토론에 영향을 주는 요소는 주어진 과제 자체가 가지고 있는 내적인 문제와 참여자들 사이의 관계에서 파생되는 외적인 문제가 있다. 내적인 문제는 이미 주어져 있는 것이지만, 외적인 문제는 토론의 과정 속에서 주고받는 말이나 행동이 서로를 자극함으로써 결과에 영향을 주게 되는 것이다. 일반적으로 참여자들 사이에서 외적인 문제가 일어나면 토론을 통한 생산성은 떨어지게 되고, 참여자들이 비슷한 태도를 가질수록 참여자들의 개별적인 생산성에 덧붙어 결합 효과에 따른 시너지 효과가 극대화된다. 따라서 토론에서는 문제 자체를 어떻게 생각하고 대응하느냐도 중요하지만, 다른 참여자에게 어떻게 표현하고 다른 참여자의 말을 어떻게 듣고 반응하느냐의 문제도 매우 중요하다.

11.2. 토론과 공격

토론에 익숙하지 않은 사람들에게 있어서 가장 큰 문제는 토론과 공격을 구별하지 못하는 것이다. 언어적 공격성은 상대방에게 심리적인 고통을 주거나 상대방의 자의식을 공격함으로써 토론에서 이기려는 방법이다. 이에 대하여 논쟁성은 자신의 관점을 변호하기 위해서 기꺼이 설명하고 논증하려는 태도를 가리키는 것으로 피하기보다는 길러야 할 자질이다.

토론을 하면서 서로 의견이 일치되지 않을 때는 가능한 한 객관적으로 처리해야 한다. 다른 참여자들이 자신의 관점을 문제 삼을 때는 그것이 문제에 대해 이야기하는 것일 뿐 자신을 공격하는 것이 아니라는 생각을 잊어서는 안 된다. 또한 토론을 하면서 다른 참여자를 공격하는 것이 기술적으로 유리하더라도 공격해서는 안 된다. 때로는 이것이 오히려 불리하게 작용할 수도 있다. 항상 개인의 성향이나 태도에 초점을 맞춘 토론이 아니라, 논제에 초점을 맞춘 토론으로 이끌어 가야 하며, 자신의 논증을 지나치게 감정적으로 전달해서도 안 된다. 너무 목소리를 높이거나, 비어나 속어, 경멸적인 표현 등을 쓰는 것은 불쾌감만 줄뿐, 토론에는 전혀 도움이 되지 못한다.

토론을 하면서도 다른 참여자들의 입장, 태도, 관점에 관심을 보여야 하며, 상대방의 능력을 인정할 뿐만 아니라 적절한 때에 칭찬을 하는 것도 잊지 않아야 한다. 의견이 일치되지 않을 때는 상대방과의 공통점을 찾아내고, 의견이 일치되는 점을 먼저 강조해서 이야기한 다음에 의견이 일치되지 않는 점을 이야기하는 것이 좋다. 또한 다른 참여자의 말에 끼어들어서는 안 되고, 자신의 반응을 보이기 전에 상대방이 자기의 입장을 충분히 말할 수 있도록 시간과 여유를 주어야 한다. 이러한 것을 통하여 다른 참여자의 체면을 지켜 주는 것이 중요하다. 체면이란 공적으로 지켜지는 개인의 긍정적이고 사회적인 자존심인데, 상대방의 체면을 손상시키면 상대방이 굴욕감을 느끼게 될 뿐 토론에는 도움이 되지 않는다.

11.3. 주제에 따른 토론

토론은 문제를 해결하기 위한 토론과 아이디어를 만들어 내기 위한 토론, 그리고 정보를 공유하기 위한 토론으로 나누어 생각할 수 있다.

① 문제-해결식 토론

문제-해결식 토론은 당면한 문제를 해결하거나 결정을 내리기 위하여 개개인 참여자들의 뜻을 모으는 토론이다. 이때 토론의 참여자는 소집단

의사소통의 기술뿐만 아니라 특정한 문제에 대한 지식도 가지고 있어야한다. 문제-해결을 위해서는 일정한 절차가 필요한데, 철학자 존 듀이는문제-해결을 위한 사고를 다음과 같이 여섯 단계로 제시하였다.

첫째, 문제를 정의하고 분석하라는 것이다. 문제는 아주 구체적으로 분석해야 한다. 추상적이고 일반적인 주제에 관해서 이야기하는 것은 문제-해결에 도움이 되지 않는다. 일반적으로 문제에 대해서 의문사가 있는 의문문의 형태로 정의하는 것이 도움이 된다. 예를 들자면 "어떻게 학생식당의 비위생적인 환경을 개선할 것인가?" 또는 "어떻게 통학 차량의 불편함을 개선할 것인가?"와 같은 형태를 말한다. 그러나 이러한 형식이라고하더라도 "어떻게 학교 발전을 이룰 것인가?"와 같은 주제는 너무 넓고일반적이어서 적절하지 않다. 그보다는 소집단이 초점을 둘 수 있는 하위부분의 문제로 접근하는 것이 더 효율적이다.

둘째, 해결책을 평가할 수 있는 기준을 세우라는 것이다. 이 기준은 해결책이 얼마나 실용적인가를 평가하는 실용성의 기준과, 해결책이 얼마나가치가 있는 것인가를 평가하는 가치의 기준을 충족시켜야 한다.

셋째, 가능한 해결책을 제시하라는 것이다. 이 단계에서는 가능한 한많은 해결책들을 제시하는 것이 필요하며, 질보다 양에 초점을 맞추고 뒤에서 소개할 브레인스토밍과 같은 방법을 사용하는 것이 아주 유용하다.

넷째, 해결책을 평가하라는 것이다. 해결책이 제시된 다음 그 해결책들을 평가 기준에 맞추어 하나씩 평가해 나가는데, 평가에는 사건이나 사실의 관점뿐만 아니라 그 문제와 관련된 느낌이나 감정, 직관과 같은 느낌의 관점도 고려되어야 한다. 또한 이 제안이 채택되지 않는다면 그 이유가 무엇일까를 분석해 보고, 이 해결책을 선택했을 때 최악의 경우는 어떻게 될 것인가를 미리 생각해 보는 것과 같이 부정적인 관점을 고려해야하는 반면, 이 해결책이 가져올 수 있는 혜택은 무엇이며, 이 해결책으로이루어질 최상의 상태는 무엇일까를 생각하는 긍정적인 혜택의 관점도 고려해야 한다. 아울러 이 문제를 처리하는데 있어서 또 다른 해결책은 무엇일까를 생각하는 창의적이고 새로운 관점도 고려해야 한다.

다섯째, 최상의 해결책을 선택하라는 것이다. 이 단계는 제안된 여러 가지 해결책 중에서 시행할 수 있는 최선의 해결책을 고르는 단계이다.

여섯째, 해결책을 테스트하라는 것이다. 해결책이 시행된 다음에 효율성을 점검하는 것으로 만약 이 해결책이 비효율적이라는 것이 입증되면 문제-해결의 첫 단계부터 다시 시작해야 한다.

② 아이디어 만들기 토론

아이디어 만들기 토론에서는 브레인스토밍(brainstorming)의 방법을 따르는 것이 좋다. 브레인스토밍은 가능한 한 많은 아이디어를 찾아내려는 것이며, 먼저 브레인스토밍을 하고 난 다음에 평가의 단계를 거친다.

브레인스토밍을 할 때는 부정적인 비판을 해서는 안 된다. 참여자들에 의해 제시되는 모든 의견들을 기록하기만 하고, 이에 대해 평가를 하거나 토론하지 않는다. 언어적/비언어적인 것을 포함해서 어떤 부정적인 표현도 해서는 안 된다. 그러나 먼저 제시된 의견에 다른 요소를 결합하거나, 다른 방향으로 확장시키는 것도 허용된다. 특정 아이디어를 비난해서는 안 되지만, 그것을 다른 요소와 결합시키거나 확장하는 것은 새로운 아이디어로 받아들여진다.

브레인스토밍에서는 양을 중요하게 생각한다. 많은 아이디어 속에는 분명히 가치있는 것이 포함되어 있다고 생각하기 때문에 제안되는 아이디어가 많을수록 성공적이다. 또한 파격적인 아이디어일수록 환영을 받는다. 파격적일수록 아이디어를 다듬거나 축소시키는 것이 쉽지만, 너무 단순하거나 보수적인 아이디어는 더 크게 확장하기가 어렵기 때문이다.

브레인스토밍에서 참여자들에 의한 의견 제시가 일단락된 것 같으면 사회자는 "마감하기 전에 한 두 가지 아이디어를 더 내 볼까요?" 또는 "아까 나왔던 어떤 제안에 대해 좀더 확장을 해볼까요?" 등과 같은 질문을 해서 의견을 더 유도하는 것이 좋다. 보통 한 주제에 대해 15-20분 정도 이야기하는데, 이 과정이 끝나면 토론자들이 함께 제안된 아이디어를 평가해서 최선의 아이디어를 선택하면 된다.

③ 정보 공유 토론

정보 공유 토론은 새로운 지식을 서로 공유함으로써 새로운 정보나 새로운 기술을 습득하는 것을 목표로 하는 토론이다. 정보 공유 토론의 참여자는 대개의 경우 남에게 가르쳐 줄 것이 있는 한편 다른 사람으로부터 배울 것이 있는 사람들로 구성된다. 먼저 발표자가 주제 발표를 하고, 이어 질의와 응답을 하는 것이 가장 기본적인 구조이다.

학교에서 이루어지는 토론이 보통 이 유형에 속하며 주제에 대한 발표자의 생각이나 연구의 결과, 전문지식이나 수집한 정보 등을 다른 참여자에게 전달하고 서로 토론하는 것으로, 정보의 내용에 따라서 시간 관계에 따른 구성이나 공간 관계에 따른 구성, 문제-해결식 구성, 원인-결과식 구성, 구조-기능의 구성으로 이야기를 진행한다.

발표 준비의 단계에서는 먼저 주제를 확인하고 결정한 다음, 참여자에 대한 분석이 이루어져야 한다. 참여자의 수, 나이, 지위, 성별, 직업, 교육 수준과 같은 외형적 요소와 함께 심리 상태, 태도, 흥미, 욕구 등과 같은 내면적 요소에 대한 분석이 이루어져야 한다. 그 다음 주제를 뒷받침하는 데 필요한 자료를 수집하고 참여자의 수준에 맞추어 적절한 것을 취사선택하여 발표문을 만들어야 한다. 발표하기 전에는 반드시 연습을 해 보아야 한다. 연습을 통해서 발표문의 부족한 부분을 보충할 수도 있으며 발표에 대한 자신감을 얻을 수도 있기 때문이다.

발표를 하면서는 정확하고 올바른 어휘와 문장을 사용하기 위한 노력과 함께 목소리의 크기나 어조, 말의 속도 등 내용 전달을 위한 요소와 함께 전달자로서 바른 자세와 표정, 시선 처리 등에 유의하면서 수시로 다른 참여자들의 반응을 살피는 것이 필요하다. 또한 발표의 중간 중간에 앞의 이야기를 요약하거나 점검을 하고, 발표의 마지막 부분에는 논의를 정리해 주는 것이 좋다.

질의와 응답은 발표 내용을 좀더 명확하게 확인시켜 주는 과정이다. 질문은 지정토론자가 아니라면 특정한 개인이 독점해서는 안 되고, 발표의 내용에 관한 질문이어야지 발표자에 대한 감상이나 평가, 비난 등을 표현하기 위한 질문이 되어서는 안 된다.

11.4. 토론 참여자의 역할과 태도

토론에 참여하는 사람은 주어진 문제에 대한 소집단의 목표를 달성하도록 하기 위해서 과제 역할을 수행해야 하고, 참여자들 사이의 관계를 형성하고 유지하는 역할도 수행해야 한다.

주어진 문제 해결을 위한 과제 역할은 소집단의 참여자로서 소집단이 특정한 목표를 달성하기 위하여 초점을 맞추도록 도와주는 역할을 말하며, 모든 참여자들에게 균등하게 배분되는 것이 좋다. 과제 역할에는 새로운 목표를 제공하거나 아이디어의 제공하여 토론을 시작하게 하는 역할과 사실이나 의견과 같은 정보를 찾는 역할, 소집단의 목표에 대해 사람들이 가지고 있는 가치나 견해를 찾아내는 역할과 사실이나 의견을 다른 소집단 참여자들에게 제공하는 역할뿐만 아니라 예를 제공하고, 가능한 해결안들을 모색하는 등, 토론을 풍부하게 하는 역할과 아이디어나 해결

방안 사이의 관계를 명확하게 하고, 참여자들 사이의 여러 가지 활동을 조정하는 역할, 지금까지의 논의를 요약하고, 소집단이 택하는 방향을 알려주는 역할, 소집단의 결정을 평가하고 제안의 실용성이나 논리적인 타당성을 검증하는 역할, 소집단이 더 큰 활동을 할 수 있도록 자극이나 활력을 제공하는 역할과 함께 기계적인 도구나 자료를 제공하는 역할이나 소집단의 활동이나 제안, 결정을 기록하는 역할 등이 포함된다.

모든 소집단은 소집단의 성취 목표뿐만 아니라 참여자들 사이의 대인관계에도 관심을 가져야 한다. 토론 참여자들 사이의 관계를 형성하고 유지하는 역할은 소집단내 참여자들의 대인관계와 관련된 역할로 참여자의 아이디어에 대해 긍정적인 강화나 보상을 제공해 주는 역할, 참여자들 사이의 차이점을 조정해 주고 조화롭게 하는 역할, 다른 사람들의 의견을 수렴할 수 있도록 의사소통의 채널을 열어두는 역할, 소집단의 기능이나 해결책에 대해 기준을 제공하는 역할 등 적극적인 역할과 함께, 다른 참여자와 함께 움직이며 다른 사람의 의견을 수동적으로 받아들이는 수동적인 역할도 있다.

이와 같이 소집단의 과제 수행이나 대인관계를 유지하기 위한 긍정적인 역할도 있지만, 토론 참여자 중에는 개인주의적인 성향을 가지고 토론에서 부정적인 역할을 하는 경우도 있다. 토론에 부정적인 영향을 주는 역할을 하는 유형에는 다른 참여자들의 행동이나 감정에 대해 부정적인 평가를 내리거나 다른 사람들의 제안에 장점이 있음에도 불구하고 반대하는 사람, 다른 사람들의 시선을 집중하게 하거나, 자기 자랑을 하는 등 자기를 과시하려는 사람, 소집단에 초점을 맞추지 않고, 자신의 감정이나 관점만을 나타내거나 소집단의 절차와 관계없이 돌아다니며 허튼말이나 하는 사람, 소집단을 자기가 관할하려고 하는 지배적인 사람, 소집단의 목표보다는 자신이 속한 특정 부류의 이익만을 추구하는 사람 등이 속한다.

이러한 역할들을 고려할 때 토론에 참여하는 사람들이 가져야 할 기본적인 태도는 다음과 같이 정리된다.

첫째, 토론의 참여자는 소집단 중심적으로 생각해야 한다. 지금 내가 하고 있는 참여가 소집단의 목표를 달성하고 소집단 참여자들의 만족을 촉진시키는 방향인지를 항상 염두에 두어야 한다.

둘째, 문제 해결을 위해서는 한 가지의 대안만 있는 것이 아니기 때문에 소집단 안에서의 갈등은 매우 당연하고도 자연스러운 일이다. 그러나 갈등의 초점은 해결하고자 하는 문제와 관련된 것이어야지, 개인의 갈등이 되어서는 안 된다. 다른 참여자의 태도를 문제 삼거나 의도와 관련 없는 표현 자체를 문제 삼아서 이야기하는 것은 피해야 한다.

셋째, 다른 참여자들의 비평을 수용하되 비판적으로 들어야 한다. 다른 참여자의 제안을 무비판적으로 수용하거나 거부해서는 안 된다. 분별력 있게 열린 마음을 가지고 토론에 임해야 한다.

넷째, 자신의 생각이나 정보가 다른 참여자들에게 이해되고 있는지 확인해야 한다. 무엇이든 토론과 관련하여 말할 가치가 있다고 생각되면, 분명하게 이야기할 필요가 있다. 다른 참여자들이 이해하고 있는지 의심스러울 때는 "제 설명이 분명했나요?"하고 확인하는 질문을 하는 것도 좋은 방법이다. 또한 다른 사람이 말한 것에 대해 문제를 삼기 전에 자신이 분명히 이해하고 있는지 확인해야 한다. 이럴 경우 "저는 ~라고 제안했다고 들었는데, 제가 올바로 이해한 것인가요?"하고 질문을 하는 것이 필요하다.

11.5. 토론 리더의 유형과 역할

모든 참여자의 협동을 전제로 하는 토론에서도 토론을 이끌어 가는 리더가 있다. 리더가 사회를 보는 경우도 있지만, 리더와 사회자가 항상 일치하는 것은 아니다. 리더는 일반적으로 자유방임형 리더와 민주적 리더, 그리고 권위적 리더의 세 유형으로 구분한다. 자유방임형 리더는 물어보면 적절한 답변이나 정보를 제공해 줄 뿐 적극적으로 강화하거나 벌을 주지도 않고 위협적으로 보이지 않는 리더로, 의사 결정은 소집단에 의해 자체적으로 이루어지도록 하는 유형이다. 민주적 리더는 방향을 제시하지만 참여자들이 원하는 방식으로 진행하도록 하며, 참여자들을 격려하고 강화하지만 의사결정은 소집단이 자체적으로 하도록 하는 유형이다. 권위적 리더는 방임형과는 반대로 소집단의 정책을 결정하거나 참여자들의 동의 없이 의사결정을 한다. 소집단 내적인 의사소통은 별로 허용하지 않고 소집단이 어떤 결정을 내리게 하기보다는 자신의 결정을 수용하도록 하며 보상과 벌을 주어 강화하는 유형이다.

이러한 리더의 유형과 효율성 사이의 관계를 생각해 보면 민주적 리더가 이끄는 소집단이 결속력과 만족도가 가장 크게 나타난다. 그러나 생산성이나 효율성은 권위적 리더가 이끄는 소집단보다 낮다. 권위적 소집단은 생산해 내는 일의 양은 많지만 일의 동기는 희박하고, 참여자는 리더나 다른 참여자에 대해 매우 공격적이며 불만을 가지고 있고, 더 의존적이고 종속적인 행동을 하지만, 소집단에 대한 생각은 매우 희박하다. 따라서 민주적으로 이끌려는 노력에도 불구하고 소집단 참여자들이 과제에 대한 동기가 유발되지 않는다면 권위적인 리더십이 필요하다. 그러나 모든 참여자들이 주어진 주제에 대한 지식이 동일하고 개인적인 의무에 대해 유념하고 있다면 민주적인 집단이 가장 이상적인 집단을 형성하게 된다.

토론에서 리더가 수행해야 하는 역할은 첫째, 소집단의 상호작용을 활성화시키는 것이다. 소집단이 새로 구성되었거나 서로 잘 모르는 경우에 서로 서먹서먹해서 토론이 시작되기 어려우므로 리더는 서로의 관계를 활성화시켜야 한다. 서로 자기소개를 하게 하거나, 취미에 대해 말하게 하는 것과 같이 문제와 직접 관련이 없는 것으로 출발할 수도 있다. 참여자들 사이의 상호작용이 시작된 다음에도 상호작용이 지속적으로 유지되도록 효과적으로 유도해야 한다. 이때 "이 문제에 대해서 부가할 다른 견해는 없으신가요?" 등과 같은 질문을 사용하면 좋다.

둘째, 참여자들이 항상 제자리를 유지하도록 유도해야 한다. 많은 사람들은 자기중심적이어서 자신의 관심이나 흥미에 대해서만 이야기하려고 한다. 따라서 리더는 관계없는 문제들은 배제하고, 모든 참여자들이 주제에서 벗어나지 않고 제자리를 유지하도록 유도해야 한다. 이따금 토론의 진행 상황을 요약하거나, 풀어서 이야기함으로써 결론이나 해결책을 유도해 나가야 한다.

셋째, 참여자들의 만족도를 확인해야 한다. 참여자들은 서로 다른 심리적 필요나 요구를 가지고 있고, 많은 사람들이 개인적인 관심에 의해 소집단에 들어와 있을 수 있다. 소집단이 활성화되기 위해서는 소집단의 표면적인 목적뿐만 아니라 심층적이고 개인적인 목적도 만족시켜야 한다. 따라서 한 사람에 의해 발언이 독점되지 않도록 해야 할 뿐 아니라 소극적인 참여자를 끌어들여서 모든 참여자들이 참여할 수 있도록 유도해야 한다.

넷째, 지속적으로 평가하고 개선하도록 격려해야 한다. 대부분의 소집단은 문제를 해결하거나 결정을 내리거나 아이디어를 끌어내다가 장애에 부딪히게 된다. 소집단이 개선되려면 소집단 자체에 초점이 맞추어져 있어야 한다. 따라서 외적인 문제뿐만 아니라 내적인 문제에도 신경을 쓰며 지속적으로 격려해야 한다.

다섯째, 참여자들이 토론을 할 수 있도록 준비시켜야 한다. 소집단 내에서 의미 있는 토론을 하기 위해서는 소집단의 상호작용뿐 아니라 특정한 문제에 대한 자료가 준비되어야 한다. 참여자들에게 역할을 주어서 개략적인 발표를 하게 하거나, 자료를 준비하게 하는 것과 같은 사전 준비를 시켜야 한다.

11.6. 토론의 형식

토론의 형식은 구성원의 특성과 의사소통의 목적에 따라 여러 가지로 나타날 수 있다. 가장 많이 알려진 형식으로는 원탁형식, 패널토의, 대담 형식, 심포지엄, 포럼, 이인 토론, 직파식 토론, 반대신문식 토론 등이 있다. 토의의 형식으로 가장 적절한 의사소통 형식은 원탁형식이고, 패널토의, 심포지엄, 포럼 등은 다수의 청중 앞에서 혹은 청중과 함께 만들어가는 토의 형식이다. 논쟁의 형식으로는 이인 토론, 직파식 토론, 반대신문식 토론이 있다.

원탁형식은 구성원의 연령, 직위, 직책과 상관없이 평등한 입장에서 의사소통이 이루어지는 형식으로 구성원을 원형이나 원형과 유사한 형태의 자리로 배열하는 것이다. 구성원 사이의 상호작용은 긴밀하면서도 친밀하게 나타날 수 있어서 자유롭게 의견을 교환하고 정보를 공유할 수 있다.

패널(panel) **토의**는 논제에 관한 전문가 또는 각기 다른 의견의 대표자들끼리 청중 앞에서 자유롭게 토의를 하는 것이다. 패널 토의는 패널들끼리의 토의가 이루어진 다음에 청중이 참여해서 사회자를 중심으로 전체적인 의사소통이 이루어지는 패널 포럼의 형식으로 이루어지는 경우가 많다. 미국의 유명한 토크쇼인 도나휴나 오프라 윈프리 쇼 등이 이와 같은 형식을 취하고 있다.

심포지엄(symposium)은 주어진 하나의 주제에 대해 몇 사람의 연설자가 서로 다른 입장에서 강연을 하는 형식이다. 심포지엄에서 리더는 연설자를 소개하고, 한 연설자의 강연이 끝나면 다른 사람에게로 발언의 기회를 제공하며, 이따금 의견을 요약하는 등의 역할을 한다. 연설자의 강연이 모

두 끝난 다음에는 청중과의 질의-응답이 이어지는 심포지엄-포럼이 이루
어지기도 한다.

　포럼(forum)은 포럼 디스커션의 줄인 말로 청중의 참여에 초점이 놓이
는 형식이다. 한 사람, 또는 여러 사람이 준비해 온 내용을 간략하게 발표
를 한 다음, 청중이 그 내용에 대해 질문을 하면서 의사소통을 하는 방식
이다. 리더는 연설자를 소개하고, 질문과 대답을 조정하는 역할을 한다.

　이인 토론(two personal debate)은 두 명의 토론자와 한 명의 사회자로 이
루어지는 토론이다. 이 유형은 짧은 시간에 효과적으로 토론을 할 수 있
는 논제에 적합한 형식이다. 이인 토론의 경우 한 사람의 발언시간이 15
분을 넘지 않도록 하며 총 소요 시간도 30분 정도가 적합하다.

　직파식 토론(the direct clash debate)은 둘 혹은 세 사람이 한 편이 되어
상대편이 제시한 논거를 직접 반박하고, 자신의 주장을 강하게 펼치면서
상대방을 설득하는 논쟁이다. 직파식 토론은 논제를 중심으로 논쟁적 주제
들을 하나씩 밝혀가는 토론이기 때문에, 이 토론에서는 사회자가 토론을
언제든지 중단할 수 있다. 사회자는 결론이 도출되었다고 판단되면 언제라
도 토론을 끝내고 다음 주제로 넘어갈 수 있다(이주행 외, 2004). 토론의
절차는 제1찬성자가 자신의 주장을 발언하면, 제1반대자가 이에 대한 논박
을 하고 이어 자신의 주장을 발언한다. 이어 제2찬성자가 제1반대자의 논
거에 대해 반박하고 찬성 쪽의 주장을 보완하여 말한다. 그 다음 제2반대
자가 찬성 쪽의 주장에 대해 논박하고 반대쪽의 주장을 보완하여 말한다.

　반대신문식 토론(the cross examination debate)이란 긍정하는 쪽과 부정하
는 쪽이 각각 두 명의 토론자로 구성되며, 각 토론자들이 한 번씩 자신의

주장, 상대방의 주장에 대한 반대신문(문제점이나 허점을 주로 지적), 상대방에 대한 반박 등으로 이루어지는 토론이다. 특히 상대편의 토론자가 질문을 통해서 상대방의 논지를 반박하여 승부를 가리는 방식이다. 법정에서 이루어지는 재판의 형식이 반대신문식 토론의 예이다. 직파식 토론이나 반대신문식 토론의 경우 논쟁이 감정적인 대립으로 이어지는 것을 조심해야 하며, 주장을 뒷받침할 수 있는 논거를 내세우는데 초점을 두어야 한다.

민주적인 절차로 의사소통을 할수록 토론의 중요성은 커진다. 그러나 토론에 의해 문제를 해결하고 나서 가지게 되는 잘못된 편견이 오히려 민주적인 관계를 해치는 결과를 가져오는 경우가 종종 나타난다. 그것은 자신들이 합의한 결론은 다른 사람들이 반박할 수 없다는 생각이나 자신들이 내린 결정이 옳은 것이라는 생각, 그리고 이와 더불어 자신들이 판단한 도덕성에 대해 의심치 않고 믿어버린 결과 자신들의 결정이나 판단과 일치하지 않는 사람들은 악하고, 비겁하고, 어리석은 사람이라고 평가하는 경향이다. 이것이 토론이 가지고 있는 문제점이라는 것을 인식하는 것만으로도 성숙한 의사소통과 이에 따른 성숙한 인간관계를 추구하는데 도움이 될 수 있다.

1. 다음의 주제 중에서 하나를 골라 원탁토의를 하고 자신의 토의에 대해 평가해 보자.

    (1) 강의 시간 중의 예절
    (2) 인격적으로 성숙한 대학생의 언어 예절
    (3) 성공적인 무감독 시험 방식
    (4) 바람직한 인터넷 사용

범 주	평 가 항 목	점 수
토의의 목표	절차에 맞게 토의를 진행했는가?	1 2 3 4 5
	사회자의 역할은 적절하였는가?	1 2 3 4 5
	합의점이 될 만한 해결책을 찾았는가?	1 2 3 4 5
참여자의 역할 수행 1 (자기 점검)	나는 토의 참여자의 역할을 잘 수행했는가?	1 2 3 4 5
	나는 주제에 적합한 내용을 말하였는가?	1 2 3 4 5
	나는 언어 예절을 지켜 말하였는가?	1 2 3 4 5
	나는 다른 사람의 말을 성실하게 들었는가?	1 2 3 4 5
	나는 상대방의 반응을 살피며 말하였는가?	1 2 3 4 5
참여자의 역할 수행 2 (타인 점검)	주제에 적합한 내용을 말하였는가?	1 2 3 4 5
	절차에 맞게 말하였는가?	1 2 3 4 5
	언어 예절을 지켜 말하였는가?	1 2 3 4 5
	상대방의 반응을 살피며 말하였는가?	1 2 3 4 5
	다른 사람의 말을 성실하게 듣는가?	1 2 3 4 5

2. 다음에 제시하는 절차에 따라 "경쟁력을 갖춘 사회인이 되기 위해서
   는 일정 수준의 영어 능력을 갖추어야만 졸업할 수 있다"라는 논제
   를 가지고 토론을 하고 평가해 보자.

  (1) 논제의 의미를 정확하게 파악한 후 찬반 양 팀을 정한다.
  (2) 사회자와 각 팀의 리더를 정한다.
  (3) 자기 팀의 논거를 준비한다.
  (4) 상대 팀의 논거를 예상하여 그것에 대한 반박을 준비한다.
  (5) 사회자의 선언으로 토론을 시작한다.

범 주	평 가 항 목	점 수
토론의 목표	절차에 맞게 토론을 진행했는가?	1 2 3 4 5
	사회자의 역할은 적절하였는가?	1 2 3 4 5
	서로의 주장을 분명하게 전달하였는가?	1 2 3 4 5
참여자의 역할 수행 1 (자기 점검)	나는 토론 참여자의 역할을 잘 수행했는가?	1 2 3 4 5
	나는 주제와 관련된 주장을 말하였는가?	1 2 3 4 5
	나의 주장에 타당한 근거가 있는가?	1 2 3 4 5
	나의 주장에 주제에 대한 해결책이나 대안이 포함되어 있는가?	1 2 3 4 5
	나는 다른 사람의 주장을 존중하며 들었는가?	1 2 3 4 5
	나는 언어 예절을 지켜 말하였는가?	1 2 3 4 5
	나는 상대방의 반응을 살피며 말하였는가?	1 2 3 4 5
참여자의 역할 수행 2 (타인 점검)	주제에 적합한 내용을 말하였는가?	1 2 3 4 5
	절차에 맞게 말하였는가?	1 2 3 4 5
	주장이나 반박에 타당한 근거가 있는가?	1 2 3 4 5
	주장에 주제에 대한 해결책이나 대안이 포함되어 있는가?	1 2 3 4 5
	언어 예절을 지켜 말하였는가?	1 2 3 4 5
	다른 사람의 주장을 존중하며 들어주는가?	1 2 3 4 5
	상대방의 반응을 살피며 말하였는가?	1 2 3 4 5
	다른 사람의 말을 성실하게 듣는가?	1 2 3 4 5

3. 다음의 주제 중에서 골라 찬반 토론을 하고 평가해 보자.

    (1) 무인 카메라 설치
    (2) 시험의 부정행위
    (3) 호주제 폐지
    (4) 성형수술

12. 연설

　　연설은 한 사람의 화자와 다수의 청중에 의해 이루어지는 화법의 한 유형이다. 연설은 여러 사람 앞에서 자신의 주장이나 의견을 진술하는 것인데, 이 밖에도 학생들 앞에서 특정한 이론이나 글의 뜻을 설명하여 가르치는 강의, 많은 청중을 대상으로 어떤 주제에 대하여 이야기하여 알게 하는 강연 등도 넓은 의미에서 연설에 포함된다. 다수의 청중을 대상으로 하는 연설에서는 성공적인 연설이 이루어지려면 특별한 준비가 필요하다. 미리 논리적이고 조직적으로 구성된 메시지를 준비해야 하며, 수동적인 청중의 반응을 이끌어내기 위해 끊임없이 노력해야 하기 때문이다. Carnegie(1937)에서는 연설에 있어서 세 가지 문제는 '누가, 어떻게, 무엇을 말하는가'인데 그 중에서 가장 중요한 것은 '무엇을 말하는가' 하는 것이 아니라 '어떻게 말하는가'하는 것이라고 하였다. 아무리 훌륭한 생각이나 내용을 가졌다고 하더라도 그 내용을 강력한 메시지로 전달할 방법을 찾지 못했다면 좋은 연설이 될 수 없다는 것이다. 가장 좋은 내용을 말하는 것이 중요한 것이 아니라 자신이 말하고자 하는 내용이 가장 좋은 내용으로 들릴 수 있도록 하는 것이 연설에서는 중요한 요소가 된다.

이 장에서는 사람의 마음을 움직일 수 있는 연설을 하기 위해 어떤 점들을 이해하고 준비해야 하는지 살펴보기로 한다.

12.1. 연설의 요소

연설이 이루어지기 위한 바탕은 일반적인 의사소통이 이루어지기 위한 바탕과 크게 다르지 않다. 모든 의사소통은 참여자, 환경, 의사소통의 목적이라는 세 가지 요소를 바탕으로 하여 이루어진다.

연설에서의 참여자는 연설하는 사람과 청중이다. 연설의 환경은 장소, 시간, 맥락과 메시지, 언어 선택 등이고, 연설의 목적은 연설을 통해 화자가 얻고자 하는 결과이다.

① 화자

화자는 연설의 주도자이다. 연설은 한 명의 화자가 다수의 청자를 대상으로 하는 특수한 말하기 방법이다. 화자의 지식, 태도, 말하기 능력, 연설의 목적 등은 청중에게 영향을 끼치는 요소이며, 이러한 요소가 모두 결합하여 성공적인 연설이 이루어질 수 있는가의 여부를 결정하게 된다. 그러므로 연설자는 다수의 청중들과 상호교류가 될 수 있도록 노력하는 것이 중요하다.

Carnegie(1937)에서는 훌륭한 연설자가 되기 위해 필요한 네 가지 요소를 다음과 같이 제시하였다.

    (1) 화자에게 필요한 네 가지 요소
      a. 열정
      b. 말할 내용에 대한 확실한 이해
      c. 자신감 있는 행동

d. 지속적인 연습

청중에 대한 막연한 두려움을 없애주는 것이 자신의 연설에 대한 열정이다. 열정을 가지고 있다면 연설이 끝나는 시간까지 자신의 생각을 분명하게 전달할 수 있을 것이다.

화자는 자신감을 잃지 말아야 한다. 대부분의 사람들은 말하기에 관하여 불안해 한다. 단지 그 불안이 겉으로 많이 표현되느냐 그렇지 않느냐의 차이일 뿐이다(Berko, Wolvin & Wolvin 1998). 하지만 이러한 두려움은 나만의 두려움이 아니라 모든 사람에게 해당된다는 것을 이해하고, 두려움을 극복하여 연설을 성공적으로 이끌 수 있도록 해야 한다. 두려움을 극복하기 위해서는 무엇보다 연설 준비를 철저히 해야 한다. 청중에 대해 분명하게 인식하고 청중과 함께 호흡할 수 있는 연설이 되도록 준비하고, 연습하여 잘 할 수 있다는 자신감을 갖는 것이 필요하다. 오직 연습을 통해서만 청중의 시선에 압도되지 않고 자신의 머릿속에 들어있는 생각들을 풀어낼 수 있게 된다.

② 청중

현대의 청중은 일방적인 연설을 원하지 않는다. 개인과 개인 사이의 대화가 자연스럽게 이루어지듯이 연설도 대화와 같은 느낌이 들기를 바란다. 그러나 연설은 결코 대화처럼 쉽지도 자연스럽지도 않다. 그러나 청중을 마치 나의 대화 상대자와 같이 생각하고 그들에게 관심을 기울인다면 청중에게 친근한 연설이 될 수 있을 것이다.

청중은 한 무리처럼 생각되지만 개별적인 존재들이다. 이들은 연설에 대해 서로 다른 목적, 동기, 기대치, 믿음, 가치 등을 가지고 있기 때문에 각기 연설에 임하는 태도도 다르게 나타난다. 청중의 듣기 태도는 집단의식과 소속감을 어떻게 조성하느냐에 따라 달라진다. 그러므로 청중에 대한 분석은 필수적인 요소이다. 청중에 대한 분석은 주제를 선정하고, 적절한 어휘 고르며, 연설에 어떠한 정보를 포함시킬지 결정하는 데에 도움이 된다.

청중을 분석할 때에 필요한 요소는 다음과 같다(Berko, Wolvin & Wolvin 1998).

(2) 청중 분석의 요소
    a. 인구통계
    b. 심리통계

인구통계는 청중들의 성향과 배경과 관련된 요소로 청중의 연령, 성별, 종교, 윤리관, 교육 수준, 직업 등을 포함한다. 심리통계는 보수적인 성향이 강한지 자유주의적인 성향이 강한지에 따라 다르게 나타나는 정치적 노선, 사형제도나, 낙태, 동성애 등 사회적 이슈에 대한 견해이다.

③ 환경

환경은 연설이 이루어지는 모든 주변적인 여건이다. 청중에 대한 분석과 더불어 장소, 시간, 맥락과 메시지, 언어선택 등의 환경적인 요소도 연설에 있어서 중요한 요소이다. 장소는 연설의 어조와 주제에 영향을 끼친다. 연설하는 장소가 실내인지 실외인지부터 고려의 대상이 되며, 실내일 경우 방의 크기, 분위기, 조명, 가구의 배치 그리고, 청중들이 신체적으로 편안함을 느끼는지 아니면 불편해 하는지 여부가 연설에 영향을 미친다.

시간에 대한 고려는 시간 제한과 언제 이루어진 연설인가로 나누어 생각해 볼 수 있다. 모든 연설자는 준비된 시간에 맞추어 연설을 끝내야 한다. 그러므로 철저한 준비로 제한 시간을 넘기지 않도록 한다. 또, 하루 중 연설이 이루어지는 시간도 중요한데 이른 아침이나 늦은 밤에는 청중의 적극적인 반응을 기대하기 어렵다. 특히, 긴 회의의 마지막에 자신의 연설 순서가 정해져 있다면 요약이 더욱 잘 되어 있고 핵심이 무엇인지 분명하게 나타나는 간략한 연설을 준비해야 한다.

맥락은 준비한 메시지가 청중들의 상황과 부합할 수 있는가 하는 요소이다. 예를 들어, 대학입시를 준비하고 있는 학생들에게 대학 진학보다 직업교육을 강조하는 메시지는 청중들의 주의를 끌기가 어렵다. 청중의 상황을 고려하여 이루어지는 메시지가 맥락에 알맞은 연설이 될 것이다.

청중에게 알맞은 언어를 선택하는 것도 연설을 준비할 때 필요한 요소이다. 청중의 나이나 성향, 문화적 수준 등을 고려하여 사용하는 어휘 선택에 신중을 기해야 한다. 연설자에게는 익숙한 전문적인 용어가 일반 청중에게는 완전히 낯선 언어일 수도 있다. 청중을 고려하지 않고 사용하게 되는 전문적이고 특정한 어휘들은 청중을 연설로부터 멀어지게 만드는 것이다. 너무 쉬운 단어, 또는 너무 기술적이거나 추상적이어서 청중이 이해하지 못하는 어휘는 선택하지 않아야 한다.

12.2. 연설의 이해

연설을 준비하는 데에 있어서 가장 먼저 생각해야 할 것은 이 연설의 목적이 무엇인가 하는 것이다. 연설의 목적이 정보를 전달하기 위한 것인지 설득을 하기 위해서인지를 분명히 해야 한다. 성공적인 연설이 되기 위해서는 연설의 목적에 맞도록 준비하고 실제 연설을 하고 연설에 대해 분석하는 과정이 필요하다. 이 절에서는 연설을 준비과정, 연설과정, 연설 후의 분석과정으로 나누어 살펴보기로 한다.

12.2.1. 연설의 준비과정

연설의 준비과정은 효과적인 연설에 매우 중요한 부분이다. 연설의 질은 대개 자료 조사의 시간과 양, 연설문을 작성하는 데 걸린 시간과 노력, 시청각 자료를 준비하는 시간, 사전 연습의 횟수와 등 준비하는 데에 걸린 시간에 비례한다. 연설을 준비하는 단계에서 필요한 사항은 다음과 같다.

첫째, 주제를 정하는 것이다. 연설 준비의 첫 단계는 주제를 정하고 주제를 이해하는 과정이다. 주제가 정해졌으면 충분한 자료를 수집하여 그에 알맞은 자료를 선택하고 체계 있게 정리하여 효과적으로 구성하는 것이 중요하다. 연설의 내용은 주제와 그 주제에 따른 연설의 목적에 맞게 씌어져야 할뿐만 아니라 목적 달성을 위하여 효과적으로 구성되지 않으면 안 된다. 내용의 선택이나 구성은 청중의 욕구를 따라줄 수 있는 것이어야 한다.

둘째, 청중에 대한 분석이 필요하다. 인상적이고 스릴이 있거나 재미가 있는 것, 시사성이 있으며 적절한 내용이 아니면 청중의 관심을 끌기가 어렵고, 친밀감을 주지 못한다. 아울러 이러한 연설의 내용이라고 하더라도 청중의 수준에 맞게 꾸며지지 않으면 안 된다. 그러므로 연설의 내용은 주제에 따라서 목적에 맞게 꾸며져야 함은 물론 관심도나 친밀감이 있는 내용, 청중의 수준에 맞는 내용으로 꾸며져야 한다. 뿐만 아니라 구체적이고 명확한 내용이어야 하며, 실현성이 있는 내용으로 구성되어야 한다.

12.2.2. 연설의 과정

연설이 진행되는 동안 화자는 청중과 상호작용을 하기 위해 노력해야 한다. 다수의 청중으로 인하여 연설에 어려움이 생길 수도 있지만 청중이 보여주는 반응은 연설의 목적을 달성하는 데에 중요한 요소가 된다.

① 연설의 구성

도입부에서는 청중이 주의를 집중할 수 있도록 흥미 있는 내용으로 시작하고 청중이 왜 이 연설을 들어야 하는지 확실하게 인지시키는 것이 중요하다. 또한 청중과의 연대감 조성하는 것이 상호작용을 활발하게 할 수 있는 방법이 되기도 함으로 화자 자신의 개인적인 경험을 언급하는 등의 솔직함이 필요하기도 한다.

> (3) 혹시 여러분은 길에서 이런 동전을 주워본 적이 있습니까? 어떤 지역이 개발되면 그 지역에 땅을 가지고 있는 사람들은 막대한 이익을 얻게 됩니다. 마치 땅에서 돈을 줍는 것과 같죠.

작은 동전과 같은 물건 하나를 가지고 청중의 관심을 유도하여 전개부와 자연스럽게 연결되도록 하는 것도 연설의 첫 시작에서 할 수 있는 좋은 방법이다.

전개부는 화자가 주제에 대해 각종 논거를 제시하며 자신의 주장을 펴는 단계이다. 논점이 너무 많아서 산만해지지 않도록 하며 중요한 주장은 맨 앞이나 맨 뒤에 말하여 강조하는 것이 좋다. 청중이 주의를 기울이지 않으면 목소리의 크기를 바꾸거나 잠시 말을 멈추거나, 청중이 연설에 관심을 가지도록 하기 위해 호기심을 유발할 만한 이야기를 한다.

종결부는 연설을 마무리하는 단계로 연설에 대한 인상이 최종적으로 확정되는 부분이다. 그러므로 새로운 화제나 논점은 피하고 청중에게 깊은 인상을 남기 위해 노력한다.

② 연설의 유형

연설을 하는 방식은 준비한 원고를 어떻게 사용하는가에 따라 즉흥 연설, 원고 없이 하는 연설, 원고를 읽는 연설, 원고를 외워서 하는 연설 등의 네 가지 방법이 있다.

첫째, **즉흥 연설**의 방법이 있다. 아무런 사전 준비 없이 즉석에서 생각을 정리하며 하게 되는 연설을 즉흥연설이라 한다. 이 연설의 장점은 자연스럽고 자발적이며, 연설자의 현재 기분을 반영한다는 것이다. 그러나 화자가 무슨 말을 할 것인가를 짧은 시간에 결정해야 하기 때문에 생각을 정리할 시간이 없어서 잘 짜여진 발표를 하기 어렵다는 단점을 갖고 있다.

즉흥 연설은 학술적인 발표를 하는 데에는 적합하지 않다. 연설자가 그 분야의 전문가가 아니라면 자신의 주장을 논리적으로 설명할만한 근거를 제시하는 데에도 어려움이 있고, 여러 가지 보조 자료를 사용할 기회도 없기 때문에 좋은 연설이 되기 어렵다.

즉흥 연설에서 특히 초점을 두어야 할 부분은 도입 부분이다. 연설을 시작하면서 자신이 어떤 이야기를 전개해 나갈 것인지 스스로에게 확인시키고 전체적인 생각의 줄거리를 잡아 나가는 일을 하는 것이 필요하다. 이 때 몇 개의 핵심이 되는 어휘를 적어두면 연설이 일관성을 가지고 이어져 나갈 수 있도록 하는 데에 도움이 될 수 있다.

둘째, **원고 없이 연설**을 하는 방식이다. 즉흥 연설은 미리 아무런 준비도 할 수 없는 데 비해서 이 연설 방법은 준비할 시간이 충분하기 때문에 말하고자 하는 요점을 미리 정리해 두거나 전체적인 아우트라인을 설정해서 말하는 것이다.

원고 없이 연설하는 방식의 장점은 생각을 충분히 정리할 시간이 있기 때문에 자신의 주장을 명확히 전달할 수 있다는 점이다. 또한, 주장을 뒷받침하는 데에 필요한 그림이나 자료를 사용할 수 있으며 원고를 읽거나 외우는 연설보다 훨씬 자연스럽게 할 수 있다. 그러나 준비가 소홀할 경우에는 연설을 하는 중에 더욱 불안할 수 있다. 또 연설자가 간단히 적어놓아야 할 메모에 너무 의지하다보면 청중들과 상호작용을 하기는 어려워질 것이다.

원고 없이 하는 연설에서 준비해야 할 것은 순서이다. 말하고자 하는 내용들을 어떤 순서로 배열할 것인지를 준비해야 한다. 이를 개요 작성이라고 하는데 어떤 순서로 무엇을 말할 것인지에 대해 명확하게 단계별로 구조화한 메모를 만들어 연설에 활용하는 것이다. 개요의 내용이 너무 많아서는 오히려 거기에 얽매여 자연스러운 연설을 하기 힘들어질 수도 있으므로 핵심이 되는 요소만 기록하도록 한다. 그리고 얼마나 준비가 되었는지 미리 연습을 해 보는 것도 실제 연설에 편안하게 임하는 방법이 된다.

셋째, **원고를 읽으면서 하는 연설** 방식이 있다. 이 연설의 방법은 모든 자료를 바탕으로 말할 내용을 하나의 문서로 만들어서 읽는 것이다. 이 방법은 정확한 언어를 사용할 수 있고 짜임새 있는 구조의 연설이 될 수 있다는 장점이 있다. 그러나 원고가 이미 완성되어 있기 때문에 청중에게 맞추어서 연설 도중에 변형할 수 없다는 단점이 있기 때문에 다른 연설의 방법보다 청중에 대한 분석을 세심하게 한 후에 원고를 작성해야 한다.

원고를 읽는 방식의 연설을 하더라도 읽는 것이 아니라 말하는 것처럼 원고를 작성해야 한다. 이를 위해서 말하는 것처럼 쓰고, 읽고, 연습해야 한다. 문장은 간결하고 쉬운 어휘를 선택해서 만들며 중심된 생각은 반복해서 강조한다. 원고를 읽을 때에는 청중의 주의가 산만해지지 않도록 원고를 흔들지 않으며, 연설 도중에 원고의 순서를 찾지 못해 당황하지 않도록 한다.

원고를 읽는 연설은 단순히 글을 읽는 것이 아니다. 단조롭게 원고를 읽어 내려가기만 한다면 어떤 청중도 그 연설에 호감을 가질 수는 없을 것이다. 원고에 의지하더라도 청중과의 상호작용도 소홀해지지 않도록 하는 것이 중요하다. 예를 들면 자주 시선을 맞춘다든지, 목소리에 변화를 준다든지 하는 방법으로 청중의 관심을 계속 집중시키는 것이 필요하다. 또, '우리'라는 용어를 사용하는 것도 청중을 연설에 동참시키는 방법이 된다.

넷째, **원고를 외워서 하는 연설** 방식이다. 이 방식은 미리 준비한 원고를 완전히 암기하여 연설하는 것이다. 원고를 외워서 하는 연설의 장점은 연설 도중에 청중을 바라볼 수 있다는 점과 발표시간을 정확하게 맞출 수 있다는 점이다. 그런데 화자가 긴장을 하거나 하면 암기한 내용을 잊어버리는 실수를 할 수도 있으므로 주의해야 하는 연설 방식이다. 연설 도중에 한 문장만 기억나지 않아도 연설 전체에 부정적인 결과를 가져올 수 있다. 장점보다는 단점이 더 많이 나타나므로 각별한 주의가 필요한 연설 방식이다.

③ 연설과 비언어적 요소

내용 구성 못지 않게 연설할 때의 목소리나 몸짓은 상당히 중요한 역할을 한다. 단조로운 억양은 청중을 지루해지기 만들기 쉽고, 너무 빨리 말하면 알아듣기 어려우며, 너무 느리면 또한 지루해지기 쉽다. 곧 적당한 빠르기와 강세와 억양을 이용하여 변화를 주어야 한다. 미주리주 역사협회에서 펴낸 '링컨에 관한 보고서'를 보면 링컨이 연설을 할 때 몇몇 대목은 빠르게 이야기 하다가 강조하고 싶은 부분에서는 목소리를 늘어뜨려 천천히 그리고 강하게 말하고 나서, 다시 재빨리 마무리를 지었다고 한다 (Carnegie, 1937).

대화를 할 때에는 자연스럽게 말의 높낮이가 달라진다. 이 효과는 자신의 이야기 중에 무엇을 강조하고 싶은지 어떤 감정의 상태에서 말하고 있는지 나타내는 중요한 신호가 된다. 바로 이것이 자연스러운 화법이다. 연설에서도 대화를 하는 것과 같이 자연스러운 음조의 변화를 주면 훨씬 더 좋은 인상을 줄 수 있다.

의미 단위를 고려하여 적당한 부분에서 끊어서 흐름을 조절하는 것도 필요하다. 또한 발음이 정확해야 한다. 발음이 정확하지 않으면 다른 사람이 잘못 알아들을 수 있다.

연설을 할 때의 적절한 몸짓은 청중을 집중시키고 흥미를 유발하는데 효율적이다. 지나치게 긴장한 나머지 얼음처럼 굳어 한 곳에만 서서 연설을 하는 것은 연설 전체가 지루하고 단조롭게 보이도록 한다. 몸은 적당히 움직이고, 손을 자연스럽게 사용하는 것이 좋다. 너무 튀는 행동을 하거나, 손을 많이 움직이거나, 탁자에 기대거나 하는 행동은 바람직하지 않다.

연설에서 가장 중요한 비언어적 요소는 시선을 맞추는 것이다. 청중과 눈을 맞추는 것은 청중들의 반응을 파악하기 때문에 매우 중요한 요소이다. 시선은 한 곳에만 머무르지 않고 골고루 살피는 것이 필요하다. 모든 청중과 시선을 맞추는 것은 어렵겠지만 맨 앞과 맨 뒤까지 시선을 맞추도록 노력한다.

④ 연설과 청중

대중 연설의 초점은 청중이다. 그러므로 다양한 성향을 지닌 청중에 대한 연구가 필요하다. 청중에 대한 고려가 없다면 아무리 인상적인 내용이라 할지라도 호응을 얻을 수 없게 된다. 연설의 첫머리에서 청중의 관심사를 언급하는 것으로 연설을 시작하고 청중의 관심이 멀어지지 않도록 해야 한다.

연설하는 사람은 항상 연설에 들어가기에 앞서, 그것을 통해 자신이 도달하고자 하는 목표가 무엇인지를 자문하고 그 목표가 무엇보다 청중에게 힘을 주어야 하는 것임을 잊어서는 안 된다. 연설자의 직접적인 의사 전달에 비해 청중은 간접적으로 반응을 전달하기 때문에 청중에 의해 나타나는 무관심, 야유, 퇴장, 박수 등과 같은 여러 가지 반응에 대해 고려해야 한다.

연설하는 사람은 청중이 이해할 수 있도록 명쾌하게 말해야 한다. 청중이 연설자가 전하는 메시지가 무엇인지 파악하지 못하도록 확고한 주장 없이 횡설수설 말을 끌게 되면 그 연설은 성공할 수 없다. 이것은 자신의 메시지가 사람들의 귀에 들어가지 않았다는 증거이다. 조직적인 내용 구성과 정확한 전환의 형식은 명쾌하게 말해야 한다는 원리를 지키기 위해서 필요한 요소이다. 뿐만 아니라 청중이 간접적인 방법으로 보여주는 반응에 대해 항상 주의를 기울여 지금 자신이 하고 있는 연설이 청중과 일치되고 있는지 확인하는 것이 필요하다.

성공적인 연설자가 되기 위해서는 다른 사람들로 하여금 자신이 하고자 하는 말에 귀를 기울이도록, 그들을 사로잡을 수 있는 행동이나 말을 해야 한다. 그러므로 정해진 원고에 의해 딱딱하게 고정된 자세로 읽는 것보다는 자유롭게 자리를 조금씩 움직이며 틀에 얽매이지 않는 자세를 보여주는 것이 중요하다.

때로는 청중에게 질문을 하여 화자와 함께 생각하고 이야기의 진행에 협력하도록 만드는 것이다.

> (4) 앨버트 하버드 박사는 돈과 명예를 얻을 수 있는 길에 관하여 다음과 같이 말하였습니다. "돈과 명예를 얻을 수 있는 길은 진취적인 태도이다." 그렇다면 진취적인 태도란 어떤 것일까요? 여러분은 지취적인 태도를 가진 사람이 어떻게 행동한다고 생각하십니까? 진취적인 태도란 요구받지 않은 가운데 어떤 일을 시작하는 것입니다. 여러분은 진취적인 태도를 가지고 있습니까? (Carnegie, 1937)

청중에게 해답에 대한 호기심을 불러 일으켜 답변을 하도록 유도하는 것도 좋은 방법 중 하나이다.

12.2.3. 연설 후 분석과정

연설을 한 후의 분석은 연설이 청중에게 어떤 영향을 어떻게 끼쳤는지 알 수 있게 한다. 연설 후 분석으로 가장 쉽게 할 수 있는 방법은 질의응답을 하는 것이다. 청중의 질문을 통해 연설자가 얼마나 정확하게 주제를 전달했는가를 파악할 수 있으며 부족한 부분이 무엇인지를 알아 낼 수도 있다. 이 때 질문의 톤과 어조는 연설에 대해 청중이 긍정적인 태도를 가지고 있는지 부정적인 태도를 가지고 있는지를 평가할 수 있는 요소가 될 수도 있다. 질문은 청중의 일반적인 정서를 반영하기도 한다.

연설 후에 청중들과 비공식적인 대화를 통해서도 연설에 대한 평가를 유용하게 얻어낼 수 있다. 어떤 경우에는 공식적인 질의-응답 시간에는 참여하지 못한 청중이 비공식적인 관계에서는 더 쉽게 의사소통을 하는 경우도 많기 때문이다.

이 밖에도 연설 후 인터뷰나, 퀴즈, 시험 투표 등을 통해 결과를 분석해 볼 수도 있다.

12.3. 연설의 내용

좋은 외모와 목소리를 가지고 있으며 표현력이 뛰어난다고 하더라도 준비가 소홀하거나 신념이 없는 내용의 연설은 단순한 소리에 불과하다. 연설을 들어보면 내용은 좋은데 표현력이 좋지 못하여 감명, 감동 등의 공감을 얻지 못하는 경우가 있는가 하면, 웅변술은 훌륭한데 내용이 진실하지 못하여 연설의 실효를 거두지 못하는 사람도 볼 수 있다.

연설의 내용은 간단명료한 것이 좋다. 제한된 시간에 맞추어 명확하게 자신의 주장을 전달할 수 있는 연설이 되어야 한다. 어떠한 청중이든 간에 긴 이야기는 싫어하여 아무리 훌륭한 이야기라도 여러 번 반복하여 오래 지속되면 싫증을 낸다는 점이다. 따라서 연설자는 화제를 결정하는 일부터 주의를 기울여, 흥미를 잃지 않는 수준에서 순서를 바꾸고 얘기 도중에 간단한 연출과 시각화를 적절히 응용해야 한다. 그렇다고 해서 일부러 웃음을 유발하려 어설픈 동작을 한다든지 과장된 행동을 하는 일은 분위기를 더욱 가라앉게 만드는 요소가 된다. 청중의 관심을 지속시키기 위해 목소리에 감정을 넣어 의사를 전달하거나 말하기 속도에 변화를 주는 것은 좋은 방법이다.

연설의 내용은 구성을 짜임새 있게 준비해야 한다. 따라서 미리 청중의 욕구를 파악하고 자신이 말할 사항을 체계적으로 구성하여 실제 연설에 도움을 줄 수 있도록 준비하는 것이 필요하다. 청중에 따른 화제의 선택은 연설의 목적에 부합하여 자신만의 아이디어를 구체화시킬 수도 있다. 준비된 내용은 자신의 논거를 전개하는 데 있어 청중의 호응을 얻어내는 요소가 될 수 있다. 연설의 내용을 구성하는 원리는 다음과 같다.

13.3.1. 정보성

연설은 새로운 정보를 전하고 이해하며, 이미 알고 있는 정보를 바탕으로 새로운 정보를 보충하여 확실하게 하는 과정이라고 할 수 있다. 정보를 전달하려고 할 때는 청중이 듣기에 새로운 것을 전하고 상대방이 잘 알지 못하는 것을 말하려고 한다. 그래서 오래된 것을 새롭게 보는 방법, 또는 새로운 것을 찾는 방법, 예전에 알고 있던 이론이거나 친숙한 것이라도 완전히 이해되지 않은 것 등을 말하게 된다. 또는 청중이 인지하지 못한 것이나 잘못 이해한 사건에 대해서도 이야기한다. 다음은 연설의 정보성을 갖추기 위해 고려해야 할 요소이다.

① 정보의 양

정보를 전달할 때에는 청중이 한 번에 받아들일 수 있는 정도의 정보로 양을 제한해야 한다. 예를 들면, 두 개의 새로운 항목에 대해 말하게 된다면 그 내용을 설명하고 그것과 관련된 구체적인 예를 비유나 그림으로 설명하는 것이 무조건적으로 다섯 개의 항목을 늘어놓는 것보다 낫다.

> (5) 필라델피아는 전 세계에서도 가장 크고 아름다운 도시 가운데 하나가 되었습니다. 필라델피아의 면적은 밀워키와 보스톤, 파리, 베를린을 모두 합친 것과 맞먹는 넓이 입니다(Carnegie, 1937).

하나의 정보를 제공하게 되면 거기에 대해 부연 설명하거나 상대방과 상호교류가 될 수 있도록 하는 것이 많은 양의 정보를 제시하는 것보다 효과적이다.

② 관련성

청중들은 자신에게 필요하거나 자신이 가지고 있는 목적에 도움이 된다고 생각하는 정보만 기억한다. 강의 내용에 대해서도 시험을 보거나 학업에 관련된 것만 유용하다고 평가하는 학생들처럼 청중들도 자신의 관심과 관련된 정보를 주로 기억한다. 그러므로 청중이 자신의 연설에 집중하도록 만들고자 한다면 청중의 욕구, 필요, 목표와 관련되게 해야 한다.

③ 적절성

청중은 연설자가 적정한 수준에서 이야기할 때 최적의 정보를 얻게 된다. 너무 간단하면 지루하게 여기고 너무 철학적으로 이야기하면 혼란스러워 이해하지 못할 수도 있다. 청중들은 연설을 한 번만 듣고 연설의 내용을 이해해야 하기 때문에 전문적인 용어를 사용하는 것은 청중을 호응을 얻는데 도움이 되지 않는다. 문어체보다는 구어체를 사용하고 실생활에서 사용하는 이해하기 쉬운 어휘를 선택하여 말하는 것이 청중이 연설에 공감할 수 있게 만든다.

④ 신정보에서 구정보로

청중들은 이미 알고 있는 것에 대해서는 쉽게 받아들이고 오랫동안 기억한다. 그러므로 새로운 정보를 제공할 때에는 것을 오래된 것으로 연결시켜 설명한다. 낯선 것에서 친숙한 것으로, 경험하지 못한 것을 경험한 것으로, 맛보지 못한 것에서 맛본 것으로 설명하는 것이다. 듣고, 보고, 말해보고, 맛보고, 느낄 수 있도록 여러 가지 감각을 이용하여 새로운 정보를 강조한다면 청중들은 오래도록 기억에 남길 수 있을 것이다. 한 번도 경험하지 못한 것이라고 하더라도 이러한 방법을 통해 청중들은 이해하게 될 것이다.

⑤ 추상성

연설의 내용이 너무 추상적이거나 너무 구체적이지 않도록 한다. 출판의 자유에 대해 연설을 할 경우 추상적인 예를 들어 이야기할 수 있다. Carnegie(1937)에서는 공공의 정보 획득의 중요성에 대해 언급하면서 출판의 자유에 대해 이야기할 수 있지만, 권리장전을 예로 들거나 민주주의의 보존을 위한 출판의 자유를 관련지어서 이야기 할 수 있다고 하였다. 이런 예들은 비교적 높은 수준의 추상성에서 말할 수 있는 것이다. 출판의 자유를 구체적인 사례를 들어 이야기할 수도 있다. 지방신문이 시의회의 비판적인 기사를 연재하는 것에 대해 어떻게 정지당했는지, 시장에 대해 비판적인 글을 쓴 기자가 왜 해고되었는지 등은 아주 구체적인 예이다. 구체성이 결여된 높은 수준의 추상성이나 추상성이 완전히 결여된 구체적인 것은 추상적인 것과 구체적인 것을 적절히 섞어 병용하는 것보다 효과적이지 못하다.

12.3.2. 논리성

대중 연설의 논리적인 측면을 구성하는 것은 증거를 나열한 추론과 결론이다. 연설에서의 추론은 증거를 기초로 하는 결론을 얻기 위한 과정이다. 예를 들어 대학 졸업자가 대학을 나오지 않은 사람보다 돈을 더 많이 벌기 때문에(증거), 영이와 철수가 돈을 잘 벌기 위해서는 대학에 가야 한다(결론)는 추론이 만들어질 수 있다.

같은 논리가 연설을 구성하는 데에도 유용하다. 연설자가 연설문을 만들고 청중이 연설을 받아들이고 거기에 반응하고 그 내용을 비판하고 평가하는 데에 있어서 이와 같은 원칙이 적용될 수 있다. 부적절한 증거, 구태의연한 사고와 같은 내용은 말하는 사람이 언급하지도 않을 것이고, 청중은 반응하지도 않으며, 비평가는 매우 부정적인 평가를 할 것이다.

12.3.3. 감동성

청중의 감성과 심리적인 면에 호소하는 방법은 상대방을 설득하는 강력한 수단이 된다. 한 예로 1968년 케네디 대통령이 인디아나폴리스의 흑인 거주 지역에서 연설을 하기 몇 시간 전에 흑인 인권운동가 마틴 루터 킹 목사가 백인에 의해 암살되었다. 흑인들의 분노를 걱정한 주변 사람들은 연설을 만류했지만, 그는 오히려 다음과 같은 성공적인 연설을 했다.

> (6) 여러분은 지금 분노로 들끓고 있습니다. 저는 여러분에게 한 마디만 꼭 말씀드리겠습니다. 저도 여러분과 똑같은 감정을 느끼고 있다는 것입니다. 제 가족도 암살당했습니다. 암살범은 백인이었습니다.(Carnegie, 1937)

청중의 감성을 자극하는 이 말을 통해 케네디는 청중들의 열렬한 호응을 이끌어냈다. 이와 같이 청중의 감성을 자극하는 것은 상대방을 설득하는 강력한 무기가 된다.

심리적인 호소는 청중의 욕구와 갈망에 직접적으로 호소해야 한다. 심리적인 호소는 동기부여와 관련된 것이고, 사람들이 가진 특정한 행동이나 삶의 방법을 강화시키거나 개발하거나 변화시키게 하는 힘에 중점을 둔다.

청중의 호응을 얻어내는 심리적인 호소 중에서 특히 청중에게 구체적인 동기를 부여하는 방법이 대중 연설에서는 유용하게 활용할 수 있는 요소이다. 사람들은 일반적으로 생리적 욕구-안정의 욕구-사회적 욕구-존중의 욕구-자아실현의 욕구를 단계적으로 갖는다. 그러므로 청중의 욕구 수준이 무엇인지 결정한 후에 이와 같은 욕구의 단계에 맞추어서 어떤 수준이 청중을 자극하고 동기부여할 수 있는지를 고려해야 한다.

사람들에게 있어서 동기부여의 요소는 개별적으로 기능하기 때문에 청중에 대한 관찰과 분석이 연설을 성공적으로 이끄는 데에 중요한 요인이 된다.

12.3.4. 진실성

진실성은 자기 자신이 연설자로서 얼마나 신뢰할 만한가를 평가하는 요소이다. 청중은 연설에 내용에 포함되어 있는 논쟁이나 증거, 또는 연설자가 제시한 동기부여에 대한 호소와는 별개로 연설자의 진실성을 판단한다. 청중들은 연설자가 누구냐에 의해 믿거나 믿지 않는 것이지 연설자가 말한 내용에는 크게 좌우되지 않는다.

링컨이 1858년 일리노이 남부에서 한 연설은 자신의 노예제도 폐지론에 대해 반대하는 사람들을 자신의 지지자로 만든 유명한 연설이다. 마음을 담은 진실한 이야기는 적을 친구로 만들 수 있는 힘을 발휘한다.

> (8) 일리노이 시민 여러분, 켄터키 시민 여러분, 미주리 시민 여러분, 저는 여러분 중의 한 사람으로서 여러 분의 마음을 이해한다고 믿습니다. 여러분도 저의 마음을 이해한다고 믿습니다. 여러분이 저를 이해하신다면 제가 여러분에게 피해를 주려는

사람이 아니라는 것도 아시게 될 것입니다. 우리는 친구입니다. 저는 여러분과 같이 겸손하고 평화를 사랑하는 시민으로서 누구의 권리도 침해하지 않을 것입니다. 용기 잇는 시민 여러분, 저의 말에 귀 기울여 주십시오. 친애하는 여러분, 친구로서 생각해 봅시다. (Carnegie, 1937)

청중이 화자에 대해 갖는 믿음의 질을 화자의 신뢰도라 한다. 화자의 신뢰도에 영향을 미치는 요소는 두 가지 정보에 의해 구성될 수 있다. 첫째는 화자에 대해 청중이 이미 알고 있는 화자의 평판이다. 이를 최초의 신뢰도 또는 비본질적인 신뢰도라고 한다. 다음은 화자가 실제 말한 내용, 목소리, 외모, 행동 등 그를 평가할 수 있는 요소들이 또 다른 화자의 평판을 결정하는데 이를 본질적인 신뢰도라 한다. 이 두 가지 요소가 결합하여 화자의 신뢰도를 결정하게 된다.

화자의 본질적인 신뢰도를 구성하는 세 가지 요소는 능력, 성격, 카리스마이다. 화자의 능력은 지적인 정도와 연설하는 내용에 대한 전문성을 말한다. 그러므로 화자는 구체적인 증거와 다양한 경험을 바탕으로 청중에게 확신을 줄 수 있도록 연설의 내용을 구성해야 한다.

화자의 성격은 청중을 대하는 화자의 의도와 관심으로 평가된다. 대개의 사람들은 화자는 진실하며 정직한 사람이라고 믿는다. 청중이 화자가 가지고 있는 도덕적인 품성을 인지한다면 청중은 화자를 신뢰할 수 있게 될 것이다.

카리스마는 청중에게 보이는 화자의 인간성과 역동성이 만들어내는 것이다. 청중은 쌀쌀맞거나 수줍어하는 화자보다는 우호적이고 유쾌한 화자를 선호하고 신뢰한다. 또한, 사람들은 일반적으로 역동적인 화자는 개방적이고 정직할 것이라고 생각하고, 수줍음이 많은 사람은 뭔가 숨기고 있다고 생각하기도 한다. 그러므로 상대방에게 호감을 주는 연설자가 되려면 청중들과 인간적으로 가까워질 수 있는 화자가 되어야 한다.

연설은 화자에 비해 다수의 청자가 존재하는 화법의 유형이므로 특히 주의해야 할 부분은 상호적인 교류이다. 비록 대화처럼 자유롭고 빈번한 교류가 어렵다고 할지라도 화자는 청중 한 사람 한사람에게 초점을 맞추고자 하는 노력이 필요하며 청중들의 관심을 잃지 않도록 해야 한다. 또한, 청중들도 자신으로 인해 전체적인 의사소통에 방해가 되지 않도록 하는 적극적인 참여자가 되어야 한다.

1. 다음에 제시하는 주제를 바탕으로 정보전달 연설을 하고 청중은 그
   연설에 대하여 평가해 보자.

   (1) 대학 신입생에게 학교생활에 도움이 될 만한 정보 제공
   (2) 전공을 결정하기 위해 고민하는 후배에게 자신의 전공에 대한
       정보 제공

평 가 항 목	점 수
상황에 맞게 연설의 방식을 정하고 준비하였는가?	1 2 3 4 5
청중을 고려하여 주제를 정하였는가?	1 2 3 4 5
연설의 목적을 이루었는가?	1 2 3 4 5
전체 짜임이 자연스러운가?	1 2 3 4 5
주제와 관련된 적절한 예를 제시하였는가?	1 2 3 4 5
내용에 논리적인 비약이나 근거 없는 주장은 없었는가?	1 2 3 4 5
적절한 어법과 어휘를 사용했는가?	1 2 3 4 5
언어 예절을 지키면서 연설하였는가?	1 2 3 4 5
비언어적 요소가 자연스럽게 사용되었는가?	1 2 3 4 5
청중의 반응을 살피며 말하였는가?	1 2 3 4 5

2. 다음에 제시하는 주제를 바탕으로 설득하는 연설을 듣고 그에 대한
   평가를 해 보자.

   (1) 인터넷 실명제 실시에 대한 주장
   (2) 인간복제의 위험성에 대한 연설
   (3) 학생회장 후보로서 지지를 부탁하는 연설

평　가　항　목	점　수
상황에 맞게 연설의 방식을 정하고 준비하였는가?	1 2 3 4 5
청중을 고려하여 주제를 정하였는가?	1 2 3 4 5
연설의 목적을 이루었는가?	1 2 3 4 5
전체 짜임이 자연스러운가?	1 2 3 4 5
주제와 관련된 적절한 예를 제시하였는가?	1 2 3 4 5
내용에 논리적인 비약이나 근거 없는 주장은 없었는가?	1 2 3 4 5
적절한 어법과 어휘를 사용했는가?	1 2 3 4 5
언어 예절을 지키면서 연설하였는가?	1 2 3 4 5
비언어적 요소가 자연스럽게 사용되었는가?	1 2 3 4 5
청중의 반응을 살피며 말하였는가?	1 2 3 4 5

3. 다음에 제시하는 주제를 바탕으로 설명하는 연설을 듣고 평가해 보자.

    (1) 대학 문화의 본질
    (2) 남성과 여성의 차이점

13. 면접

화법의 여러 유형 중 어렵고 힘들게 여겨지는 대표적인 예가 바로 면접이다. 면접은 특정한 개인 또는 집단과 직접 접촉하여 교류를 하는 것이다. 넓은 범위의 면접은 대개 조사나 진단, 시험, 취재 등을 위해 필요한 정보를 수집하거나 또는, 이 과정이 피면접자에게 주는 효과를 통해 치료 또는 설득하는 것을 목적으로 이루어진다. 기자가 취재를 위해 하는 인터뷰나 정신과 의사가 치료를 위한 목적으로 환자와 나누는 이야기도 넓은 의미에서는 면접이다. 그러나 일반적으로 면접이라고 하면 입학이나 입사 등을 위해 이루어지는 것이며, 이 장에서는 입사를 전제로 해서 이루어지는 면접에 제한하여 살펴보고자 한다.

면접은 구술시험 또는 인물시험이라고도 하며, 면접시험은 면접자의 잠재적인 능력이나 창의력 또는 업무 추진력, 사고력 등을 알기 위해 실시하고 있다. 한국경영자총연합회, 한국능률협회나 상공회의소 조사에 따르면 최근의 추세는 면접시험이 성적시험을 압도하는 경향이 있을 정도로 중요한 평가항목이 되고 있다.

성공적인 면접을 위해서는 면접의 목적을 기억하고 면접에 대비하여 준비를 해야 한다. 무슨 질문을 받을 것인가를 예상해보고 최선의 대답을 하기 위한 준비는 면접자가 준비해야 할 필수적인 것이다.

이 장에서는 면접을 하기 전에 준비해야 할 요소는 무엇이며 실제 대기업에서 이루어진 면접의 상황을 살펴보면서 자신의 능력을 가장 잘 보여줄 수 있는 방법에는 어떤 것이 있는지 찾아보기로 한다.

13.1. 면접을 위한 기초 준비

면접을 위한 기초 준비로 필요한 것은 지원회사에 대한 충분한 사전지식이다. 회사의 연혁, 회장 또는 사장의 이름, 그의 출신학교, 그의 전공과목, 회장 또는 사장이 요구하는 신입사원의 인재상, 회사의 사훈, 경영이념, 창업정신, 회사의 대표적인 상품과 특색, 업종별 계열회사의 수, 해외지사의 수와 그 위치, 신개발품에 대한 기획 여부, 자기 나름대로의 그 회사를 평가할 수 있는 장단점, 회사의 잠재적 능력개발에 대한 제언 등등의 조사를 해 두어 성의 있게 면접에 임하는 자세를 보여줄 수 있는 것이 필요하다.

> (1) A: 우리 회사의 사업 환경에서 개선해야 할 점이 무엇이라고
>   생각합니까?
>   B: ○○은 글로벌화에 소홀했다고 생각합니다. 앞으로 고추장,
>   비빔밥 등 전통메뉴를 개발해 우리 맛을 세계에 알리기 위
>   해 노력해야 할 것입니다.
>
> (조선일보 2004. 11. 5.)

(1)에서와 같이 기업의 장·단점 질문에 대한 준비는 가장 기본적인 것이므로 사전에 조사해두고 말할 내용도 연습해 두는 것이 좋다.

면접하는 날 아침에는 인터넷이나 신문의 새로운 정보를 읽고 가는 것

이 좋다. 시사적인 문제에 대해 질문을 받게 되는 경우 당황해서 답변을 하지 못하는 일이 없도록 평소에도 신문은 꼼꼼하게 읽어 두는 것이 좋다.

면접하기 전 날에는 충분한 수면을 취하여 밝은 표정을 만들도록 한다. 잠을 못자서 충혈된 눈이나 피곤해 보이는 안색은 좋은 인상을 주기 어렵다. 특히, 사람들은 상대방의 첫인상을 통해 사람을 평가하는 경향이 있으므로 호감을 줄 수 있도록 좋은 첫인상을 만들기 위해 노력해야 한다.

13.2. 면접과 첫인상

면접은 나에 대해 설명하는 말하기다. 사람들이 처음 만났을 때 가장 중요한 것은 최초의 5분간이라고 한다. 이 시간 동안 형성된 인상은 계속 지속되며, 그 다음에 따라 오는 행동에 의해 한층 더 그 느낌이 강해지기도 한다. 얼굴은 사람을 볼 때 대개 처음 보게 되는 곳이기 때문에 다른 사람과의 관계 형성에 있어서 상당히 중요한 역할을 한다.

Allport(1950)의 대인 지각이론에 의하면 사람을 만났을 때 그 사람에 대한 인상이 결정되는 것은 처음 30초라고 한다. 이 시간 안에 결정된 인상은 그 다음에도 지속적으로 영향을 끼치게 된다고 한다. 일반적으로 사람들은 노력은 덜 들이면서 결론에 이르려는 인지적 구두쇠의 성향을 지니고 있는데 이러한 경향이 사람을 평가하는 데에도 적용되어 상대방이 커다란 변화를 일으키지 않는 한 첫인상에 의한 평가를 크게 변화시키지 않는다. 이밖에도 누군가를 처음 만났을 때 상대의 부정적인 특성이 그 사람을 평가하는 데에 더 많은 영향을 준다는 부정적인 효과와 먼저 제공된 정보가 나중에 제공된 정보보다 우선한다는 초두 효과 등은 면접에서 첫인상이 얼마나 중요하게 영향을 끼치는지 잘 알려주는 내용이다.

면접에서 가장 중요한 것은 자신감이다. 자기 자신에 대한 믿음에서 오는 자신감은 자만하거나 건방진 것과는 다르다. 면접관은 수험자의 태도 중에서 어떤 일이든 간에 자신감을 가지고 임할 준비가 되어 있는가를 먼저 살핀다. 면접관의 질문에 대해서도 모르는 것은 확실하게 모른다고 대답하는 용기가 필요하다. 그러나 '모른다'에서로 끝나는 것이 아니라 상황에 맞는 나름대로의 답을 찾아서 대답하는 태도를 보여야 한다. 가장 좋지 않은 태도중의 하나가 '난 모릅니다. 그리고 다른 방법을 찾아볼 수도 없습니다.'와 같은 태도이다. 우물쭈물 얼버무리거나 모르면서 아는 척하는 것은 오히려 좋지 않은 결과를 가져온다. 기본적인 업무능력도 중요하기는 하지만, 실제로 직장생활에서 경험하게 되는 어려움들은 업무적인 능력이 부족하다기보다는 자신감이 없어서 해보려고 도전하지도 않는 것이 스스로를 힘겹게 하는 일이기 때문이다.

좋은 첫인상을 위해 고려해야 하는 일은 다음과 같다. 건강하게 보이는가, 복장은 청결하고 단정해 보이는가, 단정한 몸가짐을 가지고 침착해 보이는가, 기업이 요구하는 신선한 감각과 발랄한 에너지를 가지고 있는가, 타인과의 협조성은 어느 정도인가, 너무 이기적이거나 직설적이지는 않은가, 경솔하지 않은가, 대화할 때 발음이 명료하고 성량이 알맞은가, 상대방에게 호감을 주는 편인가 등의 요소를 고려하여 밝고 청결한 인상을 주도록 노력해야 한다.

13.3. 면접과 자기소개

자신이 스스로 자기 자신을 다른 사람에게 알리는 말하기가 자기소개이다. 우리가 자기 자신을 소개하는 상황의 인간관계는 크게 두 가지로 나누어 볼 수 있다. 하나는 공적인 관계이고 다른 하나는 사적인 관계이다. 공적인 관계에서는 자신이 어떤 인격과 능력을 가지고 있는 사람인지 알려야 하는 경우이고, 사적인 관계에서는 상대방과 새로운 인간관계를 만들거나, 자신에 대한 더 많은 정보를 공개함으로써 상대방과 좀더 친밀한 관계를 유지하려는 목적을 가지고 있을 경우이다.

이와 같은 상황을 고려해 볼 때, 자기소개의 목적은 크게 세 가지로 나누어진다. 첫째, 상대에게 자신이 어떤 사람인지 분명하기 알리기 위해 자신을 소개할 수 있다. 둘째, 회사나 단체에 입사하기 위해 면접에 임하는 경우 자신이 그 일에 적합한 사람이라는 것을 알리기 위해서도 자신을 소개한다. 셋째, 다른 사람의 관심을 끌기 위해서거나 좋은 인상을 심어주기 위해서도 자기소개를 할 수 있다.

일반적으로 사람들에게 자기소개를 할 때 어떤 방법으로 말하는가를 질문하면 '생각나는 대로, 특별한 방식 없이, 또는 적당히' 이야기 한다고 말한다. 자기소개의 내용에 대해서도 '우선 이름과 소속을 말하고 그 다음에 취미나 가족관계' 등을 말한다고 이야기한다.

그런데 자기소개의 내용을 구성하는 요소들인 이름이나 소속, 자신의 장·단점이나 생활신조 같은 상투적인 구성으로는 사람들에게 특별한 인상을 주기 어렵다. 효과적으로 자신을 소개하기 위해서는 다른 사람과 구별되는 나만의 방식을 가지고 있어야 한다.

자기를 효과적으로 소개하는 기본 유형이 있는데 이 유형은 다섯 가지 요소로 이루어진다.

    (1) 효과적인 자기소개 내용
      a. 인사
      b. 이름
      c. 내용
      d. 이름
      e. 인사

　(1)에 의하면 효과적인 자기소개를 하고자 할 때에는 필요한 내용이 매우 간단하다는 것을 알 수 있다. 첫 만남에서 가장 중요한 것은 상대방이 나를 기억하게 하는 것이다. 맨 처음과 마지막에는 인사를 하여 산뜻하고 예절바른 사람의 인상을 심어주도록 하는 것이 필요하다. 또한 상대방이 나를 기억하는 것이 가장 중요하므로 자신의 이름을 잊지 않도록 중점적으로 이야기할 내용의 앞뒤에 한 번씩 말하여 친숙하게 느낄 수 있도록 하는 것이 좋다. 자신에 대한 가장 중요한 내용은 전체 내용의 중심에 오도록 하고 자신의 장점이나 단점, 자신의 삶에 영향을 끼친 사건이나 경험, 감명 깊게 읽은 책이나 존경하는 인물, 생활신조, 성장과정, 가족관계, 성격, 취미나 특기 등의 요소를 넣어 자신이 어떤 사람인지 간단하게 언급하도록 한다.

　(1)에서 제시한 방법은 여러 방송 프로그램에서도 효과적으로 이용하고 있다. 특히 스탠딩 코미디라고 불리는 프로그램에서는 코미디언이 사람들을 웃기려는 목적도 가지고 있지만 자신을 알리려는 목적도 있으므로 (1)의 방법을 사용한다. 코미디언은 나오자마자 관객을 향해 인사를 하고 자신의 이름을 말한다. 그리고 준비해 온 코미디 내용을 이야기 한다. 그 다음에는 다시 관객을 향해 "지금까지 ○○○이었습니다."라고 자신의 이름을 말하고는 마무리 인사를 한다. (1)에서 제시한 방법은 자기소개뿐만 아니라 연설을 할 때도 기억해두면 유용하게 사용할 수 있는 방법이다.

　자신을 소개할 때에는 다른 사람을 소개하는 것과는 다르기 때문에 자신에 대해 꾸밈없이 솔직하고 진실해야 한다. 또한, 너무 길게 자신의 이야기만 하는 인상을 주지 않도록 간단명료하고 기억에 남도록 소개하는 것이 필요하다. 또한, 상대방과의 관계를 고려하여 소개할 내용을 짜임새 있게 구성하고, 자신만의 특징을 구체적으로 설명하여 상대방이 자신에 대해 호감을 가질 수 있도록 해야 한다. 특히, 지나친 자기 자랑이나 자기 비하는 상대방을 부담스럽게 하는 내용이므로 주의해야 한다.

(2) 안녕하세요. 저는 이유리라고 합니다. 저는 보석 같은 사람입
    니다. 사람들이 자신의 가치를 높이고 싶을 때 사용하는 것이
    보석입니다. 저는 세상을 더 가치 있게 만드는 보석 같은 사람
    입니다. 보석은 영원히 아름답습니다. 전 그 영원한 아름다움
    의 소유자입니다. 오늘도 싫증나지 않는 보석이 되기 위해 열
    심히 갈고 닦습니다.

(2)의 자기소개는 보석에 자신을 비유하여 소개하고 있다. 그런데 "저는
보석 같은 사람입니다."와 같이 표현이 너무 단정적이면 듣는 사람에게
거부감을 일으킬 수 있다. 이보다는 "저는 보석과 같은 사람이 되고자 노
력하는 사람입니다."와 같이 바꾸어 말하면 같은 내용을 거부감 없이 전
달할 수 있다.

또한, 내용이 너무 추상적이어서 구체적으로 그 사람이 어떤 사람인지
알기가 매우 어렵다. 자신과 보석을 동일시하는 것은 자칫 외형적인 아름
다움만을 강조하는 외모 중심적인 사고처럼 보일 수도 있다. 구체적으로
아름다운 보석처럼 빛나는 사람은 어떤 사람을 가리키는 것인지, 자기 자
신은 보석처럼 빛나기 위해서 어떻게 노력하고 있는지를 구체화하는 것
이 필요하다.

(3) 김형석이라고 합니다. 저에 대해서는 그다지 말씀드릴 것이 없
    습니다. 앞으로 시간을 두고 차차 알아가는 것이 좋겠습니다.
    그래야 저의 참 모습을 알게 될 테니까요.

자기 자신을 상대방에게 소개할 때 "저는 미스터 김입니다." 또는 "저
는 김입니다."처럼 성씨만 말하는 것은 자신을 지나치게 낮추는 것이며,
상대방을 당황하게 만드는 행동이 된다. 소개할 때는 자신의 성과 이름을
분명히 밝혀야 하며 상대방이 자신을 기억할 수 있도록 메시지를 구성하

여 전하는 것이 좋다. 남성 중에는 간혹 "김철수올시다.", "김철수라고 하오."와 같은 말투를 사용하는 경우도 있는데, 이와 같이 옛 말투의 느낌이 나는 표현은 장난스럽게 하는 경우가 아니라면 거만한 인상을 줄 수 있으므로 삼가는 것이 좋다.

아무 말 없이 악수만 하는 행동도 상대방을 당황하게 만드는 것이 되므로 "만나 뵙게 되어 반갑습니다." "말씀 많이 들었습니다." 등의 말을 하면서 소개를 하는 것이 좋다.

그러나 여러 사람 앞에서 자신을 소개할 때에 (3)처럼 말하는 것은 무성의하고 소극적으로 보이므로 자신감을 가지고 적극적으로 자신을 소개할 필요가 있다.

> (4) 안녕하십니까? 조문정이라고 합니다. 저는 무남독녀 외동딸로 부모님의 사랑을 많이 받고 자라났으며 성격이 좀 깔끔해서 거의 모든 일은 완벽하게 마무리하려고 합니다. 부모님께서 늘 배움을 중요하게 생각하셔서 어릴 때부터 많은 것을 배울 수 있었습니다. 그래서 지금까지 피아노와 첼로, 성악을 배우는 데 피아노와 성악은 여러 대회에 나가 상을 탈 정도로 실력도 뛰어나고 재능도 있어서 전공을 할까 하는 생각도 했었습니다. 또 부모님께서 여행을 좋아하셔서 미국 캐나다, 유럽, 동남아 등 세계 각국에 안 가본 나라가 없을 정도입니다. 혹시 편안한 해외여행을 할 계획이라면 정보를 드릴 수도 있습니다. 앞으로 도 저는 해외여행을 많이 해서 견문을 넓히고 싶습니다.

(4)는 은근히 자랑을 많이 하는 자기소개이다. 자기소개는 자기 자랑이 아니라 내가 어떤 사람인지 알리는 것이 주된 목적이므로 '나'에 대한 정보를 전달한다는 마음으로 이야기하는 자세가 필요하다. 내가 가진 장점을 말하는 것이 자기소개를 할 때에는 당연한 일이지만 너무 한 쪽으로만 치우치지 않도록 여러 가지 내용을 준비해서 말하는 것이 필요하다.

(5) 안녕하십니까? 제 이름은 김세은이라고 합니다. 한자로 하면
    세상 세자에 은혜 은자를 씁니다. 제 이름의 뜻을 풀이하면 온
    세상에 서로 배려하는 은혜로운 마음이 가득 찼다는 뜻입니
    다. 저는 늘 세상에 대해 따뜻한 마음을 가진 사람이 되고 싶
    습니다. 그런 사람이란 성실과 노력으로 자신의 능력을 보여
    주는 사람, 매사에 긍정적이고 밝게 일하는 사람, 다른 사람을
    먼저 생각함으로 상대방의 마음을 움직일 수 있는 사람, 만나
    면 만날수록 감동을 줄 수 있는 사람이라고 생각합니다. 이러
    한 신념은 지금까지 제가 살아오는 데에 있어서 삶의 방향을
    정하는 중요한 요소였습니다. 앞으로도 은혜롭고 따뜻하게 온
    세상을 감싸는 사람이 되고 싶습니다. 지금까지 김세은이었습
    니다. 감사합니다.

(5)의 예는 (1)에서 제시한 방법을 기초로 한 자기소개이다. 특히 자신의
이름의 한자 풀이를 통해 사람들에게 자신의 이름을 더 쉽게 기억할 수
있도록 하였고, 구체적으로 '따뜻하다'는 것의 의미를 풀어 설명함으로써
자신의 신념을 밝히고 있다.

처음 만나서 그 사람에 대한 첫인상을 결정하는 것은 매우 짧은 시간에
이루어진다. 그러나 첫인상의 효과는 특별한 계기가 없는 한 평생 지속되
는 것이다. 이런 점에서 주어진 짧은 시간 안에 자신에 대해 긍정적인 이
미지를 가질 수 있도록 간단하면서도 인상적인 방법으로 자기를 소개하
는 일은 매우 중요하다. 따라서 자기소개를 하는 상황은 즉흥적이지만, 자
기를 소개할 내용을 구성하는 것은 충분한 시간을 가지고 계획하고 연습
하는 것이 필요하다.

면접에서 이루어지는 자기소개는 취업 희망자가 그 기업에 필요한 인
재로서의 적합한지 여부를 판별하기 위해 이루어진다. 자기소개를 통해
대인관계, 조직에 대한 적응력, 성격, 인생관 등을 알 수 있으며, 성장배경
과 장래성을 가늠해 볼 수 있다. 뿐만 아니라 자신의 생각을 표현해 내는

능력까지 확인할 수 있다.

면접에서는 시간 제약이 있기 때문에 주어진 짧은 시간 안에 자신이 기억되도록 말하는 것이 필요하다. 구체적이면서도 간결하게 자신과 관련된 내용들을 요약해서 전달할 수 있어야 한다. 예를 들어 면접에서 1분 정도의 시간동안 자신을 소개해 한다면 요점만 말해야 한다. 흔히 A4 용지 1~2장 정도의 내용으로 자기소개를 한다면 약 5분 정도의 시간이 걸린다. 그러므로 주어진 시간 안에 자신에 대해 말할 수 있도록 요약한 내용을 연습하는 것도 필요하다. 자기소개서를 쓸 때는 성장과정, 자신의 성격 및 경력, 지원동기, 포부 등을 순서대로 쓰지만 주어진 짧은 시간에 이런 순서대로 말하기는 어렵고 이러한 자기소개서는 좋은 인상을 줄 수 없다. 그리고 요즘은 자기소개서를 쓸 때도 지원동기와 자신의 적성과 포부가 가장 먼저 나와야 하며, 자신의 성장과정이나 경력 등은 사이사이에 포함시키는 것이 더 좋은 인상을 주기 때문에 말할 때도 무엇을 먼저 이야기할 것인가를 정해서 준비하도록 한다.

자기소개서에 있는 내용 중에서 가장 중요한 핵심이 되는 내용만 주어진 시간 안에 말할 수 있도록 하는 것이 면접에서의 자기소개를 성공적으로 하는 방법이다. 특히, 다른 어떤 부분보다도 지원한 곳에 자신이 가장 적합한 인물이라는 것을 확신시키는 내용이 되도록 한다. 포부는 단순히 필요한 인물이 되겠다는 말보다는 업무에 대한 목표 성취나 자기 계발을 위해 어떤 계획을 가지고 있는지 구체적으로 언급한다. 자기소개 중간에 '그만하라'는 제재를 할 수도 있으니 중요한 내용을 가장 먼저 이야기한다.

자기소개를 하라고 하면 대개 시간이 흐르는 순서에 따라 이야기하는 경향이 있다. 태어나서부터 지금까지 있었던 일을 모두 말하는 것은 불가능할 뿐만 아니라 시간도 너무 많이 걸려서 제대로 자신을 소개할 수 없을 것이다. 면접관의 입장에서는 비슷한 내용의 자기소개를 셀 수도 많이 듣기 때문에 자기소개의 사례를 옮겨 놓은 것 같은 진부한 표현이나 너무 당연한 말 등은 피하는 것이 좋다.

> (6) 저는 서울 화곡동에 있는 병원에서 1975년 3월에 2남1녀의 막
> 내로 태어났습니다. 선생님이신 아버님은 엄격함과 자상함으
> 로 저희 형제들을 이끌어주셨으며, 어머님은 아버님의 완고함
> 을 부드러움으로 보완하면서…….

(6)은 지루한 자기소개의 시작이다. 어느 지역에서 태어났는지, 부모님
의 직업은 무엇인가 하는 것보다 더 중요한 것은 내가 어떤 능력을 가지
고 있으며 이 회사에 꼭 필요한 사람이라는 내용이다. '학생 때는 공부를
열심히 했습니다. 친구들과는 우정이 돈독합니다. 부모님께 효도를 하며
자랐습니다. 입사하면 열심히 하겠습니다.' 등 누구라도 할 수 있는 당연
한 말은 더 중요한 말을 위해 생략해 버리는 것이 좋다.

특별한 경력이 없다고 생각되면 다양한 활동을 소개하면서 어떤 것 하
나라도 좋은 인상을 줄 것이라는 막연한 생각은 자신을 올바로 이야기하
지 못하게 되는 요인이 된다. 면접에서 자기소개를 할 때에는 자신의 장
점과 능력을 이야기하는 것이 중요하지만, 주어진 시간이 짧기 때문에 군
더더기라고 생각될 만한 요소는 과감하게 생략하는 태도도 필요하다.

> (7) 대학에서 경험했던 과외활동으로는 광고 동아리, 여행 동아리
> 와 영어 회화반과 학과 학회활동 같은 일에 열심히 참여하였으
> 며, 통신모임으로는 이동통신 회사 경영사례 연구회에 소속되
> 었습니다. 이와 같은 다양한 동아리 활동을 통해서 얻은 지식
> 과 경험은 지금도 대학시절의 가장 큰 추억으로 남아있습니다.

또한, 말하다가 통신에서 사용하는 표현이나 은어 비속어 등이 자신도
모르게 튀어나오지 않도록 평상시 언어 습관에도 유의해야 한다. 친구들

과 대화할 때나 사용할 만한 언어 표현은 공적인 자리에는 어울리지 않는 표현일 뿐만 아니라 자신의 장점을 반감시키는 것이 될 수도 있다.

A4 용지 반 장 가량 말할 내용을 써보고, 보통 속도로 자신감 있게 읽어보는 연습을 해 본다. 말할 내용이 너무 많으면 자기도 모르는 사이에 말이 빨라져서 무슨 내용을 말하는지 알아듣기 어려워지기 때문에 핵심적인 것만 선택한다. 시간을 보면서 거울 앞에서 다섯 번 정도 연습하고, 원고의 양을 늘리거나 줄여 적절한 분량의 자기소개를 준비한다. 반복해서 연습해 보면 실제 상황에서 훨씬 더 여유 있게 자기소개를 할 수 있게 될 것이다. 시간을 정해준 면접에서는 그 시간보다 결코 길어서도 안 되지만 너무 짧아도 무성의하다는 인상을 줄 수 있으므로 주의가 필요하다.

자신을 가장 정확하게 그리고 적절하게 소개하려면 실제 상황을 고려하여 연습해 보는 것이 필요하다. 우선 자기소개는 자기 자랑이나 자기 비하가 아니라 상대방에게 '나'라는 사람이 어떤 사람인지를 알리는 정보전달의 목적을 가지고 있음을 알아야 한다. 자기소개는 일종의 자신이라는 상품을 파는 행위라고 할 수 있다. 구매자가 물건에 대해 신뢰하고 구매 후에도 만족할 수 있도록 상대방에게 자신에 관한 정보를 적절하게 제공할 수 있어야 한다. 자기소개는 '나'라는 상품을 다른 사람과는 차별된 자신만의 이미지로 전달할 수 있어야 한다.

소개하기는 의사소통과 관련된 언어의 기능 중에 정보전달의 기능과 친교의 기능을 수행하는 말하기 방법이다. 소개를 잘 한다는 것은 화자가 청자에게 정보를 충분히 전달했다는 것을 나타낸다. 또한, 사람과 사람 사이의 인간관계를 우호적으로 형성하여 친밀감을 갖게 할 수도 있다. 적절히 소개하느냐, 그렇지 않은가에 따라 그 사람에 대한 첫인상이나 신뢰도가 달라지기 때문에 주의가 필요하다.

13.4. 면접의 유형과 대응책

면접은 한정된 시간 내에 면접관 앞에서 자신의 능력을 최대한 이끌어
냄으로써 자신이라는 상품을 파는 것과도 같은 행위이다. 그러므로 기업
에 대한 연구와 자신에 대한 분석이 필요하며 면접에서 자신의 장점이 돋
보일 수 있도록 해야 한다. 면접은 일반적인 면접, 직무능력 평가 면접,
이색면접, 인터넷 면접 등 4가지 유형으로 분류되는데 실제 면접에서는
이 4가지 유형을 병행하여 실시하기도 한다. 그러면 면접의 각 유형의 특
징과 그에 다른 대응책에 대해 살펴보도록 한다.

① 일반적인 면접 유형

이 유형은 면접관과 응시자가 간단히 질의 응답하는 면접 방식으로 수
험생 한 사람을 불러 한 시험관이 개별적으로 질의 응답하는 것이 보편적
인 방법이다. 이 때는 이야기할 내용을 간결하게 정리해서 말하고 너무
일반적이고 당연한 대답이 되지 않도록 주의한다. 일반적인 면접은 면접
자의 수에 따라 다음과 같이 나눌 수 있다.

    (2) 일반 면접
      a. 단독(개인) 면접
      b. 집단 면접

단독(개인) 면접은 한 명의 면접자를 대상으로 이루어지는 면접인데 지
나치게 자기 자랑을 하거나 겸손이 지나쳐서 자기 비하의 말이 되는 등의
낭패를 당할 수도 있다. 짧은 시간 내에 ‘나는 이런 사람이라’라는 것을
충분히 보여줄 수 있어야 하므로 간단명료하게 자신의 장점과 단점을 요
약해 진솔하게 말해야 한다.

집단 면접은 시험관 여러 명이 수험생 여러 명을 한꺼번에 평가하는 방법으로 여러 명의 면접자를 동시에 비교하고 관찰할 수 있어 객관적인 평가가 이루어질 수 있다. 또한, 시간을 절약할 수도 있으며 여러 면접자의 특성을 비교하는 가운데 가장 최적의 인물을 뽑을 수 있다는 장점도 있어 기업에서 선호하는 방식이다. 집단 면접에서는 눈에 띄기 위해 혼자서 자기주장만 하거나, 다른 사람이 말할 때 한눈을 팔거나, 발언기회를 놓치고 당황하는 일이 없도록 한다.

② 직무능력 평가 면접

이 유형은 한정된 시간 내에 우수 인력을 가릴 수 있는 면접 방식이다. 면접자가 가지고 있는 능력을 주어진 시간 안에 충분히 발휘할 수 있도록 하는 것이 중요하다. 이 면접의 방식으로 활용되는 유형은 다음과 같다.

(3) 직무능력 평가 면접
  a. 집단토론 면접
  b. 프레젠테이션 면접
  c. 동료평가 면접
  d. 합숙 면접
  e. 무자료 면접

집단토론 면접은 전체 속에서 개인의 리더십, 판단력, 설득력, 협동성 등을 평가하는 것이다. 다른 사람을 깔보거나 또는 너무 위축되지 않도록 하며 지나치게 과격하게 논쟁을 하거나 흥분하여서 논지를 흐트러뜨리지 않도록 한다. 차분하게 자신의 소신에 따라 논리를 전개하고 다른 사람의 의견에 대해서도 귀 기울여주는 자세가 좋다.

프레젠테이션 면접은 문제해결 능력, 전문성, 창의성, 기본 실무능력 등을 관찰하는데 중점을 두는 면접이다. 주어진 주제에 대한 견해를 서론,

본론, 결론으로 나누어 조리 있게 설명하도록 하며 구체적인 예를 제시하거나 내용을 요약 등으로 이해하기 쉽게 말하도록 한다. 발표할 때에는 당당하고 자신감 있는 태도로 임한다.

동료평가 면접은 조직 적응도, 팀워크 등을 살필 수 있는 평가방식으로 다른 응시자들이 채점한 평가 점수를 보통 10% 정도 참고하여 면접 접수에 반영하기도 한다.

이와 유사한 것으로 합숙을 하면서 면접자의 인간적인 측면들을 평가하는 합숙 면접 방식도 있다.

무자료 면접(blind interview)은 기초 자료 없이 면접 응시자에게 질문을 던지는 면접 방식이다. 면접관은 면접자의 이름만 알고 지원자의 출신학교, 학벌, 학점, 가정환경 등에 대해 전혀 모르는 상태에서 단지 표준 질문서만으로 면접하는 방법으로 지원자에 대한 편견이나 고정관념 등에서 벗어나 지원자의 실력을 토대로 공정한 평가를 할 수 있는 면접 방식이다.

③ 이색적인 면접

이 유형은 기발한 방법으로 기업에서 원하는 사람을 찾는 면접 방식이다. 이와 관련된 방식은 다음과 같다.

   (4) 이색 면접
     a. 다차원 면접
     b. 자율복장 면접
     c. 현장 리크루팅 면접

다차원 면접은 장소를 이곳저곳으로 옮기며 다양한 장소에서 다양한 방법으로 자연스럽게 지원자를 파악할 수 있는 면접 방식이다. 놀이공원이나 사우나, 술집, 음식점 등 어떤 장소라도 면접 장소가 될 수 있다. 다양한 상황을 연출하여 그때그때 지원자의 행동과 말 등을 관찰하고 적극성, 추진력, 인간성 등을 평가하는 방식이다. 면접 장소가 자유로운 곳이 많기 때문에 편안하고 자유롭게 말하고 행동하되 지킬 것은 지킬 줄 아는 모습을 보여주는 것이 중요하다.

자율복장 면접은 디자인 관련 직종이나 서비스 관련 직종, 벤처기업에서 이루어지는 면접 방식이다. 자신의 이미지에 가장 적합한 패션을 연출하여 자신의 창의적이고 간각적인 능력이 잘 드러나도록 한다.

현장 리크루팅 면접은 취업 박람회에서 인재를 발견하는 즉시 실시하는 면접이다. 지원자의 발표력, 도전의식, 창의적인 사고력 등 평가하는 방법이다.

④ 인터넷 면접

인터넷 면접은 응시자의 인터넷 및 컴퓨터 사용능력을 체크하기 위한 새로운 면접 방식이다. 이에 속하는 방식은 다음과 같다.

    (5) 인터넷 면접
        a. 동화상 면접
        b. 채팅 면접
        c. 미니 홈페이지 면접

동화상 면접은 기업의 면접관과 지원자가 PC 카메라가 달려 있는 컴퓨터 앞에서 서로 질문하고 답변하는 방식으로 면접을 진행하는 것이다. 화상에 비춰지는 인상이 면접관에게 호감을 줄 수 있도록 하고, 한 문장의 말이 너무 길지 않도록 주의한다.

채팅 면접은 인터넷 채팅 프로그램을 이용하여 면접을 진행하는 방식이다. 그러므로 인터넷 실력은 지원자가 갖추어야 할 필수 자격 조건이 된다. 이 면접 방식은 쌍방의 커뮤니케이션이 가능하다는 것이 장점이다. 채팅을 통해 대화를 주고받는 중에 면접관은 응시자의 언어습관, 성격, 창조성 등을 평가하게 된다. 따라서 채팅이라고 해서 은어나 비속어를 사용하지 않도록 주의하고 참신한 어휘를 선택, 자신의 창의성과 개성을 보여줄 수 있도록 한다.

미니 홈페이지를 이용한 면접은 단순한 컴퓨터 활용 능력을 확인하는 차원을 넘어서서 IT 산업에 알맞은 창의성과 독창성을 가진 인재를 찾아내는 방법이다. 다음의 신문기사는 미니 홈페이지를 이용하여 면접이 이루어진 한 회사의 사례 중 일부분이다.

(6) 올들어 싸이월드를 업계 최고의 히트상품으로 성공시킨 SK커뮤니케이션즈(대표 유현오)은 신입사원 모집에서도 싸이월드의 '미니홈피'를 활용한 프리젠테이션 면접을 시행해 눈길을 끌었다. '미니홈피로 자기소개하기' 방법으로 시작된 1차 전형은 싸이월드의 다양한 서비스를 제대로 이해하고 있는가 또한 얼마나 독창적인 방법으로 자신을 표현할 수 있는가를 판단하기 위한 전형 방식이다. (중략) 면접은 서류 전형을 통해 1차로 선별된 지원자 134명을 대상으로 미리 전원에게 도토리 100개씩을 지급하고, 약 5일 동안의 준비 기간을 통해 진행됐다. 지원자들은 한 명씩 면접관들 앞에서 직접 자신의 미니홈피에 로그인하고 3분 동안 소개하는 시간을 통해 자신의 장점과 장래에 대한 포부를 밝힐 수 있는 기회를 가졌다. 2차 임원면접 대기시간을 활용해 진행된 '칭찬 파도타기' 프로그램은 싸이월드의 '1촌 파도타기'에서 제목을 차용한 것으로 동료와의 커뮤니케이션 능력을 자연스럽게 평가하기 위해 새로 도입된 프로그램. (중략) 이러한 전형 과정을 거쳐 총 30명의 신입사원이 선발됐는데, 이중 토익 점수가 아예 없는 4명, 다양한 인턴쉽 프로그램을 경험해 자질을 계발한 지원자, 미니홈피를 닮은 미니샵 서비스를 직접 졸업작품으로 제안한 지원자, 미니홈피의 새로

운 서비스인 페이퍼 및 온라인 미디어의 작가로 활동한 지원자
등 열정적이고 창의적인 인재들이 채용됐다. (이하 생략)

(머니투데이 2004. 12. 19.)

지원자들이 사전에 준비할 수 없는 이 같은 이색 전형을 실시함으로써
IT 환경에 필요한 순발력과 상황 대처능력을 평가하는 방법으로 활용할
수 있으며 기업에서 필요로 하는 인재를 쉽게 찾을 수 있는 방법이 되기
도 한다.

다음에 제시하는 내용은 2004년 11월 대기업에서 실시된 면접 절차이
다(www.jobkorea.co.kr).

기 업 명	면접 절차
삼성전자	임원면접→프레젠테이션면접→집단면접→영어면접
삼성 테크윈	임원면접→프레젠테이션면접→집단면접→영어면접
팬택큐리텔	1차 실무면접→2차 영어면접
KTF	1·2차 실무면접→3차 시뮬레이션면접(모의과제) →4차 임원면접
SK 텔레텍	실무면접→임원면접
SK 네트웍스	1차 토론면접→2·3차 인성면접
SK 텔레콤	팀장면접→임원면접(대졸신입은 집단면접)
SK(주)	토론면접→프레젠테이션면접→인성면접
CJ	임원면접→역량면접
(주) 포스콘	영어면접→임원면접(일대일면접)
현대·기아 자동차	영어시험→실무면접→임원면접
한국바스프	부서장·임원·외국인임원면접3차→영어면접
두산산업개발	관리자면접→사장면접→회장면접

표 1. 주요 대기업 면접 절차

<표 1>에서 살펴볼 수 있는 바와 같이 실제 면접 상황에서는 다양한 유형의 면접이 진행되고 있으며 면접이 차지하는 비중도 매우 높다는 것을 알 수 있다. 그러므로 면접자들은 기존에 치러졌던 면접 형태를 알아보고 절차와 답을 구성해 보는 연습이 필요하다.

13.5. 면접에서의 주의사항

대부분의 기업은 신규인력 채용 시 면접에 큰 비중을 두고 있다. 다양한 방식의 면접을 활용하여 원하는 인력을 선발하고 있어 면접자의 부담은 더 크게 늘었다. 취업의 최종관문인 면접을 성공적으로 치르기 위해서는 체계적이고 철저한 준비를 해야 한다. 면접처럼 극도로 긴장되는 상황 속에서 다양한 성격을 지닌 면접자 중에서 자신의 성격의 장점을 부각시키지 못하거나 단점을 너무 많이 드러내게 되면 좋은 결과를 기대하기는 어렵다. 그러므로 면접의 두려움을 극복하고 자신 있게 대처할 수 있는 방법들을 알아보고자 한다.

13.5.1. 준비사항

면접시간 전에 도착하여 마음을 가다듬고 준비하는 마음으로 기다린다. 대기실에서도 서성거리거나 다른 면접자들과 큰소리로 떠들지 말고 마지막 면접을 정리하는 자세를 유지하도록 한다.

자기 차례가 와 호명하면 '예'하고 또렷이 대답하고 들어간다. 문이 닫혀 있을 때에는 상대에게 소리가 들릴 수 있도록 노크를 한다. 대답을 듣고 나서 들어간다. 문은 조용히 열고 닫으며 공손한 자세로 인사를 한 후, 이름(수험번호)을 또렷이 대고 면접관의 지시에 따라 의자에 앉는다.

의자에 앉을 때는 의자 끝에 걸터앉지 말고 허리를 펴고 깊숙이 들여

앉는다. 남자는 무릎을 약간 벌리고, 여자는 붙이며 양손은 무릎 위에 가지런히 얹는다.

면접이 끝나고 일어설 때는 조용히 일어나, "감사합니다."라고 인사를 한다. 당당한 자세로 문 앞까지 가서 다시 목례를 하고, 조용히 문을 닫고 나간다. 면접관은 수험생이 일어서 나가기까지의 행동 하나하나를 관찰하고 있음을 잊지 말아야 한다.

13.5.2. 질의-응답 할 때

질의-응답할 때 상대방의 표정을 읽을 수 있도록 여유 있고 편안한 분위기를 갖도록 노력한다. 매우 긴장된 상황이므로 표정이 딱딱하게 굳을 수도 있으므로 면접 전날 웃는 연습과 표정관리를 반복하도록 한다.

지나친 긴장은 오히려 실수를 유발하게 만든다. 심호흡을 두세 번 해서 긴장을 조절하고 첫 번째 질문에는 당황하지 말고 약 간 간격을 두고 대답하면 마음이 안정된다. 긴장으로 인해 호흡이 막히거나 난처한 상황에 놓일 때는 "……습니다."의 말끝을 명확하고 힘차게 하는 것만으로도 얼굴 표정과 행동이 밝아질 수 있다. 말하는 요령은 평소보다 약간 느리다고 느껴질 정도로 천천히 말하도록 한다.

> (7) A: 우리 회사가 자네를 뽑지 않으면 반드시 후회할거라고 자신
>   할 수 있는 세 가지 이유를 한 번 대 봐요.
>   B: 첫째, 상대를 배려하는 태도입니다. 영업을 지원했기 때문
>   에 고객을 배려하는 마음이야말로 가장 중요하다고 생각합
>   니다. 그리고 끊임없이 배우려는 자세도 회사에 도움이 될
>   것입니다. 그리고 저는 근성을 갖추었습니다. 맡은 일에 대
>   해서는 반드시 철저한 마무리를 하는 것을 원칙으로 삼고
>   있습니다.

A: 영업 쪽에 지원한 이유가 있습니까?

B: 군대 가기 전에 우유를 돌리는 아르바이트를 했습니다. 우유를 돌리면서 고객에게 기쁨을 주는 일이 없을까 생각하다가 매일 아침 포스트잇에 '건강하세요'라고 적어 우유팩에 붙여보았습니다. 그랬더니 일주일 만에 고객들에게서 반응이 왔습니다. 집을 비울 때 넣지 말라거나, 고맙다는 내용을 써서 포스트잇에 붙이는 사람도 있었습니다. 그런 고객 감동을 실천하고 싶습니다.

(조선일보 2004. 11.5.)

(7)은 대졸 신입사원 면접의 과정 중 일부를 적은 것이다. 자신의 장점을 이야기 하고 아르바이트의 경험을 살려 입사 후에도 어떻게 모습을 보여줄 수 있는지 이야기하는 것은 구체적으로 자신의 생각을 전달할 수 있는 방법이 된다. 작은 경험에서 우러나오는 깨달음을 보여주는 것이 될 것이다.

면접과는 무관하다거나 답변이 곤란하다고 느껴지는 질문이라고 하더라도 재치 있게 자신의 생각을 전달할 수 있도록 한다.

(8) a. 스타 크래프트는 얼마나 했습니까?

b. 동전 세는 일을 시키면 잘 할 수 있습니까?

c. 종이에 자신의 목표를 그림으로 그린 뒤 이유를 설명해 보세요.

(8)의 질문은 면접과는 상관없는 것처럼 보이지만 실제 최근의 기업 면접장에서 이루어졌던 질문이다. 과거에는 지원 동기나 직업의식, 일반 상식 등에 국한되었던 기업의 면접 질문 유형이 많이 달라졌다. 기업은 주어진 상황에서 최선을 다할 수 있는 단순 인재보다는 뜻하지 않은 위기의 상황을 자신의 것으로 만들고 기회로 활용할 수 있는 창의적인 인재를 원하고 있다(잡코리아).

　면접관의 말이 다소 곤혹스럽더라도 중간에 표정을 바꾸지 않고 끝까지 듣는 진지함이 있어야 한다. 그리고 면접관이 말하려는 바가 무엇인지 순발력 있게 이해할 수 있어야 한다. 이를 위해서 평소에 될 수 있는 대로 자기보다 손위의 사람과 자주, 많이 대화할 필요가 있다.

　무엇을 묻고 있는지, 무슨 이야기를 하고 있는지 그 정확한 의도와 내용을 간파해야 답변이 가능하다. 요지 파악이 안 되었으면 그냥 넘어가거나 우물쭈물하지 말고 "죄송하지만 다시 한 번 말씀해 주시겠습니까?" 라고 정중히 요청한 다음 질문의 의미를 이해하고 대답하도록 한다.

(9) A: 여자 친구 있어요?
　　B: 있었는데 취업준비 때문에 바빠서 얼마 전에 헤어졌습니다.
　　A: 여자 친구와 중요한 약속이 있는데 과제 때문에 팀 미팅이 생겼다면 어떻게 하겠어요?
　　B: 일을 택하겠습니다. 여자 친구는 한 사람이니 화가 나도 풀어주기 쉽지만 팀 과제는 여러 사람에게 피해를 주게 되므로 팀을 택하겠습니다.
　　A: 한 사람과의 약속도 지키지 못하는데 여러 사람과 함께하는 일을 제대로 할 수 있을까요?
　　B: (우물쭈물) …….

　(9)와 같은 질문은 의도적으로 상대방을 곤란하게 하려는 질문이라서 대답을 하다가 머뭇거리게 될 수도 있다. 모든 질문에 대해 막힘없이 술술 대답하는 것은 오히려 부자연스럽기도 하다. 다만 잠시 생각할 기회를 갖더라도 전체적인 논리를 잊어서는 안 된다.

　면접관이 질문을 하는 데 손을 만지작거리거나 시선을 다른 데로 두거나 하면 매우 산만하게 보일 수 있다. 진지하게 듣고 있다는 표정을 나타내는 것이 필요하지만 면접관의 눈을 너무 뚫어지게 쳐다보지 않도록 한다. 자칫 집중하고 있는 시선이 도전적인 자세로 오해를 받을 수도 있기 때문이다. 가장 자연스러운 시선은 면접관의 눈과 이마를 보면서 이야기하면 시선 처리가 자연스러워질 수 있다.

자기의 의견이나 생각을 상대방에게 정확한 결론부터 밝혀야 이해가 쉽다. 그러므로 결론을 먼저 이야기한 다음 필요한 부연 설명을 하는 방법으로 대답하며 과장된 말투나 너무 큰 소리로 말하지 않도록 한다.

어려운 용어나 전문용어, 대학가의 은어, 사투리 등을 절제 없이 사용하면 면접관이 이해하기 어렵게 된다. 특히, 자기소개서를 '자소서', 학교·학점·토익점수를 지칭하는 용어로 쓰이는 '스펙' 등과 같이 면접을 준비하는 사람들 사이에서 사용하는 용어를 면접하는 도중에 사용하는 실수를 범하지 않도록 한다. 간단명료하고 일상적인 말로 쉽게 말하도록 하며 면접관에게는 올바른 경어를 사용하도록 평소에 경어를 쓰는 연습도 한다.

다음은 잡코리아(2004)에서 국내 기업체 인사 담당자 2158명을 대상으로 '면접 꼴불견 태도'에 대해 조사한 결과이다.

    (10) 면접 꼴불견 태도
        a. 예의 없는 태도의 지원자
        b. 면접 시간에 지각하는 간 큰 지원자
        c. 면접 장소에 어울리지 않는 화려한 옷차림
        d. 자신 없는 태도
        e. 질문과 상관없는 대답(동문서답)을 늘어놓는 지원자
        f. 자기소개를 자기 자랑인 줄 아는 지원자와 모범 답안 외워
          서 말하는 지원자

이와 같은 내용은 면접자가 가장 기본적으로 갖추어야 하는 부분이 어떤 것이지 다시 한 번 기억하게 해 준다. 기본에 충실한 면접자가 되어야 할 것이다.

무엇인가 주장이 분명하지 못하거나 논거가 부족할 때 말끝이 분명하지 않을 수 있다. 말끝을 흐리면 자신감도 없어 보이므로 주의한다. 말끝을 분명히 하면 다음 말을 이을 때도 훨씬 자신감이 생기고 마음도 안정될 수 있다. 말하는 속도에도 주의하여 너무 급하지 않게 한다. 긴장을 하거나 무엇인가 정리한 것을 시간 내에 전할 수 없다고 느껴질 때 말이 빨라지게 되는데 끝까지 침착함을 잃지 않으며 바른 자세를 지켜야 한다.

집안의 약점, 출신학교에 대한 나쁜 소문, 전공의 실용성 유무 등 민감한 부분을 건드리는 질문을 받으면 누구나 흥분하기 쉽다. 이 같은 질문으로 면접관은 감정조절과 표정관리를 어떻게 하는지 살피려 함으로 절대 흥분하지 않도록 한다. 질문 핵심에서 벗어난 답변을 했거나, 면접관으로부터 조소를 받을 정도로 분위기를 나쁘게 만들었다고 생각해도 포기하지 말고 끝까지 성실하게 최선을 다하는 모습을 보인다.

13.5.3. 면접 옷차림

면접 옷차림에서 기준이 되는 것은 면접관의 입장에서 옷차림을 결정하는 것이다. 면접관이 자신을 보면서 어떤 인상을 받을 것인가를 생각하면서 입을 옷을 결정한다. 편안한 인상을 선호하는 조직이라도 하더라도 면접의 상황에서도 편한 옷을 선택해서는 안 된다. 면접에서 첫인상을 결정하는 하나의 요소가 옷차림이다. 깔끔하고 단정한 인상과 신뢰감, 호감을 줄 수 있는 옷차림을 하며 지원하는 회사의 분위기에 맞춰 옷을 입는 것이 좋다.

남성의 옷차림은 다음과 같은 것이 좋다. 머리 모양은 약간 짧은 듯 하면서 단정하고 자연스럽게 한다. 셔츠는 흰색이 무난하지만 푸른색이나 베이지색 등 양복보다 밝은 색상을 선택하고 양복은 상하 한 벌이 바람직하고 감색 또는 회색계통으로 입는다. 넥타이는 양복 및 셔츠의 색상과 조화를 이뤄야 하며, 넥타이를 맬 때는 선 자세에서 벨트를 살짝 가리는

정도의 길이로 한다. 구두는 검정 색이 단정하고 어떤 색의 양복과도 무
난하게 잘 어울린다. 양말은 양복과 구두의 중간색이 적당하며, 흰색 양말
은 절대 피해야 한다.

　여성의 머리 모양은 커트나 단발스타일이 활동적인 직업여성의 이미지
를 줄 수 있으며 긴 머리의 경우에는 뒤로 묶고 앞머리는 눈을 가리지 않
도록 주의한다. 화장은 자연스럽고 밝은 이미지를 표현하며 의상은 차분
한 베이지나 회색, 감색의 단정한 스커트 투피스 정장이나 바지 정장이
좋다. 핸드백이나 구두, 스타킹 등도 옷과 같은 계열의 색으로 통일해서
사용하도록 한다.

　면접을 치를 때의 옷차림은 자신의 장점을 돋보이게 하는데 도움이 되
도록 하며 점차 옷 잘 입는 사람이 자기 관리도 잘 한다는 인식도 점차
확산되고 있으므로 주어진 기회를 충분히 활용할 수 있는 옷차림을 한다.

　이상 면접에 대해 살펴보았다. 면접은 특정한 목적을 가지고 질문하고
대답하는 기본적인 형식을 따르는 화법의 유형이다. 주어진 시간 안에 자
신이 가지고 있는 능력을 면접관에게 모두 보여주기는 어렵겠지만 끝까
지 최선을 다하는 성실한 자세로 면접에 임해야 할 것이다. 특히, 대부분
의 면접관들이 작은 부분도 놓치지 않고 세심하게 살핀다는 점을 기억하
여 동작언어 하나하나에도 주의를 기울이도록 한다. 자기 자신에 대한 믿
음과 철저한 준비와 노력이 면접을 성공적으로 마치게 할 것이다.

1. 두 사람이 서로 짝이 되어 면접관과 면접자가 되어 보자. 면접관으로부터 다음과 같은 질문을 받았을 때 어떻게 대답할 것인지 서로 번갈아 가면서 말해 보자.

1) 면접관: 이것만큼은 누구에게도 뒤지지 않는다고 자신하는 것은 무엇입니까?
면접자:

2) 면접관: 자신이 지원한 영업 부서가 아니라 다른 부서로 발령이 난다면 어떻게 하겠습니까?
면접자:

3) 면접관: 옆에 있는 지원자보다 자신이 더 잘 할 수 있다고 생각하는 부분은 무엇인가요?
면접자:

4) 면접관: 면접을 보기까지의 과정에 대해 설명해 보십시오. (준비를 위해 노력한 점)
면접자:

5) 면접관: 당신이 면접관이라면 무엇을 질문하고 싶습니까?
면접자:

3. 5분 동안 연습해 보고 1분 동안 자신에 대하여 소개해 보자.

평 가 항 목	점 수
상대에 맞게 소개할 내용을 알맞게 골랐는가?	1 2 3 4 5
순서를 정하여 소개하는 말하기를 했는가?	1 2 3 4 5
자신의 장점이 분명하게 드러나도록 말하였는가?	1 2 3 4 5
적절한 어법과 어휘를 사용했는가?	1 2 3 4 5
청중(상대방)의 반응을 살피며 말하였는가?	1 2 3 4 5

4. 5명씩 한 조가 되어 입사를 가정한 모의 면접을 해 보자. 면접의 준
   비과정과 모의 면접 과정에 대해 서로 평가해 보자. 면접에 있어서
   가장 중요한 요소는 무엇이라고 생각하는가? 모의 면접을 해 본 후
   각각 면접관의 입장과 면접자의 입장에서 말해 보자.

5. 다음의 기사를 읽고 바람직한 면접자의 모습에 관하여 서로 토론해
   보자.

> 집단 면접으로 사원을 뽑는 포스데이타에서의 인사담당자는 좋
> 은 인상을 남긴 입사 지원자에 대해 "면접 2시간 전에 면접장에 도
> 착해 같은 조원의 사기를 북돋고 자발적으로 사회를 맡아 의견을
> 조율한 구직자"라고 답했다. 또 오리온의 인사담당자는 "제품을 면
> 밀히 분석해 과자포장지까지 붙인 제품보고서를 만들어 제출한 지
> 원자"를 좋은 인상을 남긴 구직자로 꼽았다. (중략)
> 　이력서에 연예인 사진을 붙여 지원하거나 지나치게 '포토샵 성
> 형'을 한 지원자(세븐일레븐), 면접관이 입사지원서 내용을 토대로
> 질문하자 "내가 입사지원서에 그런 내용을 썼느냐"고 되물은 지원

자(오리온), 다른 기업에 지원했던 입사지원서를 그대로 복사해서
보낸 지원자(대우일렉트로닉스) 등은 인사담당자에게 좋지 않은
인상을 남겼다. 특히 입사 지원 후 가족이 전화를 걸어 부담을 주
거나(포스데이타) 회사와 개인 전화로 열흘가량 전화해 괴롭히는
(네오위즈) '막무가내형' 구직자를 최악의 구직자로 꼽았다.

(동아일보 2007. 01. 08)

14. 프레젠테이션

　모든 사람은 어떤 방법으로든지 자신의 생각을 전달하며 살아간다. 몸
짓으로 표현하던 것을 말과 글이라는 구체적인 방법으로 변형시킬 뿐 자
신의 의사를 표현해서 상대방의 반응을 유도해 내는 행위는 모두 프레젠
테이션이라고 할 수 있다. 곧, 프레젠테이션은 자신의 생각을 표현하는 의
사소통의 방법이다.

　초기의 프레젠테이션은 광고와 관련지어 광고기획사가 광고주에게 계
획서를 제출하는 일련의 행위를 가리키는 한정된 개념이었으나 최근에
와서는 그 의미가 훨씬 더 확장되어 사용되고 있다. 이제는 '프레젠테이
션'이라고 하면 파워포인트를 떠올릴 정도가 되었다. 사람에 따라서는 파
워포인트만 이용하면 모두 프레젠테이션이라고 하기도 한다. 확실히 파워
포인트는 프레젠테이션을 편리하게 할 수 있도록 도와주는 수단이다. 그
러나 파워포인트는 기술적인 것에 지나지 않는다. 곧, 선물의 포장에 불과
한 것이다. 아무리 좋은 포장이라고 하더라도 그 안의 내용물이 부실하면
제대로 된 선물이 될 수 없다. 프레젠테이션의 본질은 파워포인트를 얼마
나 능숙하게 다루느냐가 아니라 파워포인트를 이용하여 무엇을, 어떻게
말할 것인가 하는 것이다.

프레젠테이션은 발표자가 자신의 생각과 경험을 주어진 시간 안에 정학하게 전달해서, 발표하는 사람이 원하는 방향으로 상대방이 의사를 결정할 수 있도록 상대를 설득하는 의사소통의 방법을 지칭한다. 그러므로 프레젠테이션은 발표자가 청중에게 자신의 의사를 전달하기 위한 체계적인 행위로 정보전달의 수단이며, 설득의 수단이다.

이 장에서는 프레젠테이션을 하기 위해 필요한 요소들에 대해 살펴보고자 한다. 프레젠테이션을 준비하고 그 방법을 이해하는 과정을 통해 좀 더 능숙한 발표자가 되는 방법을 찾을 수 있을 것이다.

14.1. 프레젠테이션을 위한 준비

프레젠테이션을 하기 위해서는 기획, 구성, 발표로 단계를 나누어 준비를 해야 한다. 기획 단계는 어떤 목표와 목적을 가지고 어떤 내용을 어떤 사람에게 전달할 것인가를 결정하는 과정이다. 그리고 구성 단계는 디자인을 하는 단계로 기획 단계에서 결정된 내용을 가장 효과적으로 전달할 수 있는 방법을 생각하여 원고를 작성하고 슬라이드를 디자인하고 제작하는 과정이다. 발표 단계에서는 프레젠테이션 내용을 청중에게 직접 말로 전달하고 이해시키는 단계이다.

성공적인 프레젠테이션을 위해 가장 우선적으로 고려해야 할 사항은 어떤 목적을 가지고 프레젠테이션을 하는가이다. 프레젠테이션의 목적은 정보전달, 동기부여, 행동유발의 세 가지로 목적을 나눌 수 있다.

정보전달을 위한 프레젠테이션은 개인이나 조직이 가진 정보를 상대방에게 제공하는 것이 목적이다. <그림 1>은 강의시간에 자료로 활용하는 슬라이드의 한 부분이다. 강의 내용을 전달하는 방법은 정보전달 프레젠테이션의 대표적인 예가 될 것이다. 정보전달을 목적으로 하는 경우 일방적인 전달이 되지 않도록 주의해야 한다.

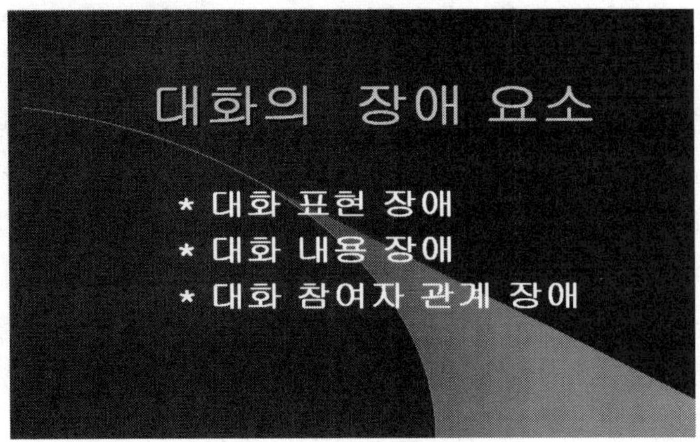

그림 1. 정보전달 프레젠테이션

동기부여를 목적으로 하는 프레젠테이션은 참석자들의 심리적인 태도를 긍정적으로 상승시키며 업무 능률의 향상이나 조직원 사이의 우호적인 관계를 통해 시너지 효과를 일으키는 것이다.

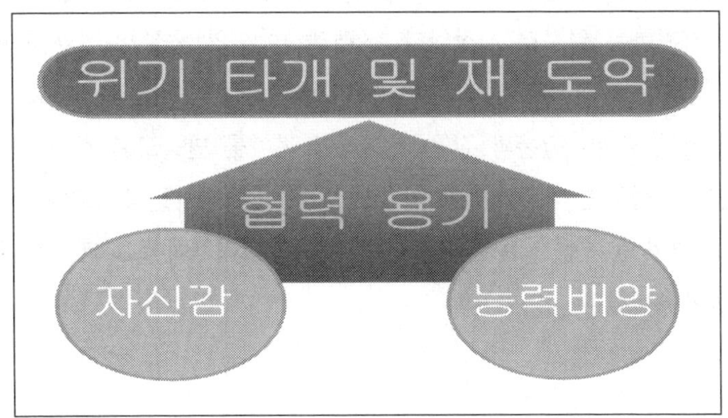

그림 2. 동기부여 프레젠테이션

행동유발을 목적으로 하는 프레젠테이션의 경우에는 동기부여를 통해 일어난 심리적 변화를 실제 행동에 적용시킬 수 있도록 하는 것이다. 그러므로 참가자들의 적극적인 참여를 유도해 내는 것이 발표자가 해야 하는 일이다.

다음에 고려해야 할 사항은 청중에 대한 분석이다. 같은 내용이라고 해도 소규모의 청중과 대규모의 청중을 대상으로 할 때 다르게 말해져야 할 것이다. 소규모의 청중일 경우에는 질문과 토론을 병행하면서 진행할 수 있지만 대규모의 청중일 경우에는 시도 자체가 불가능하기 때문이다. 또한, 청중 사이의 관계도 분석해야 한다. 어떤 성향의 사람인지, 같은 조직에 속해 있는 사람인지, 청중의 나이, 성별, 학력은 물론 공통의 관심사는 무엇인지 미리 파악하는 것이 중요하다.

14.2. 프레젠테이션의 방법

프레젠테이션을 준비하고 진행하는 과정은 크게, 기획과 원고 작성, 슬라이드 디자인, 슬라이드 제작, 리허설, 발표의 순서로 이루어진다. 프레젠테이션은 전달하려는 정보가 청중이 알기 쉽게 전하려면 어떻게 해야 하는지 기획하는 일부터 시작한다. 프레젠테이션의 중심 주제와 목표를 정하고 자료를 수집하고 분석한다. 자료 분석이 끝나면 분석된 자료를 바탕으로 서론, 본론, 결론과 같은 기본적인 목차를 만들도록 한다.

목차를 구성하면서 고려해야 할 사항은 프레젠테이션의 성격이다. 프레젠테이션이 실시될 장소, 청중의 수준 등을 고려하여야 효과적인 순서를 결정할 수 있다.

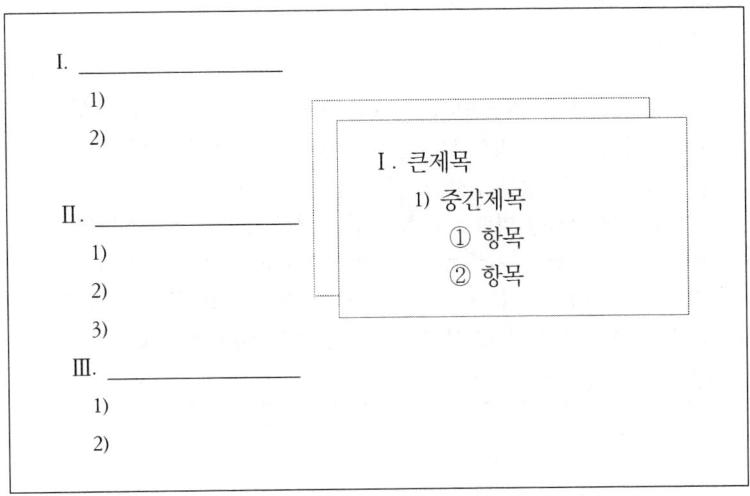

그림 3. 기본적인 목차 구성

기본적인 목차를 구성하고 프레젠테이션의 성격을 정한 후에는 실제 프레젠테이션을 할 원고를 작성한다. 원고는 1, 2차로 나누어 작성하는 것이 좋다. 1차 원고는 기본 목차에 맞는 내용을 서술형으로 작성한다. 1차 원고는 수집된 자료를 바탕으로 될 수 있는 한 자세하고 풍부한 내용이 들어갈 수 있도록 한다. 문장은 짧게 표현하고 구체적인 수치나 근거 등을 기록해 놓는다. 2차 원고는 청중에게 주제를 명확하고 효과적으로 전달할 수 있도록 1차 원고를 요약한 것이다. 중복된 내용이 없는지 살피고, 핵심 내용 중심으로 상대적으로 불필요한 내용은 과감하게 삭제한다.

表 박스 안 내용:

1차 원고

　프레젠테이션은 전달하려는 정보를 청중이 알기 쉽게 전하려면 어떻게 해야 하는지 기획하는 일부터 시작한다. 프레젠테이션의 중심 주제와 목표를 정하고 자료를 수집하여 분석한다. 자료 분석이 끝나면 분석된 자료를 바탕으로 서론, 본론, 결론과 같은 기본적인 목차를 만들도록 한다. 기본적인 목차를 구성하고 프레젠테이션의 성격을 정한 후에는 실제 프레젠테이션을 할 원고를 작성한다. 프레젠테이션 슬라이드를 디자인할 때는 내용만 전달한다고 생각해서는 안 된다. (이하 생략)

2차 원고

　1) 프레젠테이션의 준비 과정
　　① 기획
　　② 자료 수집
　　③ 원고 작성
　　④ 슬라이드 제작
　　⑤ 리허설
　　⑥ 발표

그림 4. 1, 2차 원고 작성의 예

　프레젠테이션 슬라이드를 디자인할 때는 내용만 전달한다고 생각해서는 안 된다. 준비한 내용이 청중에게 쉽고 빠르게 전달될 수 있도록 배치에도 신경을 써야 한다. 슬라이드가 텍스트로만 이루어져 있으면 청중은 그 내용을 일일이 읽어보아야 하기 때문에 긴 문장으로 연결되어 있는 슬라이드는 바람직하지 않다. 기호, 표, 도형, 차트 등의 도해를 활용해서 청중이 쉽게 알아볼 수 있도록 디자인 하는 것이 필요하다.

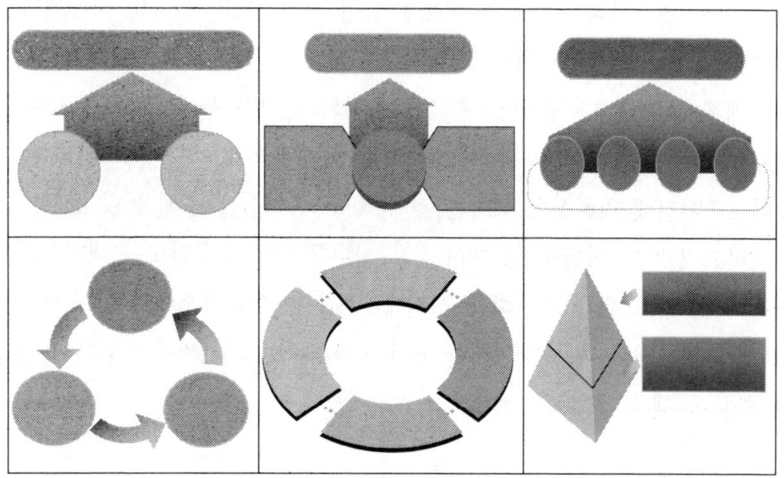

그림 5. 다양한 슬라이드 디자인

<그림 5>의 슬라이드 디자인은 기획 단계에서 만든 발표 내용을 효과적으로 보여줄 수 있는 것이다. 슬라이드의 선택은 시각적인 화려함이나 아름다움을 추구하는 것이 아니라 프레젠테이션의 목표와 주제를 얼마나 제대로 전달할 수 있는 것인가를 고려하여 결정하여야 한다(조진영, 2002).

프레젠테이션을 진행하면서 두서없이 생각나는 대로 설명하는 발표자가 되어서는 안 된다. 발표자의 말 한마디 한 마디는 핵심 주제와 관련된 내용이어야 한다. 그리고 발표할 내용을 빠짐없이 전달하고 있는지 확인하면서 진행해야 한다. 따라서 발표자는 슬라이드에 서술된 내용과는 별도로 청중에게 설명할 내용을 정리한 발표용 원고를 따로 준비해야 한다. 발표용 원고를 정리할 때에는 우선순위를 정해 놓는다. 발표의 우선순위를 정해 놓으면 상황에 따라 발표 시간이 조정되더라도 핵심적인 내용은 놓치지 않을 수 있기 때문이다. 그러나 발표용 원고는 참고자료 일뿐이므로 전적으로 의존하지 않도록 한다. 발표자가 프레젠테이션 도중에 수시

로 원고를 뒤적거리거나 원고 내용을 읽어 내려가기만 한다면 청중에게 신뢰를 주기는 어려울 것이다.

프레젠테이션을 진행하다보면 발표원고의 순서가 뒤바뀐다든지 슬라이드 파일에 문제가 생긴다든지 뜻하지 않는 상황이 발생할 수도 있기 때문에 그 이전에 리허설을 해보는 것이 좋다. 리허설을 통해 돌발 상황에 대처하고 실제 프레젠테이션에서 같은 실수를 반복하지 않도록 대비책을 세울 수도 있을 것이다. 특히, 프레젠테이션을 진행할 장소에서 실제 모습처럼 해보는 것이 내용 확인뿐만 아니라 환경적인 요인까지 점검하는 데에 도움이 될 수 있다.

14.3. 발표자의 요건

발표자는 성공적인 프레젠테이션의 핵심이다. 좋은 발표자는 청중에게 신뢰를 줄 수 있어야 한다. 청중의 마음을 읽을 수 있도록 상호작용에 주의를 기울이고 발표 자체에 관심을 가질 수 있도록 청중의 관심을 집중시킨다.

발표자는 청중에게 정보를 제공하고 상대를 설득하는 사람이다. 청중이 필요로 하는 정보가 무엇인지 판단하여 명확한 근거를 제시하면서 말한다. 프레젠테이션의 첫 시작 5분 정도는 자신의 경험을 바탕으로 한 유머로 시작하여 분위기를 편안하게 이끌도록 하며 유머는 반드시 프레젠테이션 주제와 직접적으로 연관되도록 한다. 발표자는 자신의 감정을 진실하게 전달하고 청중이 친밀감을 느끼게 한다. 그리고 메시지 속에 프레젠테이션 후에 청중이 해야 할 가장 중요한 한 가지 행동에 초점을 맞추어 공감을 얻을 수 있도록 한다.

발표자에게 가장 중요한 것은 자신감이다. 내용에 대한 충분한 이해와 준비 등 철저한 사전 준비를 통해 자신감을 잃지 않도록 한다. 또한, 불필

요한 동작으로 인해 청중의 관심을 분산시키지 않도록 주의하고 청중에
게 확신과 통제력, 성실성을 보여줄 수 있도록 한다.

질의-응답 시간을 효과적으로 운영하고 질문에 대해서는 최선을 다하
는 마음으로 답하도록 하며 질문을 받으면 질문자에게 감사함을 표시한
다. 질문을 받을 동안은 질문자와 시선을 맞추고, 고개를 끄덕이거나 가볍
게 미소를 짓는 등의 긍정적인 비언어적 요소를 사용한다. 질문을 되풀이
하여 말함으로 참석자들이 질문을 이해하게 하고 그동안에 응답할 내용
을 준비할 수 있는 있는 시간을 번다. 발표자를 곤란하게 만들기 위해서
고의적인 질문을 하는 경우에도 흥분하거나 화를 내서는 안 된다. 대신
"아주 좋은 질문입니다. 그런데 제가 답을 몰라 죄송합니다. 최선을 다해
답을 찾아보겠습니다. 연락처를 주시면~" 하고 대응하여 불편한 상황을
오래 끌지 않도록 한다.

14.4. 프레젠테이션에서의 주의사항

성공적인 프레젠테이션을 위해서는 말 한마디, 동작 하나도 미리 생각
하고 준비하여야 한다. 오랜 시간동안 준비한 프레젠테이션을 통해 상대
방을 설득할 수 있으려면 작은 부분도 소홀하게 해서는 안 된다. 주의해
야 할 사항은 다음과 같다.

첫째, 사용하는 어휘는 전략적으로 사용한다. 프레젠테이션을 시작할
때 하는 말은 "존경하는 사장님이하 직원 여러분, ~" 또는 "오늘 이 자리
에 서게 되어 무한한 영광으로 생각합니다." 등과 같은 상투적인 인사말
이나 어휘는 피한다. 명확하고 정확한 발음으로 이야기하며 발표 도중에
사용하는 호칭은 동지애를 느끼게 하는 '우리'를 주로 사용한다.

둘째, 사과하는 말로 시작하지 않아야 한다. "아는 것은 별로 없지

만…….”, “미처 준비를 많이 하지는 못했습니다만…….”과 같은 말로 시작하면 청중은 발표자가 왜 앞에 나와 있는지 의심할 수밖에 없어진다. 청중은 사과를 듣기 위해 온 것이 아니라 훌륭한 프레젠테이션을 기대하며 그 자리에 있는 것임을 기억해야 한다.

셋째, 청중의 호기심과 관심을 유도하는 것이 필요하다. 예화나 시각적인 요소를 활용하여 청중하게 친근하게 다가갈 수 있도록 한다. 또한, 프레젠테이션 도중에 질문을 하는 것 등으로 청중의 흥미를 지속적으로 유도하고 반응을 주시한다.

넷째, 발표 내용의 시작은 가벼운 내용으로 하지만 핵심이 되는 주제는 명확하게 전달할 수 있도록 강약을 주거나 반복해서 말하도록 한다. 특히, 수치로 된 표나 그래프와 같은 구체적인 자료를 제시하여 청중들이 쉽게 이해할 수 있도록 한다.

다섯째, 비언어적인 요소를 자연스럽게 사용한다. 긴장을 풀고 자연스러운 얼굴 표정을 유지하며 특히, 미소를 잃지 않도록 한다. 또한, 프레젠테이션은 일방적인 전달과정이 아님을 명심하고 청중들과 시선을 맞추기 위해서 노력해야 한다. 그러기 위해서는 발표자가 자신감을 잃지 않아야 한다. 발표자의 모든 움직임을 천천히 여유 있게 하며, 주머니에 손을 넣지 않도록 주의하고 자연스러운 태도를 유지한다.

여섯째, 시청각 도구를 이용한다. 시청각 도구는 컴퓨터나 슬라이드 자료와 유인물로 나눌 수 있다. 컴퓨터나 슬라이드 자료를 사용할 때는 색을 3가지 이내로 제한하고 제목과 본문에 다른 서체를 사용하여 단순 명료하게 만든다. 그래프와 차트에는 반드시 제목을 표기하며 컴퓨터는 발표자가 청중과 시선을 교환할 수 있는 장소에 설치한다. 유인물을 사용할 경우에는 특히 주의하여 읽을 부분만 설명하며, 청중이 잘 찾을 수 있도록 미리 표시를 해 두는 것도 좋다. 발표 도중에 유인물을 배포하는 것은 청중의 관심을 분산시키므로 주의해야 하며, 시작하기 전에 유인물이 청중에게 있는지 확인한 후에 발표를 시작한다.

이상 기획하는 단계부터 원고 작성, 디자인, 발표까지 프레젠테이션의 전반적인 사항에 대해 살펴보았다. 프레젠테이션을 하는 이유는 청중에게 새로운 정보를 제공하고 그 정보를 바탕으로 청중을 설득하여 구체적인 행동이나 생각의 변화를 이끌어내기 위해서이다. 이와 같은 목적을 달성하기 위해서는 준비가 철저해야 한다. 주제의 핵심 내용을 기억하고 청중이 정확하게 이해할 수 있도록 전달하여야 한다. 청중과는 시선교류를 통해 상호작용이 일어날 수 있도록 하며 말에 정성과 진실을 담아 최선을 다하는 프레젠테이션이 되도록 한다.

1. 자신의 학과를 소개하는 프레젠테이션을 할 때에 필요한 요소들을
   고려하여 프레젠테이션의 준비과정을 연습해 보자.

   1) 기획 단계에서 고려해야 할 요소는 무엇인가?
   2) 관련된 자료는 빠뜨리지 않고 수집하였는가?
   3) 청중의 성향을 고려하여 1차, 2차 원고를 작성하였는가?
   4) 슬라이드는 프레젠테이션의 목표에 합당한 디자인으로 제작
      하였는가?
   5) 발표 전에 사소한 부분까지 점검하였는가?
   6) 발표는 자신감을 갖고 하였는가?

2. 다음의 슬라이드(조진영, 2002)를 참고하여 자신의 전공과목 중 하나
   에 대한 연구계획서를 프레젠테이션을 해 보자.

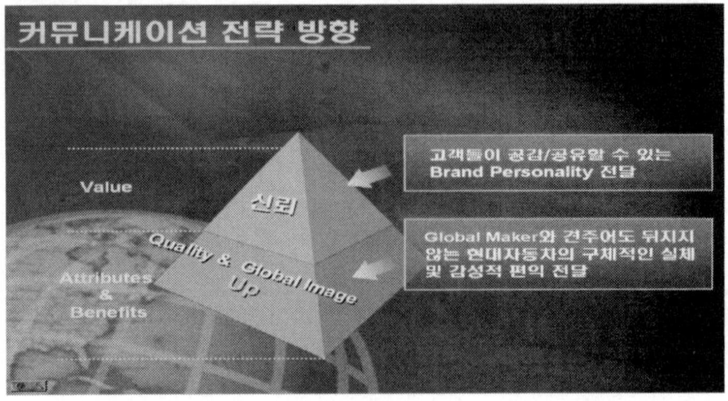

3. 미니 홈피를 이용해 자신을 소개하는 프레젠테이션을 해 보자.

4. 효과적인 프레젠테이션 방법에 대해 설명하는 내용을 담은 슬라이드
   를 만들어 보자.

참고문헌

강정희 (1989), 여성어의 한 유형에 관한 연구, 「국어학 신연구」, 탑출판사.

구현정 (1995), 남·여성형 어휘의 사회언어학적 의미, 「어문학연구」 제3집, 상명대학교 어문학연구소.

______ (1995), 남성형 - 여성형 어휘의 형태와 의미 연구, 「국어학」 25, 국어학회.

______ (1995), '-구-'계열의 어미와 확인법, 「언어학」 제17호, 한국언어학회.

______ (1996), 반영적 경청에 쓰이는 '-구나'의 담화 기능, 「어문학연구」 제4집, 상명대학교 어문학연구소.

______ (1997), 「대화의 기법」, 한국문화사.

______ (2000), 유머 담화의 특성과 생성 기제, 「한글」 248, 한글학회.

______ 외 옮김 (1999), 「언어와 언어학: 인지적 탐색」, 한국문화사.

______ (2003), 「대화」, 인디북.

구현정·전영옥 (2005), 「의사소통의 기법」, 박이정.

권재일 (1992), 「한국어 통사론」, 민음사.

______ (1998), 텍스트 언어학과 인문학의 발전, 한결 이승명박사 화갑기념논총 「추상과 의미의 실제」, 박이정.

국립국어연구원 (1999), 「표준국어대사전」, 두산동아.

김규현·서경희 (1996), 대화조직상의 성별 차이: 평가와 이해확인을 중심으로, 「사회언어학」 제4권 2호, 한국사회언어학회.

김미형 (1997), 문체 유형의 언어 양상 연구, 「어문학연구」 제5집, 상명대학교 어문학연구소.

김상희 (1994), 발화문의 함축의미 추론에 관한 연구, 부산대학교 대학원 박사학위논문.

김선희 (1991), 여성어에 대한 고찰, 「목원대학 논문집」 제19집, 목원대학교.

김순자 (1999), 대화의 맞장구 수행 형식과 기능, 「텍스트언어학」 6, 한국텍스트언어학회.

김승곤 (1986), 「음성학」, 정음사.

______ (1996), 「현대나라말본」, 도서출판 박이정.

김양호 (1975), 「대화의 심리작전」, 언어문화사.

김영실 (1996), 언어적 공손 현상의 화용론적 연구, 인하대학교 대학원 박사학위 논문.

김영애 (2004), 「인간관계 및 부부관계 개선을 위한 사티어 의사소통 훈련 프로그램」, 김영애가족치료연구소.

김인자 (1989), 「효과적인 부모역할 훈련」, 한국심리상담연구소.

김정자 (1999), 화자의 태도 표현 연구, 「화법연구」 1, 한국화법학회.

김종택 (1982), 「국어화용론」, 형설출판사.

김진우 (1985), 「언어-그 이론과 응용」, 탑출판사.

김진우 (1994), 「언어와 의사소통」, 한신문화사.

김태옥·이현호 (1991), 「담화·텍스트 언어학 입문」, 양영각.

김태자 (1987), 「발화분석의 화행의미론적 연구」, 탑출판사.

______ (1989), 간접화행과 대화적 함축, 「국어학」 18, 국어학회.

______ (1993), 맥락 분석과 의미 탐색, 「한글」 219, 한글학회.

김하수 (1989), 언어행위와 듣는이의 신호에 관한 화용론적 분석 시도 -담화속에 '네', 「말」 14집, 연세대학교 한국어학당.

김혜숙 (1991), 「현대 국어의 사회언어학적 연구」, 태학사.

나가사키 가즈노리 (2002, 2004), 송미옥 옮김, 「스피치에 능한자가 성공한다」, 행담.

노석기 (1990), 우리말 담화의 결속 관계 연구, 「한글」 제208호, 한글학회.

노은희 (1999), 대화 지도를 위한 반복표현의 기능 연구, 서울대학교 대학원 박사학위논문.

다카이 노부오 (1997), 유인경 옮김 (2004), 「멋지게 사과하는 방법 80가지」, 다리미디어.

리의도 (1994), 「오늘의 국어 무엇이 문제인가」, 어문각.

민현식 (1995), 국어의 여성어 연구, 「아세아여성연구」 34, 숙명여대 아세아여성문제연구소.

______ (1996), 국어의 성별어 연구사, 「사회언어학」 제4권 2호, 한국사회언어학회.

박갑수 외 (1996), 고등학교 화법, 한샘 출판.

박경현 (2003), 교사의 설득 화법, 「화법연구」 5, 한국화법학회.

박성현 (1996), 한국어 말차례체계와 화제, 서울대학교 대학원 언어학과 박사학위 논문.

박용익 (1998), 「대화분석론」, 한국문화사.

______ (1999), 대화분석론의 이론과 전망, 「텍스트언어학」 6, 한국텍스트언어학회.

방정복 (1980), 「대화와 인간관계」, 아세아문화사.

서재원 (1992), 「바로쓰는 우리말 아름다운 우리말」, 한길사.

서정수 (1994), 「국어문법」, 뿌리깊은나무.

성광수 (1980), 국어의 부가의문에 대하여, 「한글」 제168호, 한글학회.

______ (1982), 화행의미와 적절성의 문제, 「어문론집」 23, 고려대학교.

성기철 (1985), 「현대국어 대우법 연구」, 개문사.

손호민 (1983), Power and solidarity in the Korean language, *Korean Linguistics* 3. Hanshin Publishing.

______ (1988), Strategies of indirection in language, *Linguistics in Morning Carm* 2, Hanshin Publishing.

송경숙 (1996), 한국어와 영어 대화의 질문에 대한 상호작용 사회언어학적 분석, 「담화와 인지」 3, 담화·인지언어학회.

신현숙 (1986), 「의미분석의 방법과 실제」, 한신문화사.

______ (1989), 담화대용표지의 의미 연구, 「국어학」 제19호, 국어학회.

______ (1991), 「한국어 현상-의미 분석」, 상명대학교 출판부.

______ (1994), 시의 종결 형식을 통해 본 남성과 여성의 문체, 「국어문체론」, 대한교과서 주식회사.

심영택 (2004), 설득의 원리와 전략 및 설득 논법에 관한 연구. 화법연구 7: 35-60. 한국화법학회.

윤태수 (1985), 은어에 나타난 여대생의 의식구조, 「학생생활연구」 5, 상명대학교 학생생활연구소.

이기갑 (1996), 한국어 첨가 구문의 담화론적 해석, 「국어학」 제27호, 국어학회.

이기동 (1982), 언어와 인지, 「언어」 제7권 제2호, 한국언어학회.

______ (1987), 마침꼴의 의미연구, 「한글」 제195호, 한글학회.

이도영 (1999), 유모어 텍스트의 웃음 유발 장치에 대한 연구, 「'99 추계학술대회 자료집」, 한국텍스트언어학회.

이병근 (1986), 발화에 있어서의 음장, 「국어학」 제15호, 국어학회.

이석규·김선희 (1992), 남성어·여성어에 관한 연구, 「어문학연구」 제2집, 목원
　　　대학교.
이성하 (1998), 「문법화의 이해」, 한국문화사.
이익섭 (1994), 「사회언어학」, 민음사.
이재연·최영희 공역 (1993), 「의사소통과 가족관계」, 형설출판사.
이주행 외 (1995), 「고등학교 화법」, 금성출판사.
이주행 외 (2004), 「화법 교육의 이해」, 박이정.
임지룡 (1992), 「국어 의미론」, 탑출판사.
　　　(1997), 「인지의미론」, 탑출판사.
임칠성 (1999), 국어 화법의 성격 고찰, 「화법연구」 1, 한국화법학회.
임홍빈 (1984), 문종결의 논리와 수행-억양, 「말」 9집, 연세대학교 한국어학당.
장경희 (1990), 국어 발화의 확대 해석, 「한글」 제209호, 한글학회.
　　　(1999), 국어의 수용형 대화와 거부형 대화, 「텍스트언어학」 6, 한국텍스
　　　트언어학회.
장석진 (1985), 「화용론 연구」, 탑출판사.
장영준 (1999), 「언어의 비밀」, 한국문화사.
장태진 (1977), 「국어사회학」, 형설출판사.
전영옥 (1993), 한국어 발화단위 종결방식의 화용론적 분석, 상명대학교 대학원
　　　석사학위논문.
　　　(1999), 한국어 담화에 나타난 반복표현 연구:유형, 분포 및 기능, 상명대
　　　학교 대학원 박사학위논문.
전영우 (1987), 「국어화법론」, 집문당.
　　　(1988), 「대화의 에티켓」, 집문당.
　　　(1990), 「오늘의 화법」, 집문당.
전은주 (1999), 음성언어 의사소통에 대한 국어교육학적 이해, 「화법연구」 1, 한
　　　국화법학회.
전정미 (2002), 대학생을 위한 말하기 교육, 「화법연구」 4, 한국화법학회.
　　　(2005), 대학생 대화에 나타난 체면 세우기 전략, 「화법연구」 17, 한말연
　　　구학회.
　　　(2006a), 사과 화행의 표현 양상, 「담화와 인지」, 제13권 3호, 담화인지언
　　　어학회.

______ (2006b), 거절 화행의 실현 양상, 「한말연구」 19, 한말연구학회.

정승혜·문금현 (2000), 「대학생을 위한 화법 강의」, 태학사.

정주리 (1989), 국어 의문문의 의미에 대한 연구 - 화용적 의미기능을 중심으로 -, 고려대학교 대학원 석사학위논문.

조문제 (1996), 「말하기 듣기 지도: 교수학습의 이론과 방법」, 교학연구사.

조선일보사·국립국어연구원 편 (1991), 「우리말의 예절」, 조선일보사.

조진영 (2002), 「프레젠테이션 전략과 실전 노하우」, 길벗.

차배근 (1994), 화법과 커뮤니케이션, 「文兼 전영우 박사 화갑 기념 논총」.

최기호·김미형 (2000), 「언어와 사회」, 한국문화사.

최현배 (1975), 「우리말본」, 정음사.

한글학회편 (1995), 「우리말 큰사전」, 한글학회.

허 웅 (1981), 「언어학 - 그 대상과 방법」, 샘문화사.

______ (1995), 「20세기 우리말 형태론」, 샘문화사.

후지사와 고지 (2002), 이종원 옮김 (2003), 「알기 쉬운 설명의 기술」, 경영자료사.

Allport, G. W. (1950), *The individual and his religion*, New Yok: McMillan.

Altenberg, B. (1987), Causal ordering strategies in English conversation, Mohanan, J. (ed.), **Grammar in the construction of texts**, pp.50-64, London, Frances Pinter.

Atkinson, M. and Herritage, H. (eds.) (1984), *Structures of social action*, Cambridge, Cambridge University Press.

Atkinson, R. C. and Shiffrin, R. M. (1968), Human memory: A proposed system and its control processes. In Spence K. W. and Spence J. T. (Eds.). *The psychology of learning and motivation*: Advances in research and theory. (Vol.2.). pp.742-775. New York: Acadenic Press.

Austin, J. L. (1962), *How to do things with words*, Oxford, Oxford University Press.

Bach, K. and Harnish, R. M. (1979), *Linguistic communication and speech acts*, Cambridge, The MIT Press.

Baron, D. (1986), *Grammar and gender*, London, Yale University Press.

Bell, R. T. (1976), *Sociolinguistics: goals, approaches and problems*, New York, St. Martin's Press.

Berko, R. M., Wolvin, A. D. and Wolvin, D. R. (1998), *Communicating: A Social and*

Career Focus. 7th edition, Houghtion Mifflin Company. 이찬규 옮김 (2003), 「언어 커뮤니케이션」, 한국문화사.

Birdwhistel, R. L. (1952), *Introduction to kinestics: an annotation system for analysis of body motion and gesture*, Washington, Foreign Service Institute.

Brown, H. D. (1994), *Teaching by principle: An interactive approach to language pedagogy*, NJ: Prentice Hall Regents.

Brown, G. and Yule, G. (1983), *Discourse analysis*, Cambridge, Cambridge University Press.

Brown, P. & Levinson, S. (1987), *Politeness: some universals in language usage*, Cambridge, Cambridge University Press.

Carnegie, D. (1937, 1999), *How to win friends & In fluence people*, Pocket; Reissue edition. 정성호 옮김 (2003), 「효과적인 대화와 인간관계」, 삼일서적.

Chafe, W. (1994), *Discourse, consciousness, and time: the flow and displacement of conscious experience in speaking and writing*, Chicago, University of Chicago Press.

Chiaro, D. (1992), *The language of jokes: analying verbal play*, London/New York, Routledge.

Cialdini, R. B. (1985), *Influence: Science and Practice.* 이현우 옮김 (2002), 「설득의 심리학」, 21세기 북스.

Clack, H. H. (1992), *Arenas of language use*, Chicago, University of Chicago Press.

Coates, J. (1986), *Women, men and language*, London & New York, Longman.

Covey, S. (1989), *The 7 habits of highly effective people*, Simon & Schuster. 김경섭·김원석 옮김 (1994), 성공하는 사람들의 7가지 습관, 감영사.

Crystal, D. (1987), *The Cambridge encyclopedia of language*, Cambridge, Cambridge University Press.

Dawson, R. (1992), *Secrets of Power Persuasion*, Prentice-Hall, Inc. 박정숙 옮김 (2003), 「설득의 법칙」, 비즈니스북스.

Denes, P. B. and Pinson, E. N. (1993), *The speech chain, the physics and biology of spoken language*, Second edition, New York, W. H. Freeman and Company.

Dirven, R. and Verspoor, M. (1998), *Cognitive exploration of language and linguistics*, Amsterdarm /Philadelphia, John Benjamins Publishing Company. 구현정 외 옮김 (1999), 언어와 언어학: 「인지적 탐색」, 한국문화사.

De Vito, J. A. (1994), *Human communication: The basic course*, Sixth edition, New York, Harper Collins College Publishers.

De Vito, J. A. and Hecht, M. L. (1990), *The nonverbal communication reader*, Illinois, Waveland Press.

Dindia, K. and Fitzpatrick, M. A. (1985), Marital communication: three approaches compared, Duck, S. and Perlman, D. (eds.) (1985), *Understanding Personal Relationship*, Vol. 1. CA, Sage.

Edmonson, W. (1981), *Spoken discourse: a model for analysis*, New York, Longman.

Ford, C. E. and Thomson, S. A. (1995), Interactional units in conversation: syntactic, intonational, and pragmatic resources for the projection of turn completion. Ochs, E., Schegloff, E., and Thompson, S. A. (eds.), *Interaction and grammar*, Cambridge, Cambridge University Press.

Fox, B. A. (1994), Contextualiztion, indexicality, and the distributed nature of grammar, *Language Sciences* 16: 1, pp.1-37.

Gordon, R. W. (1985), *Body Language*, Published by Hodder & Stoughton Limited. 조은경 옮김 (2003), 「몸짓을 알면 대화가 즐겁다」, 미래의 창.

Galvin, K. M. and Brommel, B. J. (1986), *Family communication cohesion and change*, Second edition, London, Scott, Foresman and Company.

Goffman, E. (1967), *Interaction ritual: essays on face-to-face behavior*, New York, Doubleday Anchor Books.

Goodwin, C. (1980), Restart, pauses and the achievement of a state of mutual gaze at turn beginning, *Sociological Inquiry* 50, pp.272-302.

______ (1981), *Conversational organization: interaction between speakers and hearers*, New York, Academic Press.

Gordon, T, and Gordon, J. (1976), *Parent effectiveness training in action*, New York, The Putnam Publishing Group. 김인자 옮김 (1989), 「부모역할 배워지는 것인가」, 한국심리상담연구소.

Green, G. M. (1989), *Pragmatics and natural language understanding*, New Jersey, Lawrence Erlbaum Associates.

Grice, H. P. (1957), Meaning, *Philosophical Review* 67, pp.377-88.

______ (1968), Utterer's meaning, sentence-meaning, and word-meaning, *Foundations of*

Language 4, pp.1-18.

Grice, H. P. (1975), Logic and conversation, Cole, P. and Morgan, J. L. (eds.), *Syntax and Semantics 3 Speech acts*, pp.41-58, New York, Academic Press.

Gruner, C. R. (1978), *Understanding laugther: the working of wit & humor*, Chicago, Nelson-Hall.

Gumperz, J. J. (1982), *Discourse strategies*, Cambridge, Cambridge University Press.

Haas, M. (1979), Male and female spoken language differences: stereotypes and evidence, *Psychological Bulletin* 86, pp.616-626.

Hayakawa, S. (1978), *Language in thought & action*, Fourth edition, New York, Harcourt Brace Jovanovich.

Herirage, J. (1984), *Garfinkel and Ethnomethodology*, Cambridge, Polity Press.

Ishikawa, M. (1991), Iconicity in discourse: the case of repetition, *Text* 11, pp.553-580.

Joel, S. (1985), *Handbook of discourse analysis* Vol.3, London, Academic Press.

Kim, Kyu-hyun (1992), *WH-clefts and left dislocation in English conversation with references to topicality in Korean*, Unpublished PhD. dissertation, UCLA.

Knapp, M. L. (1984), *Interpersonal communication and human relationship*, Boston, Allyn and Bacon.

Lakoff, R. (1973), The logic of politeness, or minding your P's and Q's. *Proceedings of 9th regional meeting of CLS*, pp.292-305.

Lakoff, R. (1975), *Language and woman's place*, New York, Harper and Row. 강주헌 옮김 (1991), 「여자는 왜 여자답게 말해야 하는가」, 고려원.

Leech, G. (1983), *Principles of pragmatics*, London, Longman.

Lerner, G. H. (1987), *Collaborative turn sequences: sentence construction and social action*, Unpublished PhD. Dissertation, University of California, Irvine.

Levelt, W. J. M. (1989), *Speaking: from intention to articulation*, Cambridge, The MIT Press.

Levinson, S. C (1983), *Pragmatics*, Cambridge, Cambridge University Press.

Littlejohn, S. (1982), An overview of contributions to human communi- cation theory from other disciplines, Dance, F. (ed.) (1982), *Human communication theory*, pp.243-285, New York, Harper and Row.

Littlejohn, S. (1992), *Theories of human communication*, Belmont, California, Wadsworth

Publishing Company.

Long, D. L. and Graesser, A. C. (1989) Wit and humor in discourse processing, *Discourse Processes* 20.2, 151-166.

Lyons, J. (1995), *Linguistic semantics: an introduction*, Cambridge, Cambridge University Press.

Maslow, A. (1954), *Motivation and Personality*, Harper: New York.

Mehrabian, A. (1972), *Nonverbal communication*, Aldine-Atherton, Chicago, Illinois.

Mey, J. L. (1993), *Pragmatics an introduction*, Oxford, Blackwell Publishers. 이성범 옮김 (1996), 「화용론」, 한신문화사.

Morreall, J. (1983), *Talking laughter seriously*, Albany, State University of New York.

Myers, G. E. and Myers, M. T. (1985), *Dynamics of human communicatiow:a laboratory approach*, McGraw-Hill, Inc. 임칠성 옮김 (1995), 「대인관계와 의사소통」, 집문당.

Nash, W. (1984), *The language of homour*, London/New York, Longman.

Ochs, E. and Schieffelin, B. (eds.) (1983), *Acquiring conversational competences*, London, Routledge.

O'Grady, W. (1989), *Contemporary linguistics*, New York, St. Martin's Press.

Pearce, W. B. and Sharp, S. M. (1973), Self-disclosing communication, *Journal of Communocation* 23, pp.409-425.

Peterson, L. R. and Peterson, M. J. (1959), Short-term retention of indiridiual verbal items, *Journal of Experimental Psychology* 58, pp.193-198.

Pease, A. (1987), *Body language*. 정현숙 옮김 (1992), 「바디랭귀지」, 을지서적.

Reardon, K. K. (1987), *Inter personal communicatiow-where minds meet*. Wadsworth Publishing Company. 임칠성 옮김 (1997), 「대인의사소통」, 한국문화사.

Renkema, J. (1992), *Discourse studies: an introductory textbook*. 이원표 옮김 (1996), 「담화 연구의 기초」, 한국문화사.

Rogers, C. R. (1972), *On becoming a person*, Boston: Houghton Mifflin.

Ross, A. (1998), *The language of homour*, London/New York, Routledge.

Sacks, H., Schegloff, E. A., and Jefferson, G. (1974), A simplest systematics for the organization of turn-taking for conversation, *Language* 50, pp.696-735.

Schegloff, E. A., Jefferson, G., and Sacks, H. (1977), The preference for self-correction in the organization of repair in conversation. *Language* 53: 2, pp.361-82

Satir, V. (1972), *Peoplemaking*, Palo Alto, California, Science and Behavior Books. 성문선 옮김 (1991), 「사람만들기」, 홍익제.

Schiffrin, D. (1987), *Discourse markers*, Cambridge, Cambridge University Press.

______ (1994), *Approaches to discourse*, Cambridge, Blackwell.

Searle, J. R. (1969), *Speech acts an essay in the philosophy of language*, London, Cambridge University Press.

______ (1975), Indirect speech act, Cole, P. and Morgan, J. L. (eds.), *Syntax and Semantics 3 Speech Acts*, New York, Academic Press.

______ (1979), *Expression and meaning studies in the theory of speech acts*, Cambridge, Cambridge University Press.

Schegloff, E. A. and Sacks, H. (1973), Opening up Closings, *Semiotica* 8, pp.289-327.

Spencer-Oatey, H. D. M. (1992) *Cross-cultural politeness: British and Chinese conceptions of the tutor-student relationship*. Unpublished PhD Thesis, Lancaster University.

Sperber, D. and Wilson, D. (1986), *Relevance: communication and cognition*, Oxford, Basil Blackwell. 김태옥·이현호 옮김 (1993), 「인지적 화용론-적합성 이론과 커뮤니케이션 -」, 한신문화사.

Staines, G. L., Pottick, K. J., and Fudge, D. A. (1986), Wives' employment and husbands' attitudes toward work and life, *Journal of Applied Psychology* 71, pp.118-128.

Stubbs, M. (1983), *Discourse analysis the sociolinguistic analysis of the natural language*, Oxford, Basil Blackwell.

Tannen, D. (1984), *Conversational style: analyzing talk among friends*, Norwood, NJ, Ablex.

______ (1986), *That's not what I meant!: how conversational style makes or breaks your relations with others*, New York, William Morrow. 이용대 옮김 (1992), 「내말은 그게 아니야」, 사계절.

______ (1990), *You just don't understand: women and men in conversation*, New York, William Morrow. 정명진 옮김 (1992), 「당신은 정말 이해할 수 없어요」, 한·언.

______ (1991), *Talking voices: repetition, dialogue and imagery in conversational discourse*, Cambridge, Cambridge University Press.

______ (ed.) (1993), *Gender and conversational interaction*, New York and Oxford, Oxford University Press.

______ (1994), *Talking from 9 to 5*, New York, William Morrow.

Thomas, J. (1995), *Meaning in interaction: an introduction to pragmatics*, London and New York, Longman.

Trudgill, P. (1983), *On dialect: social and geographical perspectives*, Oxford, Basil Blackwell.

Wittgenstein, L. (1958), *The blue and brown books*, Oxford, Basil Blackwell.

______ (1958), *Philosophical investigations*, Oxford, Basil Blackwell.

Yokota, M. (1995), The role of questioning in Japanese political discourse, *Issues in Applied Linguistics* 5: 2, pp.353-382.